밴드 합주의 길잡이

BAND

밴드
스쿨 / 초급

SCHOOL

나는 나비   UGLY   첫사랑   This Love   있잖아(Rock ver.)

저자 | 정승운, 문승찬, 문두리, 박해민, 백승범, 기은주

민스뮤직출판

Preface /머리말

"밴드(Band)"란 서로의 음악을 얘기하는 한 모임을 말합니다. 그 모임은 한 명이 아닌 여러 명으로 구성되어 있기에 개인별 연습부터 시작하여 서로 지켜야 할 것도 의외로 많고 준비해야 할 일과 다뤄야 하는 악기, 장비들도 많이 있습니다. 그래서 우리들은 이런 밴드 활동을 처음 시작하는 사람에게 필요한 교재를 만들기 위해 오랫동안 밴드 생활을 한 전문 연주자들이 모여 이 책을 만들게 되었습니다.

이 책은 처음 시작하는 밴드와 그 밴드에 속한 구성원들을 위한 책으로 연주 뿐 아니라 합주 지도자와 밴드 리더, 각 멤버의 역할을 적었으며 곡을 정하는 기준, 각 악기의 특성과 장비의 이해, 각 파트의 악보와 설명, 연주 팁 등을 다양하게 넣으므로서 초보 밴드가 겪는 어려움을 조금은 덜어주기 위한 길잡이 역할을 하기 위해서 만들진 책입니다.

책의 초반부에는 밴드 구성원 모두가 알아야 하는 기본 정보를 수록하였으며 다음으로 각 파트(악기)의 개별 레슨파트로 연주적인 부분과 장비적인 부분으로 나눠서 설명하였습니다. 다음으로는 연습곡의 악보와 연주 방법을 수록하였으며 연습곡의 악보와 MR은 최대한 원곡에 가깝게 만들었습니다. 그리고 건반 파트는 원곡에 없으면 연주를 만들어 넣거나 원곡에서 조금 편곡하여 넣었습니다. 또 파트별 단독트랙과 MR트랙을 넣어 좀 더 연습을 잘할 수 있도록 구성하였습니다. 더불어 MR은 녹음실에서 리얼 연주를 통하여 최대한 원곡연주에 가깝게 연주되어 있습니다. 마지막으로 본 책에 수록은 안 되었지만 초보들이 할 수 있는 추천 곡을 넣었습니다.

이 책을 집필한 저자들은 실용음악과를 졸업하고 10년 이상의 밴드를 해왔으며 다년간의 밴드 지도의 노하우를 가진 사람들로 구성되어 있어 처음 시작하는 밴드나 합주 지도에 적합하게 만들었습니다.

이 책을 통하여 우리는 보다 나은 밴드음악으로 밴드의 전성시대가 만들어지기를 바랍니다.

CONTENTS / 목차

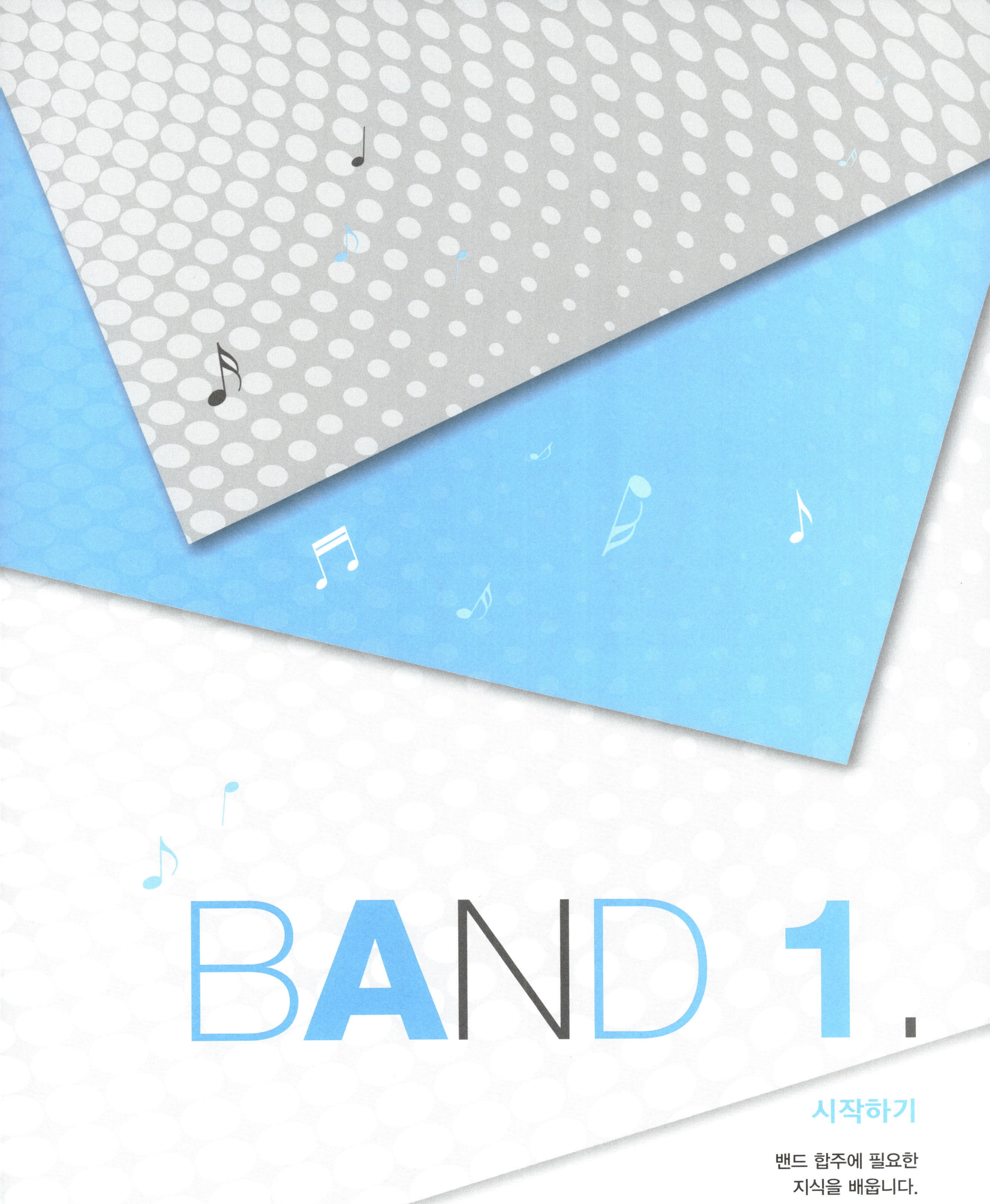

BAND 1.

밴드 합주에 필요한
지식을 배웁니다.

본 교재의 이해와 활용

▶ 본 교재의 구성을 설명하여 보다 좋은 합주를 할 수 있도록 도와줍니다.
▶ 본 교재는 밴드 시작하기, 각 파트별 설명, 연습곡, 추천곡 4부분으로 나눠져 있습니다.

BAND 1. 시작하기

시작하기에는 합주 연습을 위하여 직접적인 파트별 연주외의 필요한 기본적인 지식을 적었습니다.

①본 교재의 이해와 활용

②기초 악전

악기를 연주하기에 가장 기본적인 지식을 설명한 부분으로 개인의 음악적 표현뿐만 아니라 밴드지도자의 지시나 밴드 맴버와의 의견 조율을 위해서는 필히 배워야 할 지식들을 설명한 부분입니다.

예) 16마디는 crescendo(크레센도=점점세게)로 연주하세요.

32마디 끝나면 D.S(달세뇨)를 받아서 17마디 $(세뇨)로 넘어갑니다.

③곡의 구성(파트)

곡에서 전개되는 부분을 기호로 정하고 설명합니다.

예) B파트는 악기와 보컬의 리듬이 안 맞아요.

I.L(인터루드)부터 다시 연습할게요.

④용어 정리

합주에 필요한 단어의 정의이며 기초악전처럼 세계적인 음악적 표준이 아닌 실용음악에서의 용어입니다.

예) 시작 때 드럼이 카운터를 3번합니다.

21마디에서 22마디는 Syncopation(싱코페이션)으로 넘어갑니다.

⑤밴드합주란

밴드 구성원이 지키고 알아야 내용과 장비를 설명합니다.

예) 조율이 안 맞으니 다시 맞추고 연습 시작하죠.

건반과 믹서의 연결이 잘 못 되어 소리가 안나니 다시 연결합니다.

⑥밴드 리더의 할 일

여러 명의 단체를 지도하고 이끈다는 것은 어려운 일입니다.

예) 무엇을 준비해야 하고 점검해야 하는지 모르겠어요?

밴드 연습 중에 틀린 부분은 어떻게 연습시켜야 할까요?

D파트 43마디의 섹션은 누가 어떻게 왜 틀렸으니 D파트 처음부터 다시 합시다.

BAND 2. 파트별 설명

각 파트별 설명은 각 파트가 합주 할 때 필요한 준비물과 사운드의 지식, 앰프사용법, 믹서의 사용법 등을 설명하였고 초급자의 실력을 고려하여 각 파트별 레슨도 포함합니다.

연습곡 부분은 파트별 악보와 연주 주법과 팁 등을 실어 개인연습에 집중한 챕터(Chapter)입니다. 이를 바탕으로 동봉된 CD의 AR과 MR로 개인의 연주력을 키워 합주 때 보다 나은 사운드를 내어야 합니다.

①제목
②가수, 앨범, 곡에 대한 설명과 의미
③파트 구성
④Play Point
⑤파트 설명
⑥형식 악보
⑦파트별 악보

①제목

연습곡의 이름입니다.

②곡 설명

음악을 하는데 있어 가장 중요한 것은 곡의 의미입니다. 연주하는 곡의 의미를 알아야 곡의 느낌을 살릴 수 있고 그런 연주가 듣는 사람에게 감동을 줍니다.

③파트 구성

이 곡에 연주하는데 필요한 파트와 인원을 얘기합니다.

④Play Point

플레이 포인트, 이 곡의 연주하는데 필요한 전 파트의 공통된 지식을 얘기합니다.

⑤파트 설명

각 파트가 곡을 연주하는데 있어 필요한 주법을 설명합니다.

⑥형식 악보

지도 강사나 팀의 리더가 봐야할 악보로 곡의 형식과 각 파트의 연주 주법과 섹션 등 합주에 필요한 전반적인 내용을 함축해 놓은 오선 악보입니다.

⑦파트별 악보

③에서 언급한 파트들의 악보와 연주 팁이 있는 오선보입니다.

BAND 4. 추천곡

추천 곡 부분은 이 교재에서 다루지는 않았지만 교재의 수준과 맞는 곡을 적어 보다 많은 정보를 전달하고자 만들어졌습니다. 추천 곡을 잘 들어보고 자기 밴드에 맞는 곡을 정한 후 이 교재를 잘 활용하여 각자의 밴드에 맞는 연습을 하면 됩니다.

기초악전

기초악전이란 음악공부를 처음 시작하는 이들에게 꼭 필요한 지식이며 앞으로 음악을 배우는데 있어 기본이 됩니다. 본 교재는 밴드 합주를 위한 책이기에 음정 부분은 수록하지 않았으며 좀 더 확실한 기초지식을 위해서는 개인적으로 음정을 공부하여야 합니다.

1.음악이란

인간이 들을 수 있는 음을 이용하여 표현하는 예술의 한 형태.

> ■ 음악의 3요소 ■
>
> ①선율(Melody) : 높이가 같거나 다른 음들의 시간적 흐름.
>
> ②화음(Harmony) : 높이가 다른 두음이상의 울림.
>
>   *코드(Chord) : 3음 이상의 다른 음이 울리는 화음의 정의.
>
> ③리듬(Rhythm) : 길고 짧음, 강과 약 등의 일정한 흐름.

2.악보의 구성

음악의 3요소와 더불어 여러 가기 기호로서 음악을 표현할 수 있게 한 문자.

①오선보(Staff)

음과 기호 등을 기입하는 기준선이며 5선과 덧줄로 구성.

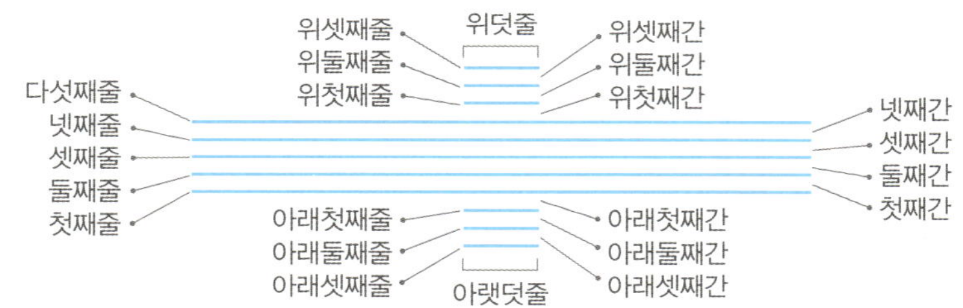

②음자리표(Clef)

오선보 위에 음의 자리(기준음)을 정해주는 역할.

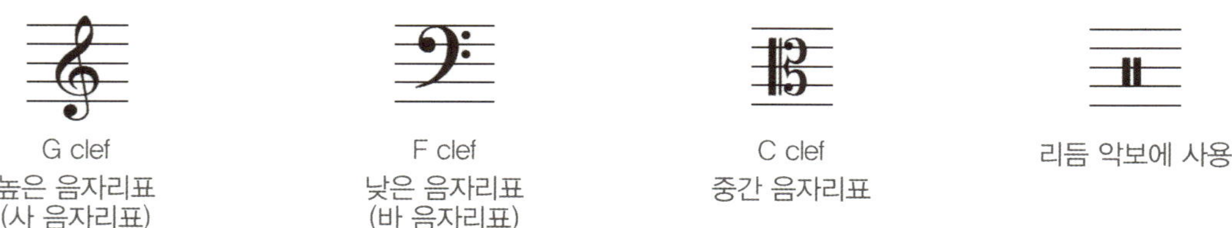

*C clef(중간음자리표)는 붙여지는 위치에 따라 가온다(도)음이 바뀌므로 관악기와 성악 파트에 사용됩니다.

*드럼 악보는 낮은음자리표를 많이 사용하나 굵은 줄 두 개를 음자리표에 붙여 사용하는 리듬악보로 나타내는 경우도 있습니다.

③조표(Key Signature)

조성을 정하는 것으로 "#(샵)"과 "b(플렛)"을 이용하여 음자리표와 박자표 사이에 표시함. 조표에 #을 몇 개 붙이면 어떤 조성이라고 얘기하듯 조표와 조성은 같은 말이라고 생각하여도 되며 Key(키)라는 말로도 표현합니다.

만일 노래방에서 노래를 부를 때 부르는 음이 낮아서 음을 높인다면 원래 음에서 단순히 음만 높인다고 되는 것이 아니라 부르는 음들마다 임시표(#,b)를 붙여야 하는데 이러면 복잡하기 때문에 처음부터 악보의 앞쪽에 #과 b을 붙여서 악보를 만듭니다.

 *올림표와 내림표 조표 붙이는 순서

④박자(Time Signature)

분모와 분자로 표시하며 몇 분음표를 기준으로 한마디 안에 몇 박자를 셀 것인지를 정한것으로 음악적인 시간을 얘기함.

분자 = 숫자 = 한마디 안에 기준음을 몇개나 넣을 것인지

분모 = 숫자 = 기준이 되는 음의 길이

 *첫 마디의 4/4 박자는 한마디에 4분음표(분모)의 길이를 4개(분자)넣어서 연주하라는 얘기입니다.

⑤빠르기(Tempo Signature)

오선보 시작의 위, 음자리표의 위에 나타내면 빠리기가 바뀌는 마디에 겹세로줄을 그리고 그 위에 표시함.

(1)메트로놈을 이용한 빠르기 표시

　단위 음표를 결정하고, 그것을 1분간에 몇 개 연주할 것인가를 나타냄.

　♩=72 (1분간 72번 소리남)

(2)빠르기 말로 표시

　ⓐ과 같이 숫자로 나타낼 수 없는 느낌의 표현. 대개 이탈리아어를 사용한다.

이탈리아어	한국어	메트로놈의 속도
Grave(그라베), Largo(라르고)	아주 느리게	♩=40~50
Adagio(아다지오), Andante(안단테)	느리게	♩=50~70
Andantino(안단티노)	조금 느리게	♩=70~90
Moderato(모데라토)	보통	♩=90~110
Allegretto(알레그레토)	조금 빠르게	♩=110~130
Allegro(알레그로)	빠르게	♩=130~150
Presto(프레스토),Vivace(비바체)	매우 빠르게	♩=150~170

기초악전

⑥셈여림(Dynamic Signature)

$$ppp - pp - p - mp - mf - f - ff - fff$$

아주여리게	매우 여리게	여리게	조금여리게	조금세게	세게	매우세게	아주세게
Pianississimo	Pianissimo	Piano	Mezzo-piano	Mezzo-forte	Forte	Fortissimo	Fortississimo

crescendo 점점세게   decrescendo 점점 여리게 (=diminuendo)

⑦악상기호

(1)음의 표현에 관한 기호

기호	영문	읽기	정의
	tie(타이)	붙임줄	음 높이가 같은 음 2개 이상을 연결한 선으로 한 음처럼 연주(노래)합니다.
	slur(슬러)	이음줄	음 높이가 다른 음 2개 이상을 연결한 선으로 음과 음을 부드럽게 이어서 연주(노래)합니다.
	accent(악센트)	강세	표시된 음을 다른 음에 비해 세게 연주(노래)합니다.
	staccato(스타카토)	끊음표	음을 짧게 끊어서 연주(노래)합니다.
	fermata(페르마타)	점점느리게	곡의 분위기에 맞게 음표나 쉼표를 늘여서 연주(노래)합니다. rit... 으로도 표시합니다.
	vibrato(비브라토)	비브라토	음을 가늘게 떨어서 연주(노래)합니다.
	trill(트릴)	떤꾸밈음	음을 연장하기 위하여 그 음과 2도 높은 음을 교대로 빨리 연주(노래)합니다.
	ornament(오르나멘트)	꾸밈음	음을 꾸미거나 변화를 주기 위해 박자와 상관없이 사용합니다.
	rasgueado(라스게아도)	라스게아도	여러 손가락을 이용하여 연이어 퉁기는 연주 주법입니다. 기타 스트로크 천천히 할 때나 피아노의 코드를 순차적으로 누를 때에도 사용합니다.

(2)음의 높이에 관한 기호

기호	영문	정의
#	샵(Shape)	반음 위에 음
♭	플랫(flat)	반음 낮은 음
♮	제자리표(natural)	조표나 임시표에 영향을 받지 않고 원래음으로 되돌리는 표시입니다. 변화표(#,♭)를 취소하는 표시

3.음표와 쉼표

음의 길이란 Tempo(속도)에 따라 그 음이 가지는 시간은 다르기 때문에 박자의 개념으로 길이를 생각하여야 합니다.

①음(쉼)표의 길이(박자)표

	음표		쉼표		길이	1박	2박	3박	4박
온	o	온음표		온쉼표	4박				
2분		2분음표		2분쉼표	2박				
4분		4분음표		4분쉼표	1박				
8분		8분음표		8분쉼표	반박	한박의 1/2			
16분		16분음표		16분쉼표	반의 반박	한박의 1/4			
32분		32분음표		32분쉼표	반의 반의 반박	한박의 1/8			

②점 음(쉼)표의 길이(박자)표

점 표시는 앞의 음의 반의 길이만큼을 더한다는 의미입니다.

	음표		쉼표		길이	1박	2박	3박	4박
점2분		점2분음표		점2분쉼표	3박				
점4분		점4분음표		점4분쉼표	1박 반			1박$\frac{1}{2}$박	
점8분		점8분음표		점8분쉼표	3/4 박		반박+$\frac{1}{4}$박		

③셋잇단음표의 길이(박자)표

음(쉼)표를 3등분하는 것으로 음(쉼)표 위에 ┌3┐를 붙여서 표기합니다. 세어지는 박자의 반에 해당하는 음(쉼)표를 3개 표시하고 그 위에 잇단음표 기호를 붙이면 됩니다. 밑의 표의 "다른 표기"처럼 음표와 쉼표를 썩어도 가능합니다.

길이	2등분	3등분	다른 표기
2박			
1박			

①에서처럼 많은 종류의 잇단음이 있지만 가장 많이 사용되는 2개만 설명합니다.

기초악전

4.반복기호

①마디선(Bar Line)

	이름	용도
	Bar Line 세로선, 마디선	마디를 나눌 때 사용합니다.
	Double Bar 겹세로줄	박자, 조성 리듬등 변화가 생기는 부분에 사용합니다.
	Double Bar 끝세로줄	겹세로줄과는 영문 이름이 같지만 뒤에 선이 굵으며 연주가 끝날 때 사용합니다.

②반복기호

곡의 진행 순서에 대하여 표시한 기호나 문자입니다.

(1) 도돌이표(Repeat)

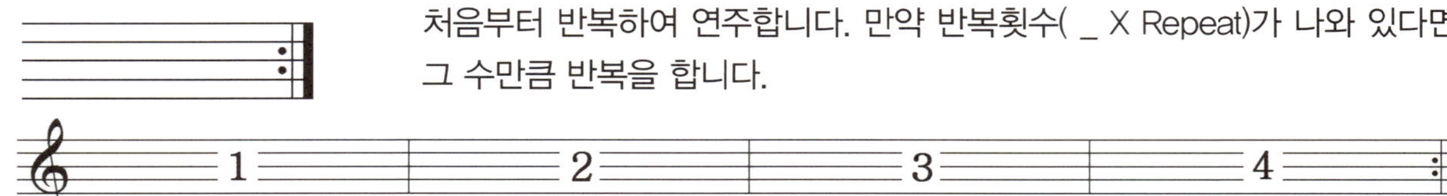

처음부터 반복하여 연주합니다. 만약 반복횟수(_ X Repeat)가 나와 있다면 그 수만큼 반복을 합니다.

연주순서 : 1 - 2 - 3 - 4 - 1 - 2 - 3 - 4

(2) 도돌이표(Repeat)

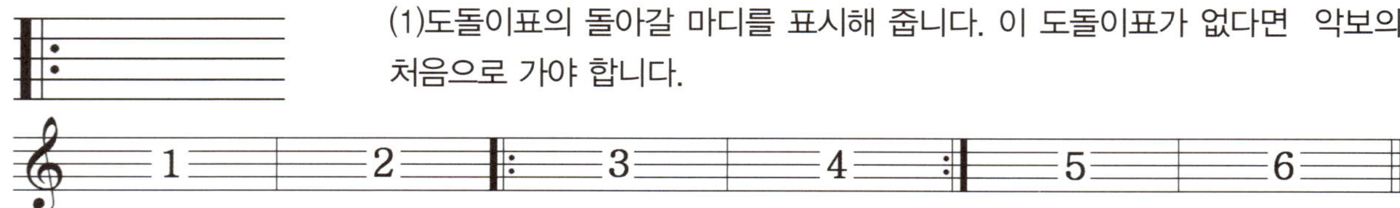

(1)도돌이표의 돌아갈 마디를 표시해 줍니다. 이 도돌이표가 없다면 악보의 처음으로 가야 합니다.

연주순서 : 1 - 2 - 3 - 4 - 3 - 4 - 5 - 6

(3) 도돌이표(Repeat)

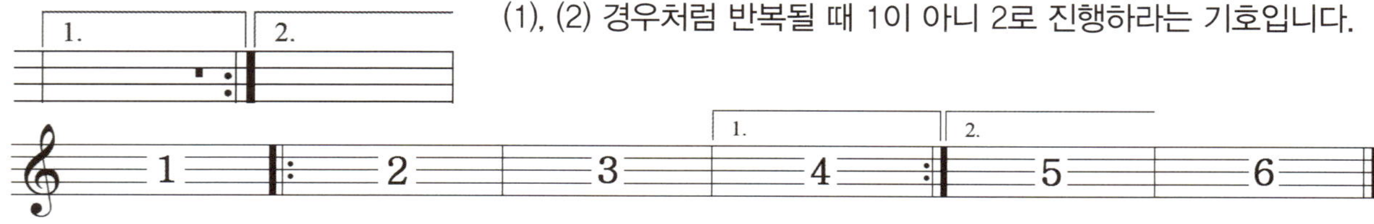

(1), (2) 경우처럼 반복될 때 1이 아니 2로 진행하라는 기호입니다.

연주순서 : 1 - 2 - 3 - 4 - 2 - 3 - 5 - 6

⑷ Fine(피네)

곡의 마침을 나타내는 말로 겹세로줄이나 끝세로줄 밑에 붙이며. D.C.와 D.S.와 같이 표기할땐 앞에 al 을 붙입니다.

⑸ Coda(코다)

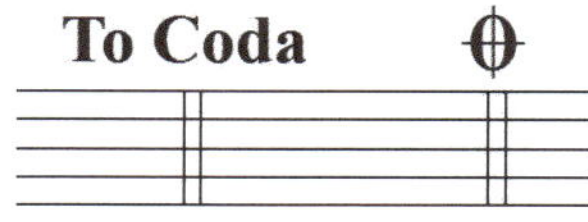

곡의 진행 중에 ⑶처럼 마디를 건너갈 때 쓰는 기호입니다. D.C.와 D.S.와 같이 표기할 땐 앞에 al을 붙이며 To Coda에서 ⊕(Coda)사이를 건너 뛰어 진행합니다.

⑹ D.C.(Da Capo:다 카포)

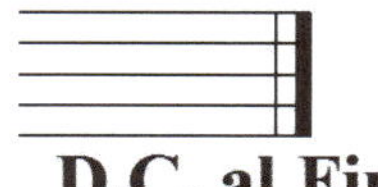

일반적인 D.C는 D.C. al Fine(올 피네)의 의미로 곡의 처음부터 다시 시작하라는 말로 도돌이표와 같은 뜻이 있지만 도돌이표와 다르게 Fine에서 끝을 냅니다.

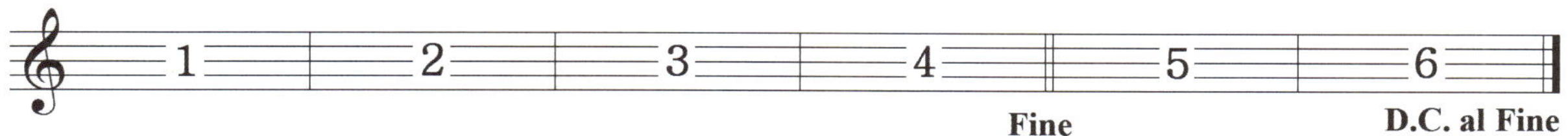

연주순서 : 1 – 2 – 3 – 4 – 5 – 6 – 1 – 2 – 3 – 4

D.C. al Coda(올 코다)는 처음으로 돌아가서 To Coda와 ⊕를 건너 뛰어 진행합니다.

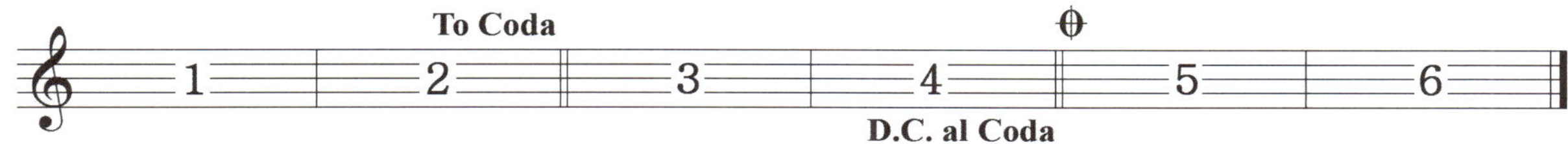

연주순서 : 1 – 2 – 3 – 4 – 1 – 2 – 5 – 6

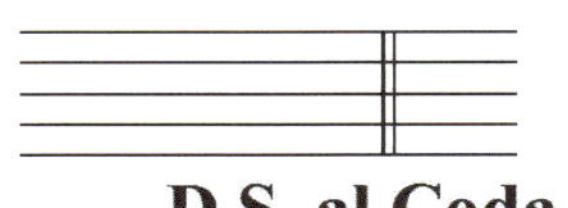

⑺ D.S.(Da Segno:달 세뇨)

일반적인 D.S는 D.S al coda를 얘기하며 𝄋(Segno)로 가서 To Coda와 ⊕건너 뛰어 진행합니다.

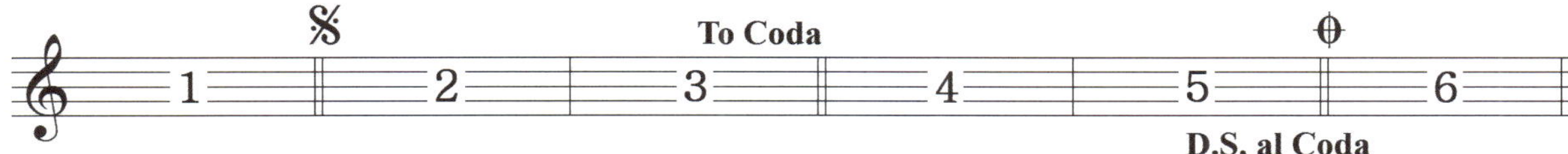

연주순서 : 1 – 2 – 3 – 4 – 5 – 2 – 3 – 6

* D.S. al Fine도 있지만 잘 쓰진 않습니다.

⑻ 마침표

늘임표와 같은 기호이지만 겹세로줄 위에 놓이면 마침표로 곡의 끝을 나타내며 Fine와 같이 사용되는 경우도 있습니다.

곡의 구성(파트)

곡의 구성이란 곡 안에서의 변화를 나타낸 말로 음악을 이해와 개인의 연주, 합주에 있어 꼭 알아두어야 할 곡의 전개입니다. ("파트" 또는 " 형식"이라는 말로도 사용하며 실용음악에서는 "파트"라는 말을 더 많이 합니다. "기타 파트", "보컬 파트"와 같이 밴드 구성원을 얘기할 때도 사용하므로 의미를 잘 기억해 두어야 합니다.)

밴드 참가자가 곡의 구성을 이해하는 것은 밴드연주에서 개개인의 연주(노래)를 어떻게 진행할 것인지를 결정하는 개인의 실력과 다른 연주자와 대화하며 좀 더 좋은 앙상블을 위해 얘기하는 밴드 전체의 실력을 키우는 밑거름이 됩니다.

1.Intro(인트로) Intro

곡의 시작부분입니다. 흔히 '전주'라고 하며 노래의 멜로디가 시작되기 전 곡의 분위기를 짧게 표현해주는 파트이다. 대게 Chorus의 멜로디라인을 모방하거나 변형하는 것이 일반적이지만 때때로 곡과 전혀 관련 없는 전주를 삽입하기도 합니다. 가끔 작곡자나 편곡자의 의도에 따라 없애는 경우도 있습니다.

2.Verse(벌즈) A

일반적으로 "절"이라고 부르며 직접적으로 보컬 가사나 악기의 멜로디가 나오는 첫 부분으로 곡의 이야기가 시작되는 부분이다. 대게는 곡의 Intro 이후에 나오지만 곡에 개성을 주기 위해서 형식을 무시하여 후렴을 먼저 앞에 나오고 후렴 뒤에 나오게 하는 경우도 있습니다.

3.Bridge(브릿지)

Bridge에는 2가지가 있습니다.

①Tradional Bridge(트레디셔널 브릿지) B

　T.Bridge라 줄여 쓰기도 하며 Verse와 Chorus를 잇는 역할을 한다. 악곡에서 가장 낮은　부분과 가장 높은 부분을 연결해주는 중간 역할을 하며 분위기를 고조시켜주거나 Chorus　가 나올 것을 암시해주는 역할을 합니다.(=Pre Chorus)

②Primary Bridge(프라이머리 브릿지) D

　P.Bridge라 줄여 쓰기도 하며 Chorus와 Chorus사이를 연결하는 역할을 합니다. 대게는 2절 Chorus후에 나오며 곡의 결말을 내기 위해 마지막 Chorus로 연결해주기 위해 만들어진 부분입니다.

4.Chorus(코러스) C

후렴구입니다. 노래의 클라이맥스(최고조)로 곡에서 가장 많이 나오는 파트이며 곡이 전달하고자 하는 내용의 단어가 가장 많이 반복하게 나오는 곳으로 가장 많이 반복된다는 말을 다시 풀이하면 곡에서 중요한 역할을 하기 때문이라고 할 수 있다. 작곡자나 편곡자의 뜻에 따라 곡의 처음에 위치시키는 경우도 있습니다.

5.Interlude(인터루드) I.L 1 I.L 2

간주 구간으로 1절이 끝나고 2절이 시작되기 전 고조되었던 분위기를 잠시 식혀주는 역할을 합니다. 1절의 차분했던 분위기를 끌어올려주는 Bridge의 역할을 하기도 하고 독립적으로 짧은 선율로 연결해주는 경우가 있으며, Intro에서 사용된 독립적인 선율을 사용하기도 합니다. 그러나 작곡자의 의도에 따라 곡에 없을 수도 있으며 여러 개가 있을 수도 있습니다.

6.Outro(아웃트로) Outro

곡의 후미. 엔딩으로 자연스럽게 이어지는 부분이다. 보통 Intro(전주)와 같은 진행을 사용한다. 가끔은 Outro없이 곡이 급하게 끝나거나 Fade Out(페이드 아웃)으로 끝나기도 합니다.

7. '

기존의 형식에서 비슷하지만 조금은 다른 부분어서 다른 형식의 말로 표현하기가 모호할 때에 문자에 '(다시)을 붙입니다.

8.그 외의 구성에 대한 이해

①Intro때 Interlude를 포함하는 경우.
②A와 B가 비슷하여 정의 내리기 모호한 경우.
③Interlude후 P.Bridge가 바로 나오는 경우.
④Outro가 Interlude일 경우.
⑤Chorus가 두 개인 경우.
⑥Chorus로 곡을 마치는 경우.

위의 경우 외에도 판단하기 힘든 경우가 있으며 그럴 경우에는 멤버들과 잘 상의하여 파트를 정하면 됩니다.

용어 정리

본 교재를 학습하는데 필요한 용어를 설명합니다.

1.섹션(Section)

원어의 뜻은 "부분,구획,부품"을 얘기하며 음악적 용어로는 두 가지의 뜻이 있습니다.

①본래 의미(=부분)처럼 악기의 쓰임이나 형태에 따라 악기의 그룹을 일컫는 말입니다.

　· 스트링 섹션(현악기), 리듬섹션(타악기), 브라스섹션(관악기), 리드섹션(리드악기)

②연주 중 두 개의 악기 이상이 특정부분에서 같은 음(화음)과 같은 음 길이를 연주하는 것을 말하며 우리가 일반적으로 쓰는 말은 이 뜻입니다. "합주의 꽃"이라고 하는 이 섹션은 얼마나 잘 맞추느냐에 따라 팀의 연주력이 판단되는 경우도 있습니다.

2.싱코페이션(Syncopation)

쉬운 말로 "당김음"이란 뜻으로 사전적 용어는 엇 박의 음을 끌어서(붙임줄로 붙여서) 정박까지 소리를 내지 않는 것을 말하지만 일반적인 합주에서의 싱코페이션은 마디 전 엇 박에 소릴 내어 다음 마디 첫 박까지 붙여서 연주(노래)하는 것을 얘기합니다.

　예) 첫사랑의 Intro부분에서 1마디에서 2마디 넘어갈 때, 3마디에서 4마디 넘어갈 때 싱코페이션입니다.

3.브레이크 타임(Breaktime)

연주를 멈추는 부분을 말합니다. 그리고 멈추는 음의 길이도 중요합니다. Section(섹션)의 한 형태이기도 합니다.

　예) 윤도현의 "나는 나비"는 59마디가 "Breaktime"이며 음길이가 1박 입니다.

4.카운트(Count)

템포에 맞춰 소리를 내는 행동을 말합니다.

①음악을 연주가 들어가기 전 "이곡이 몇분의 몇박인지?", "템포(속도)는 몇 bpm인지?"를 다른 멤버들이 알 수 있게 소리를 내어주는 동작을 얘기하면 일반적으로 드럼의 Hi-Hat(하이헷)이 가장 많이 사용되지만 가끔 다른 악기가 맡는 경우가 있습니다.

　　예) 아이유의 "있잖아"는 보컬이 카운트 합니다.

②곡의 전주나 간주, 후주 중에 솔로 부분이 있을 경우 솔로 연주자의 템포를 지켜주기 위해 다른 악기가 박자를 카운트 해줍니다.

5.필인(Fill-In)

멜로디(주선율)의 연주 중에 주선율이 없는 부분을 장식하는 즉흥적인 멜로디(대선율)를 말합니다.

　· 주선율 : 곡에서 가장 선명하게 들어나는 주가 되는 멜로디. 일반적으로 실용음악에선 노래의 멜로디가 주선율이 된다.

· 대선율 : 주선율을 받쳐주거나 없는 부분에 주선율을 대신해서 사용하는 멜로디. 일반적인 실용음악에선 피아노나 신디사이저의 스트링, 스트링현악기가 대선율이 된다.

합주에서의 Fill-In은 단어의 뜻처럼 "채워 넣는다"는 의미로 해석하면 됩니다. 보컬 멜로디가 없는 부분에 다른 악기들이 사운드가 빈약해지는 것을 막기 위해 개인적인 연주 테크닉을 이용하여 변화를 준 것을 말합니다.

6. 에드립(ad-lib)

라틴어 "ad libitum"에서 유래한 용어로, '자유롭게', '즉흥적으로' 라는 의미지만 코드 진행이나 모드를 기본으로 자유롭게 즉흥 연주하는 것을 말하며 솔로연주를 대신하는 말입니다. 주로 Interlude 파트가 솔로, 즉 에드립을 가리키는 말이죠.

7. 파트(Part)

우리가 합주를 하다 보면 "파트"라는 말을 자주 듣게 되는데 일반적으로 두 가지의 의미를 가집니다.

① 악기나 악기의 묶음을 얘기하며 섹션의 ①의 의미와 비슷합니다.

· 기타 파트(일렉기타, 통기타, 베이스기타)
· 리듬 파트(드럼, 베이스기타, 타악기)
· 보컬 파트(보컬과 코러스)

② 곡의 구성(형식)에서 특정 부분을 지칭합니다. Intro파트, Ⓐ, Ⓑ파트 등의 악보에서 특정 부분을 가리키는 말로 사용합니다.

8. 템포(Tempo)

"속도"를 얘기하며 숫자로 나타냅니다. 악보마다 제목 밑에 표기되어 있으며 클래식에서는 빠르기말로 나타내므로 기초 악전을 참고하면 됩니다.

숫자는 BPM(비피엠), 즉 Beat per Minute(비트 퍼 미릿)의 약자로 1분에 몇 번의 박자를 세는지를 나타내는 말입니다. 1초에 한번 소리 내면 1분(60초)에 60박자가 되므로 BPM 60이며 1분에 130박자를 세면 BPM 130이라 표기 합니다.

9. 사운드(Sound)

단어의 뜻은 "소리, 들리다"입니다. 그러나 밴드에서는

① '소리가 공간을 얼마 채우는가?'

② '악기의 소리(톤)가 좋은가?' 등의 전반적인 합주의 내용을 얘기합니다.

예) ⓐ오늘 사운드 참 좋아~! = 각 악기들의 연주 밸런스와 톤, 공간의 채워짐이 좋다는 함축적 의미입니다.

ⓑ사운드를 채워서 연주하자! = '악기의 볼륨을 조금만 높이자' 또는 '사운드가 채워지게 연주자들이 박자와 리듬을 잘 맞추자' 의 의미입니다.

밴드 합주의 기본

밴드(Band)의 사전적 의미는 "묶을 수 있는 띠 모양의 끈이나 벨트"를 말합니다. 즉, 묶여지는 하나의 집단으로 그 의미는 개인 생각과 모임(밴드)의 종류에 다양합니다. 개인의 연주 실력을 좀 더 가다듬으며 큰 사운드를 만들기 위해 만들어진 집단일수도 있고 부족한 음악적 역량을 보완하기 위해 만들어진 집단일 수도 있습니다. 의미를 떠나 공통적인 것은 여러 사람이 모여 연주를 맞추는 것이고 우리는 이렇게 모여서 연주하는 것을 "합주"이라고 하며 다른 말로 "앙상블(Ensemble)"라고도 얘기합니다.

이 단원에서는 "혼자"가 아닌 "우리"이기에 여러 가지 밴드적인 지식이나 지켜야 할 것들에 관하여 얘기해 볼까 합니다.

1.연습곡 듣기

여러분이 악기를 연주하고 노래를 부른다는 것은 "음악을 한다."의 의미이며 이는 음악인(뮤지션,musician)으로서 최소한의 예의(기본)인 음악을 들어야 한다는 결과가 나옵니다. 합주할 곡은 최소 100번 이상 집중해서 들어야 하며 자기가 맡은 악기 외에 전체적이 흐름과 그 곡이 전달하고자 하는 내용 등을 파악하여 합주에 임해야 합니다.

2.합주 시간 엄수

약속시간을 지키는 것은 합주의 가장 기본중의 하나입니다. 만약 처음 합주실에 처음 도착한 맴버와 마지막에 도착한 맴버가 1시간의 차이가 난다면 처음 도착한 맴버는 짜증과 함께 합주를 하고 싶은 마음은 처음보다 적을 것입니다. 이렇듯 혼자 하는 연주가 아니므로 서로에 대한 시간 배려는 당연한 것입니다. 꼭 약속시간을 지켜 멤버 간의 신뢰를 쌓는 것이 중요합니다.

3.튜닝(Turning = 조율)

이 책에선 각 악기의 튜닝 방법을 설명하고 있습니다. 합주 시간 전에 도착하여 개인악기의 튜닝을 맞춰야 원활한 합주를 진행할 수 있습니다. 주로 현악기인 기타와 베이스가 이에 해당합니다. 그러나 튜닝은 혼자만의 일이 아니므로 맴버 서로가 튜닝하는 동안에 조용히 하는 매너는 있어야 합니다.

　*튜닝이 안 맞을 때
　　①악기들이 소리 날 때 미세한 파동이 생겨 시끄럽거나 산만하게 들립니다.
　　②보컬이 음을 잡지 못하는 경우도 있습니다.
　　③듣는 이(관객)로 하여금 음악적 감흥을 못줍니다.

*튜닝하는 방법

①건반악기 와의 조율 : 일반적으로 건반악기가 "라"음을 소리 내면 기타의 5번 줄(베이스3번 줄)을 맞춘 다음 각각의 악기 튜닝 방법을 이용하여 음을 맞춥니다.

②튜닝기를 이용한 조율[=튜너(Tuner)] : 튜닝기에는 소리튜닝기, 집게(진동)튜닝기, 어플 튜닝기가 있으니 적당한 방법을 찾아서 합주 전에 튜닝을 마쳐야 합니다.

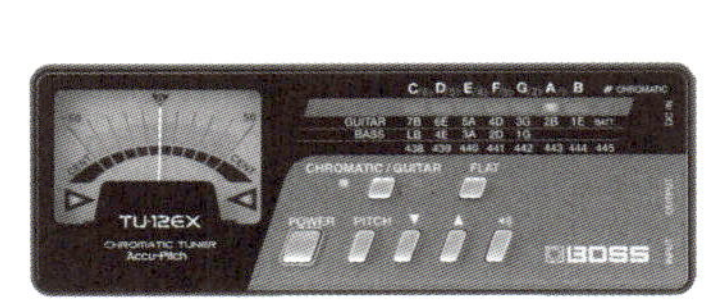

사진제공 : BOSS 공식수입원
(주)코스모스악기

▲ 소리 튜너

사진제공 : BOSS 공식수입원
(주)코스모스악기

▲ 집게(진동)튜너

▲ 어플 튜너

4.파트별 충분한 연습

자기 자신이 밴드에서 연주라는 것을 한다면 당연히 해야 하는 것입니다. "바빠서 못 했어요", "학원수업이 많아서 못 했어요", "피곤해서 못 했어요"등은 이유가 되지 않으니 미리 준비하여 합주하는 날에 연주를 할 수 있게 연습하여야 합니다.

5.개개인의 곡 이해와 형식 구분(BAND1,16page '곡의 구성' 참조)

이 곡은 조용하게 연주해야 하는지? 아님 힘 있게 빠르게 연주해야하는지? 등 어떻게 연주해야 할지를 알아야 하며 Intro(인트로)부터 엔딩까지 곡의 형식을 알고 있어야 어디서 틀렸고 난 어느 부분을 어떻게 연주하면 좋겠다는 의견을 낼 수 있겠죠.

6.다른 파트에 대한 이해

다른 파트가 어떻게 연주하는지를 안다는 것은 자기 악기의 음량과 연주 타이밍을 조절하여 보다 좋은 연주를 한다는 것을 의미합니다. 특히 드럼과 베이스 기타는 서로 간의 리듬의 강과 약, 타이밍, 다이나믹(세기)을 이해하여야 하며 보컬, 코러스, 현악기와 건반악기들은 화음의 이해, 음을 내는 악기 상호간의 멜로디와 코드간의 이해 등이 중요합니다.

밴드 합주의 기본

①음식물 반입 금지

가지고 온 음료를 앰프나 건반에 엎지르면 당일 합주는 할 수가 없으니 처음부터 합주실안으로 가져가지 않는 것이 좋습니다.

②보면대, 기타스탠드, 마이크 스탠드 등 합주에 필요한 보조 장비 점검

각 파트가 사용해야 할 장비들을 미리 점검하여 연습에 방해되거나 멈추는 일이 발생하지 않도록 주의하세요.

③케이블(Cable)의 이해

드럼을 제외한 파트들은 앰프나 믹서로 연결하는 케이블(잭)을 사용합니다. 그러나 잘못된 케이블은 합주에 상당히 방해가 되므로 처음부터 상태가 좋지 않은 것은 사용을 삼가 해야 합니다.

*각종케이블의 이해와 점검

케이블은 악기의 전기 신호를 전달하는 연결선으로서 쇠 부분을 "connecter(커넥터) 또는 plug(플러그)"라고 하고 선 부분을 "케이블(Cable)"이라고 합니다.

(1)마이크 케이블(XLR Cable)

"케논 잭"이라고도 하며 마이크를 믹서와 연결하는 역할을 합니다.
*마이크에 잡음이 뜬다면 케이블일 가능성이 있으므로 커넥터의 플라스틱 부분을 손으로 돌리면 열리므로 이상 시 열어 납땜의 이상 유무를 확인하세요.

▲ XLR Cable

(2)기타 케이블(TS Cable)

"잭" 또는 "55잭"이라고도 하며 현악기(기타, 베이스)용 으로 케이블입니다.
*자주 고장이 나는 케이블로 악기 연주자는 개인 잭을 항상 가져다니는 습관이 필요합니다. 마이크 케이블과 마찬가지로 손으로 돌리면 커넥터와 케이블이 분리되므로 이상시 열어서 확인하면 됩니다.

▲ TS Cable

이 둘 케이블은 연습 중에 밟거나 꼬이는 경우가 많기 때문에 앙상블 때 갑자기 소리가 나지 않는다면 케이블의 문제일 가능성이 많습니다. 항상 여분의 케이블을 준비하는 습관을 가지고 케이블 감는 방법을 포털사이트에서 검색하여 꼬임 없이 감아 보관하며 이동하여야 합니다.

(3)건반 케이블

"건반 잭"이라고 부르며 55잭 2개를 묶어서 만들며 색깔로 L,R을 구분합니다.
*원래 건반악기는 스테레오 악기로 건반의 L과 R에 각각 55잭을 연결하고 반대편은 믹서의 스테레오 채널에 연결하여야 합니다. 상황에 따라 55잭을 하나만 사용(모노)하여 믹서에 모노채널에 연결하여 사용합니다.

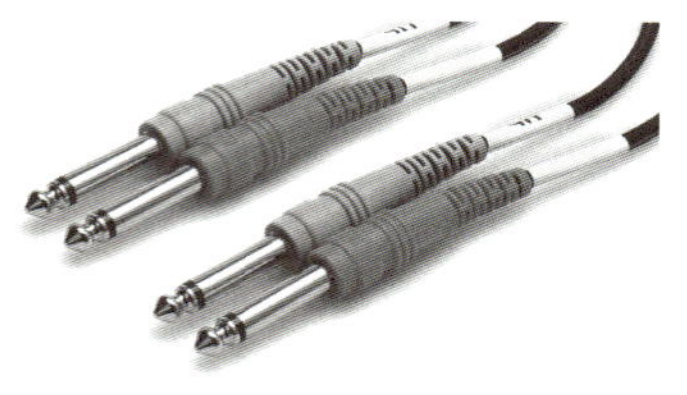

▲ TS LR 케이블

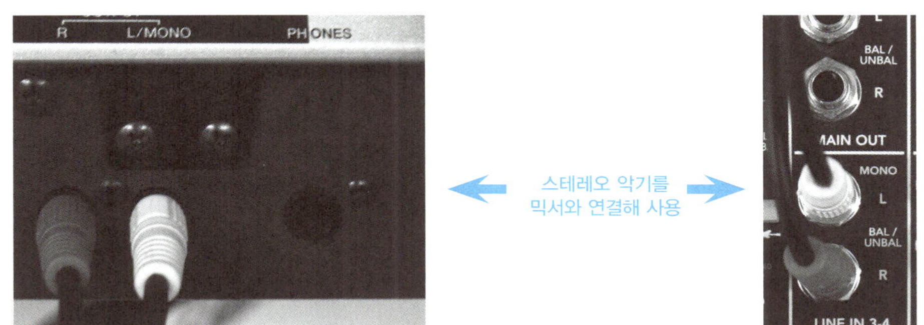

스테레오 악기를
믹서와 연결해 사용

▲ 건반과 믹서의 연결 방법

　⑷플레이어 연결 케이블(ST-RCA Cable) : 스마트폰이나 일반플레이어
　　의 이어폰 단자에서 믹서로 연결하는 케이블입니다.

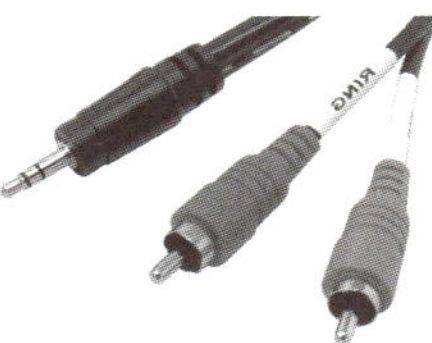

▲ ST-RCA Cable

④전기조심

　혹시 합주 중 전원 케이블의 이상으로 앰프나 각종 음향 장비에서 합선이 일어나거나 타는 냄새가 난다면 무조건 합주를 멈추고 원인을 찾아 해결한 후에 다시 연습을 시작합니다.

⑤전체음향의 이해와 믹서의 사용법

　드럼과 앰프를 사용하는 일렉기타, 베이스를 제외한 보컬과 건반, 그 외의 악기들은 믹서라는 곳에서 신호를 받아 앰프에서 증폭하여 스피커로 보냅니다.

　⑴믹서와 악기의 연결

　　아래 그림은 악기와 마이크, 믹서의 연결그림입니다. 마이크는 믹서의 케논(XLR)단자에 연결하고 건반(신디사이저)는 스테레오 채널(TS LR)단자에 연결하며 기타등은 모노(TS)단자에 연결합니다.

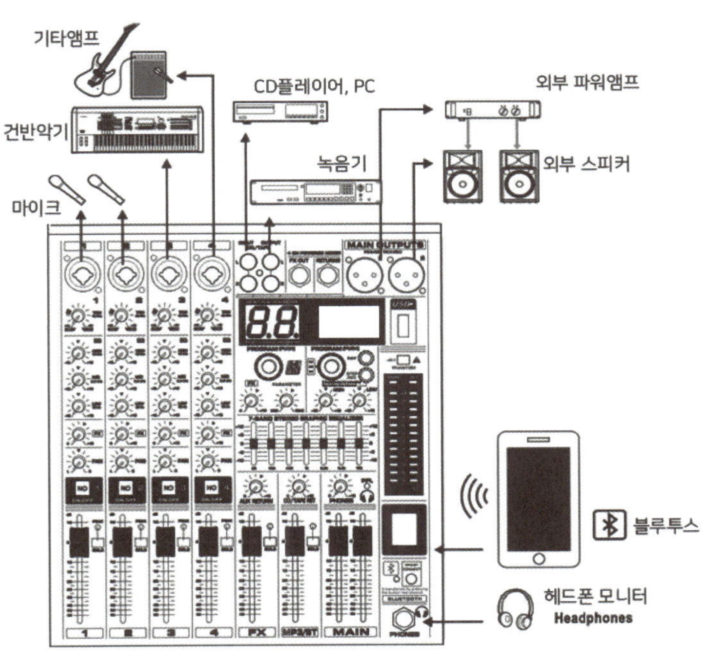

▲ 믹서와 악기의 연결표

밴드 합주의 기본

(2)Mixer(믹서)의 이해

▼ Mono Channel

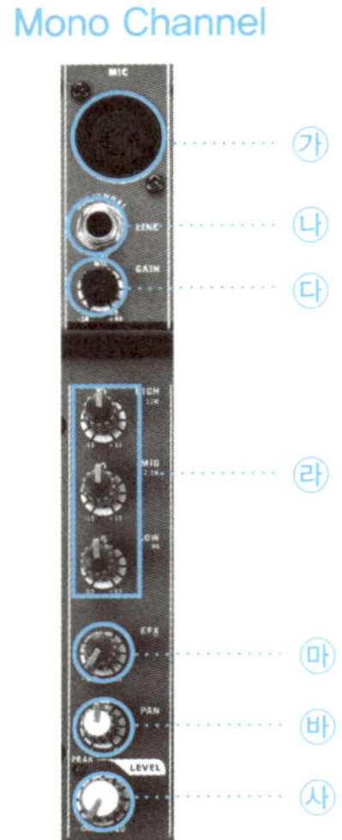

▼ Stereo Channel

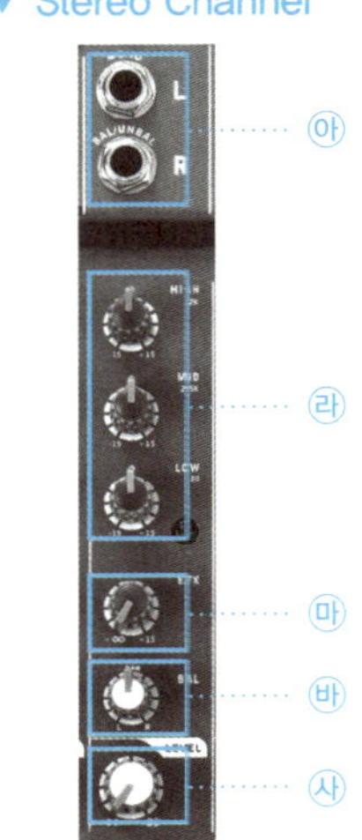

▼ Master Channel

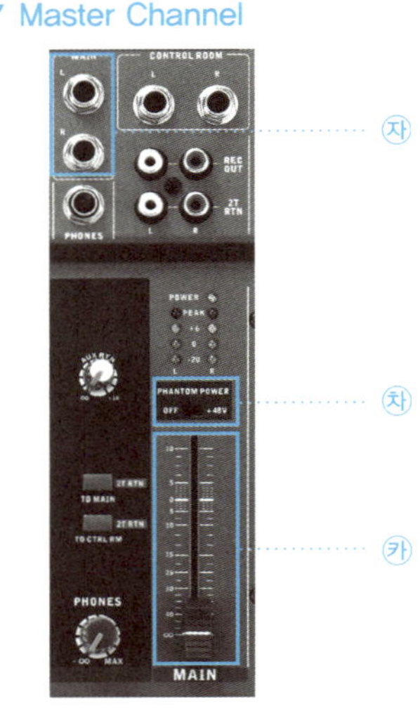

Mono Channel (모노 채널)

모노악기, 즉 보컬, 어쿠스틱 기타 등이며 악기의 소리를 마이크로 받는 채널입니다.

㉮Input 인풋, 마이크 케이블을 연결하는 곳입니다.

㉯Input 55잭 즉, 현악기를 연결하는 곳입니다. 일렉 기타나 베이스 기타는 믹서에 연결하는 경우는 없고 어쿠스틱 기타 중 픽업이 있어 잭의 연결이 가능할 때 이 단자에 연결합니다.

㉰Gain 게인, 입력의 량을 조절합니다.

㉱E.Q Equalizer(이퀄라이저), 악기의 소리 특성의 보정해주는 역할을 해 줍니다. 소리를 보정해주는 역할을 하며 목소리가 선명하지 않을 때에는 고 음Hz를 높여주고 힘이 없다면 중음을, 울림이 약하다면 저음을 조절하면 됩니다.

㉲Aux 억스, 들어온 신호를 메인 스피커가 아닌 다른 경로로 신호를 보내는 역할을 합니다.

㉳Pan 팬, L(left)과 R(right),왼쪽과 오른쪽의 소리를 나누는 역할을 합니다.

㉴Volume 볼륨, 스피커로 나가는 양을 조절합니다.

Stereo Channel (스테레오 채널)

스테레오 악기, 즉 건반 악기나 컴퓨터의 오디오 아웃을 연결하는 채널입니다.

㉵Input TS LR Cable을 연결하는 곳입니다.

Master Channel (마스터 채널)

㉶Phantom 팬텀, 48v의 전류를 ㉮의 마이크 케이블로 흘러 보내는 스위치로 마이크 중에 콘덴서 마이크를 사용할 때 사용합니다.

㉷Tape 테이프, 즉 ST-RCA케이블의 음량을 조절하는데 사용합니다. (=음원플레이용)

㉸Main 메인, 전체 음량을 조절하는데 사용합니다.

Input, E.Q, Aux Send Return, Main Channel의 부분들은 조금 더 전문적이 지식이 필요하므로 본 교재 중급에서 자세히 다루겠습니다.

⑥악기와 케이블의 세팅.

합주를 하면 바닥은 케이블과의 전쟁이 되는 경우를 종종 보게 되고 그로 인하여 일어나는 여러 가지 사고들을 겪게 됩니다. 이런 사고들을 정리해 보겠습니다.

(1)마이크 케이블에 걸려 넘어지면서 마이크가 바닥에 떨어짐.

아주 큰소리와 함께 스피커가 고장 날수도 있고 사람이 다칠 수도 있습니다.

(2)악기에 연결된 55잭에 걸려 넘어져서 악기도 같이 넘어짐.

ⓐ와 같은 경우에 악기가 상하여 합주를 중단해야 하는 경우까지 있습니다.

(3)ⓐ,ⓑ와 같은 경우에 연계되어 다른 문제가 발생함.

믹서나 건반의 인, 아웃단자가 고장이 나면 위의 같이 합주를 중단해야 하는 경우가 있습니다.

(4)악기를 넘어뜨릴 경우.

악기 옆을 지날 때는 조심하여야 합니다, 즉, 합주실 안에서는 행동으로 하는 장난은 삼가야 합니다. 그렇지 않고 악기가 파손되는 사고를 겪게 되면 맴버간의 큰 싸움으로 발전 할 수도 있습니다.(개인 악기는 소중합니다.)

  *위와 같은 문제를 방지하기 위해서는

  (1)처음부터 악기의 배치를 할 때 케이블의 뒤엉키지 않게 고려하여야 합니다.

  (2)개인악기를 스탠드를 이용하여 벽면 가까운 곳에 두어 것이 좋으며 스탠드가 없을 때는 앰프 뒤에 세워두거나 합주실의 모퉁이에 세워둡니다.

  (3)마이크 케이블은 사람이 이동이 없는 쪽으로 잘 정리해서 두며 그렇지 못 할 경우에는 테이프를 이용해서 바닥에 고정시켜야 합니다.

  (4)장난을 삼가하며 개인적인 일이나 대화는 합주 시간을 피하여 얘기합니다.

8.즐겁게 음악하기

악기를 연주하고, 노래를 부르고, 친구들과 또는 다른 사람들과 만나면서 싸우거나 자기의 주장을 내세우려고 만나지는 않습니다. "음악"이라고 다른 것은 없습니다. 같이 모여 소리를 내면서 혼자서는 만들지 못할 음악을 만들어가는 과정은 자기의 연주만이 아닌 다른 사람과의 음악적 소통이겠죠. 소통은 남과 어울리고 그 속에서 즐거움을 찾을 때 나타나는 것입니다. 조금 부족한 사람이 있다고 해서 나보다 잘난 사람이 있다고 해서 시기하고 질투하다면 우린 합주를 할 자격이 없습니다.

항상 자기가 하는 연주에 다른 연주자가 도와준다는 생각으로 서로를 돕고 이해하며 즐겁게 음악을 한다는 것이 무엇보다 중요합니다.

밴드 리더의 할 일

1.합주 스케줄과 합주실 장비 확인

2.각 파트 악보와 음원 확인

종종 우리는 서로 다른 음원을 가지고 카피를 해오는 경우가 있습니다. "비와 당신"이라는 곡을 정하여 합주를 하기로 했는데 몇 명은 "박중훈 Ver"으로, 몇 명은 "럼블피쉬 Ver"으로 카피를 했다면 막상 연습 때 모여서 인사만 하고 집에 가야하는 경우가 생기겠죠.

본 교재를 본다면 이런 일은 없지만 만약 다른 곡으로 합주를 한다면 꼭 챙겨야 합니다.

"곡을 정한다."는 것은 단순히 곡명만 정하는 것이 아니라 음원을 정하고 원곡가수의 몇 년도 앨범에 수록된 곡인지 정하고 리메이크면 누가 불러서 어느 앨범에 수록되었는지를 정해야 하는 것입니다.

3.Vocal의 음역에 맞는 Key조절과 선곡이 필요

악기들은 큰 틀을 벗어나지 나지 않는 범위에서 변화가 가능하지만 보컬의 노래 스타일은 쉽게 바뀌지 않으므로 보컬에 맞는 선곡이 중요하며 부를 수 있는 음역 대에 맞는 Key 조절도 필요합니다.

4.각 파트의 이상 유무 (앰프, 마이크 상태 점검)

5.Guide Score(설명 악보)를 이해하고 합주를 이끌어야 함

Guide Score는 각 파트의 들어오고 나감, 형식의 표시와 연주 변화 등을 표기한 악보로 합주시 부족한 부분의 반복 연습과 주의 점을 얘기할 때 필요한 악보이므로 리더는 자기 파트의 연주를 암보하고 Guide Score를 보면서 연주합니다. 필요시 마디 수나 형식을 지정하여 부가 설명을 하여야 하며 스스로 필요한 내용을 기입하여야 합니다.

6.합주시 불협음과 볼륨 확인

합주의 기본은 음의 조화와 세기의 조절입니다.

음의 조화란 멜로디와 멜로디에 맞는 코드가 연주되는지를 얘기하며 음의 세기는 볼륨을 얘기합니다. 연습중 이상한 부분이 있으면 연주가 끝난 뒤나 연주 중간에 확인을 하고 부분 연습을 하여야 하며 리더는 그런 부분을 찾아내고 조치를 취해야 합니다.

7.합주 중 각 악기 또는 장비의 이상 유무 확인 후 조치

연습 중 발생하는 여러 가지 상황을 빨리 이해하고 조절해야 하며 구성원들에게 지시할 수 있어야 하므로 각 악기에 대한 이해도와 믹서와 앰프 등의 장비의 이해도도 높아야 합니다.

위와 같이 리더의 역할은 큽니다. 이 책은 여러 가지 접근방식으로 악기와 장비에 대하여 설명하고 있으므로 꼭 연습 전에 각 파트별 악보부터 시작하여 장비 설명글까지 잘 이해한 뒤 합주에 임합니다.

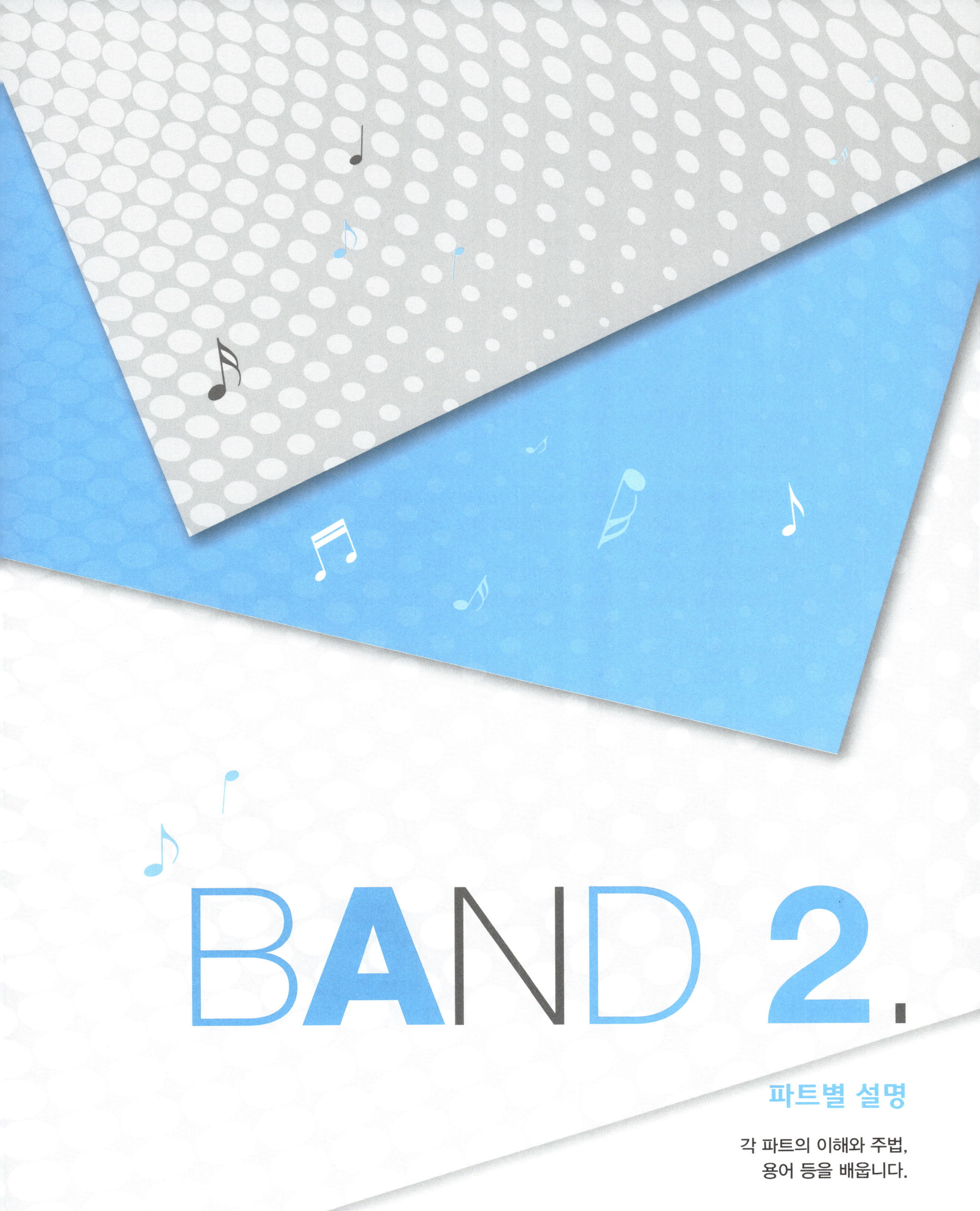
BAND 2.
파트별 설명
각 파트의 이해와 주법,
용어 등을 배웁니다.

보컬 스쿨

1. 노래

①노래란

(1) "놀다"의 어원인 "놀"에 어미 "애"가 붙은 말

(2) 가사의 곡조를 붙여 목소리로 부를 수 있게 만든 음악

②노래 잘 하기

(1) 자신의 목소리에 집중하도록 합니다.

ⓐ특정 인물의 목소리를 너무 따라하려고 하지 않도록 합니다

ⓑ노래를 부를 때 목소리가 변하는 사람도 있지만 가장 편하게 나오는 소리를 낼 수 있도록 합니다.

(2) 자신감을 갖도록 합니다.

ⓐ타인의 시선을 신경 쓰지 않도록 합니다.

(타인을 너무 의식하면 가사나 목소리에 집중을 할 수 없어 감정을 방해하며 힘 있게 음을 내지 못해 먹는 소리나 힘 없는 소리를 유발합니다.)

ⓑ노래에 집중합니다.

ⓒ충분한 연습하도록 합니다.

(3) 몸에 너무 힘을 주지 않습니다. (=힘 너무 빼지 않기)

(몸에 힘 → 어깨 , 턱 힘 → 목에 힘 → 소리가 나오는 길을 방해)

*몸이 뻣뻣하게 굳어 있으면 자유롭게 소리가 이동하기 힘들며, 반대로 힘이 너무 없을 경우엔 소리를 조절하기가 힘들어 집니다.

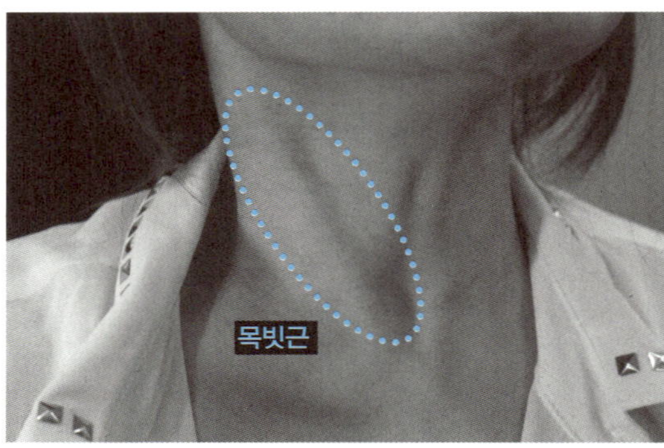

ⓐ목에 힘을 주었을 때

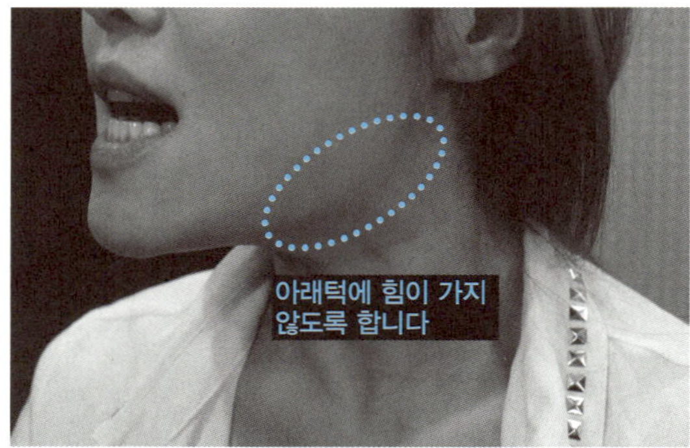

ⓑ아래턱에 힘을 주었을 때

(4) 귀를 열도록 합니다.

ⓐ자신의 목소리를 듣고 부르는 것이 가능 하도록 연습하도록 합니다.

(처음부터 바로 되지 않는다면 녹음을 한 후 자신의 소리 확인하기)

ⓑ노래를 부르는 것만 신경 쓰지 않고 반주(mr)를 들으며 부를 수 있도록 합니다.

지금부터 자신의 목소리에 가장 집중하며 몸이 악기가 되었다 생각하고 호흡하며 소리를 내보도록 하겠습니다.

2.호흡

①숨쉬기

노래는 말할 때 와 마찬가지로 숨을 마신 후 뱉으며 부르도록 합니다.

(1)가슴을 위로 확장 시키지 않도록 합니다.

(2)폐 안쪽까지(배꼽 밑까지) 차곡차곡 천천히 숨을 담는다고 생각합니다.

(3)짧게 몰아쉬거나 많은 양을 갑자기 마시지 않습니다.

(4)한 번에 크게 뱉지 않도록 합니다.

②복식호흡

숨을 배로 깊게 마시고 뱉는 것을 말합니다. 노래 부를 때 숨은 자동차의 연료와 같습니다. 연료 공급이 원활 하여야 잘 달릴 수 있으므로 편안한 호흡을 연습하여 원활 하게 숨 쉴 수 있도록 연습합니다.

③복식호흡 방법

(1)먼저 몸을 편안히 한 상태에서 숨을 천천히 깊게 들여 마시도록 합니다.(배의 움직임의 느낌을 잘 모르겠다면 누워서 해보자.)

(2)들여 마신 호흡을 잠깐 멈추어줍니다.

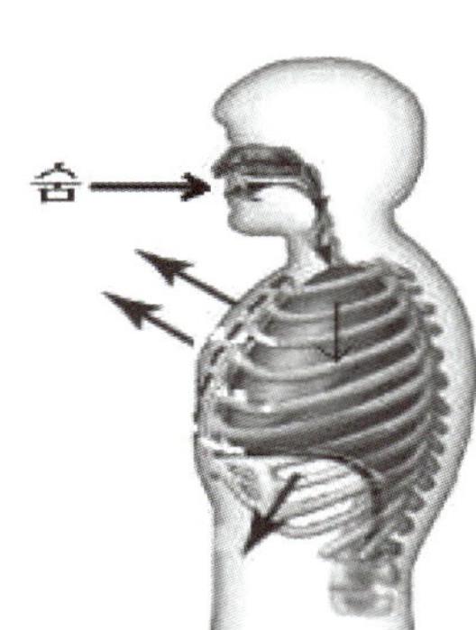

ⓐ숨을 마셨을 때 모습

(3)숨이 차기 시작 할 때 호흡을 천천히 뱉도록 합니다.

(4)숨을 뱉을 때에는 (처음 단계)'스'뱀 소리처럼 이 사이로 호흡을 뱉도록 합니다. 이때 숨을 뱉으며 어깨에 힘이 들어가거나 몸이 움츠려 들지 않도록 주의합니다. (이 방법이 연습이 잘 될 경우 '하' 입을 벌려 호흡을 뱉도록 합니다.)

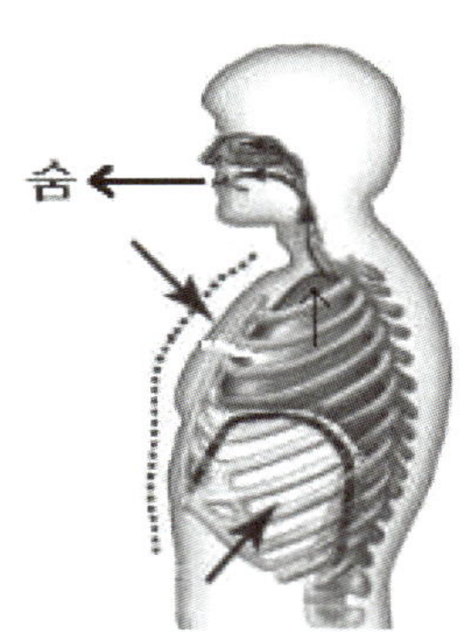

ⓑ숨을 뱉었을 때 모습

POINT!

노래를 부르는 순간에도 복식 호흡을 합니다. 음이 높거나 낮거나 노래가 빠르거나 느리거나 언제나 호흡 합니다.

노래 사이사이 짧은 순간에 숨을 쉴 때 어깨가 너무 들썩이지 않습니다. (어깨가 올라가게 되면 힘이 들어가며 발음을 할 때 소리를 누르게 됩니다.)

숨을 깊게 쉬지 않고 짧게 몰아쉬면 노래의 연결이 점점 급해지고 숨은 모자라게 됩니다.

보_컬 스쿨

3.소리(발성)

"발성"이란 호흡(숨)이 성대에서 만나 진동하여 입 밖으로 나오는 소리를 말합니다.

①소리내기

(1)사람에 따라 내는 소리는 다 다릅니다.

(2)가성처럼 (아플 때처럼 기운 없는 소리나 귀신소리 같은) 내기보다 진성을 내도록 합니다.

(3)멀리 있는 누군가를 향해 길게 끝에 힘을 주어 부르듯 소리를 냅니다.

（예를 들어 '누구야~~' 혹은 '야~~호~~'）

②성대

(1)불수의근(=의지와 관계없이 스스로 움직이는 근육)

성대 근육은 우리의 명령을 듣고 움직이는 근육이 아니라 스스로 움직이는 불수의근이므로 꾸준한 연습을 통하여 조절할 수 있는 감을 키우도록 합니다.

(2)성대는 움직인다.

ⓐ성대근육이 붙으며 소리를 만드는데 이를 "성대접지"라 하며 성대근육이 열려 있을수록 호흡이 빠지는 소리(힘없는 소리)를 만들어 지속적으로 낼 경우 목에 무리를 줍니다.

ⓑ성대근육은 고음을 낼수록 근육이 붙은 채로 길어지며 저음을 낼수록 짧아집니다.

（저음을 낼수록 목을 아래로 내리는 것이 이런 이유이기도 하며 자신이 잘 안 나오는 음역을 알고 근육을 이완, 수축 시킬 수 있도록 연습합니다. ）

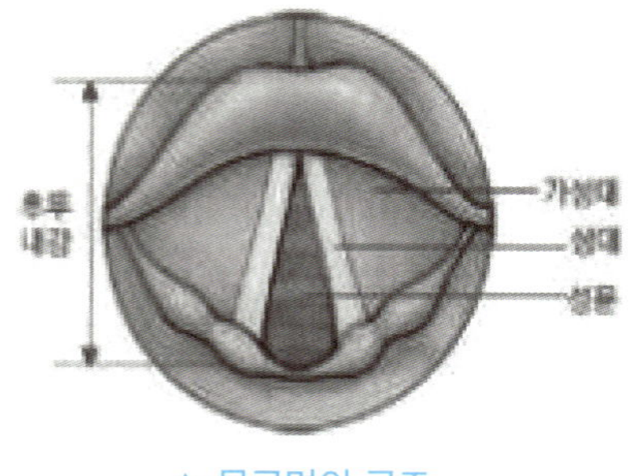

▲ 목구멍의 구조

〈연습〉

ⓐ입은 편안하게 벌린 상태에서 소리 낼 때마다 턱이 움직이지 않도록 합니다.

ⓑ기본 음정은 '솔,파,미,레,도' 순서대로 내려오며 자신이 낼 수 있는 편안한 저음역부터 반Key씩 올라가며 연습합니다.

ⓒ발음은 '하' 발음으로 기합 넣는 기분처럼 목소리에 호흡이 빠지지 않도록 합니다.

ⓓ5개의 음정 모두 같은 힘, 같은 톤을 유지하며 스타카토처럼 짧게 소리 냅니다.

ⓔ숨은 마신 후 소릴 낼 때 마다 배가 안으로 당겨오는 기분을 느끼며 소리 냅니다.

ⓕKey가 바뀔 때 숨을 쉬고 5개의 음을 내는 동안은 한번 마신 숨을 유지하며 마지막 음정은 길게 밀어내주며 호흡을 끝까지 뱉어보도록 합니다.

ⓐBb key의 "솔,파,미,레,도"

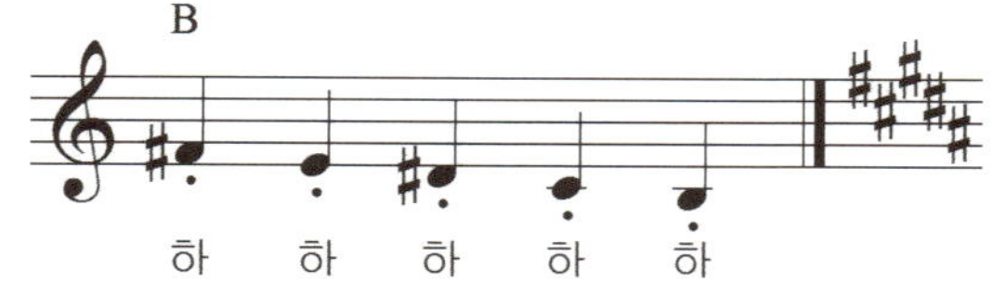

ⓑB key의 "솔,파,미,레,도"

ⓒC Key의 "솔.파.미.레.도" ⓓDb Key의 "솔.파.미.레.도"

4.공명점

공명점이란 폐에서 나온 호흡이 성대를 지나면서 만들어진 소리를 증폭시켜주는 부분을 말합니다.

①공명점의 이해

발성으로 만들어진 소리가 얼굴(입)을 통해 커지는 것을 말합니다.

(작은 동굴과 큰 동굴 한가운데에 같은 사람이 서서 "야~"라고 외칠 경우 소리는 반사되어 울리기 때문에 큰 동굴에서 더 크게 울린다. 따라서 얼굴이 동굴과 같은 역할이므로 공간을 많이 만들도록 합니다.)

②공명점 찾기(울림점)

얼굴의 공명점은 세부분으로 나눠지며 이 부분들을 공명시킨다면 편하게 소리 내도록 도와줍니다. 정확한 공명점을 찾는다면 고음을 내는 것이 쉬워집니다.

⑴비강 : 코 뒤의 공간

⑵상악 : 위 턱, 광대뼈 뒤의 공간

(페리카나처럼 아래턱에 힘을 주며 소리를 담지 않습니다. 웃는 것처럼 입 꼬리를 좌우로 당겨 공간을 넓히도록 합니다.)

⑶두강 : 눈썹 윗부분과 미간 사이 부분의 공간

(이 세부분의 공간까지 소리가 올라갈 수 있도록 소리에 집중하며 얼굴을 사용해 보도록 합니다.)

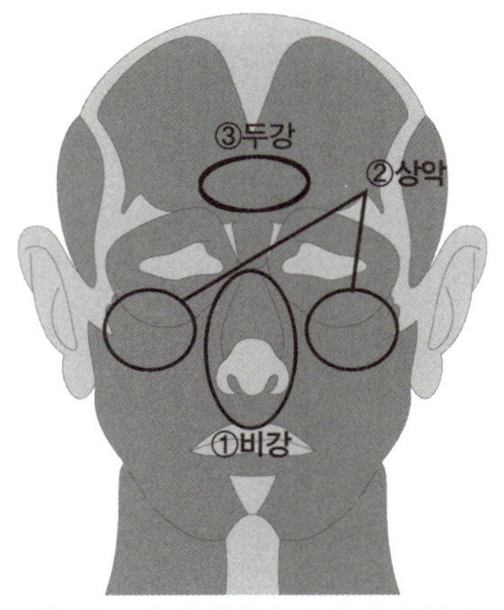

ⓐ얼굴 앞면에서의 공명점의 위치

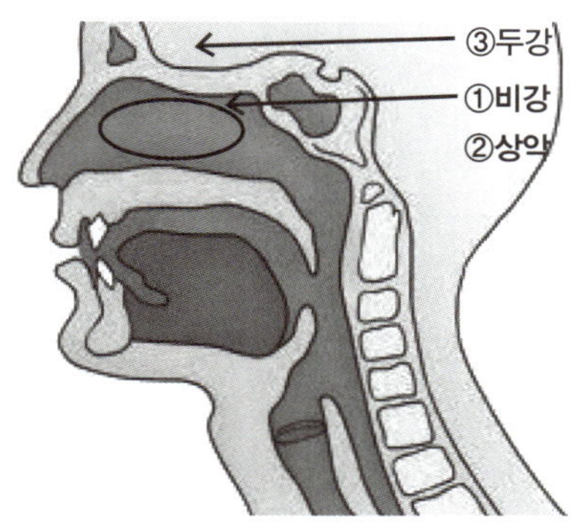

ⓑ얼굴 옆면에서의 공명점의 위치

③얼굴(입) 움직이기

입은 소리가 나오는 공간입니다. 그러나 노래를 부를 때 입을 안 움직이는 경우가 많습니다. 소리를 정확히 내고 싶다면 입을 많이 사용하여 조절 해 보도록 합니다.

보컬 스쿨

(1) 입은 상, 하 (위아래)로만 사용하지 않고 좌, 우 (양옆)로 벌릴 수 있도록 합니다.

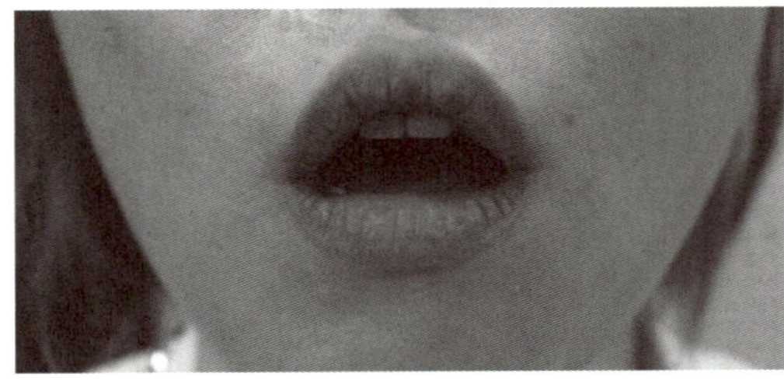

ⓐ턱을 아래로만 떨어뜨려 사용한 경우

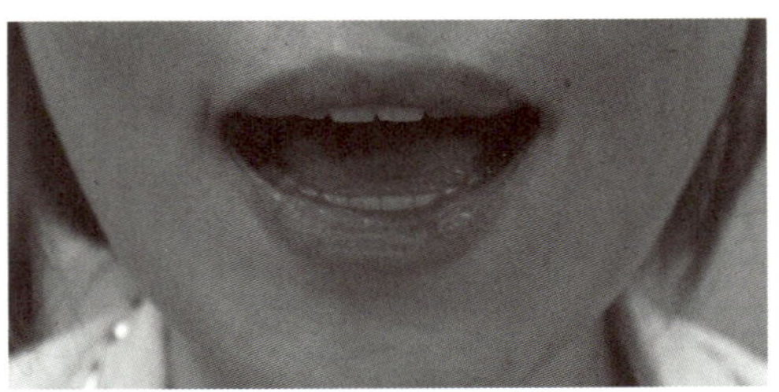

ⓑ입을 좌우로 벌린 경우

(2) 발음들은 경구개(입천장의 딱딱한 부분)에 부딪히며 나올 수 있도록 합니다.

(3) 울림소리인 'ㄴ, ㄹ, ㅁ, ㅇ'은 비성이 아닌 비음을 유발하는 발음입니다. 특히 받침으로 나올때 정확히 발음하도록 합니다. 비음이 너무 심한 경우 코를 막고 연습해 보도록 합니다. 코를 막고 노래를 불러 본 후 심한 부분에 울림 소리를 내는 받침이 있다면 그 다음 글자를 입 밖으로 밀어 내주며 코 안의 울림을 앞으로 바꾸어 봅니다.

(4) 모음에서 ㅡ, ㅣ 는 어금니를 닫은 채로 내지 않고 살짝 열어주어 밖으로 나갈 수 있도록 합니다.

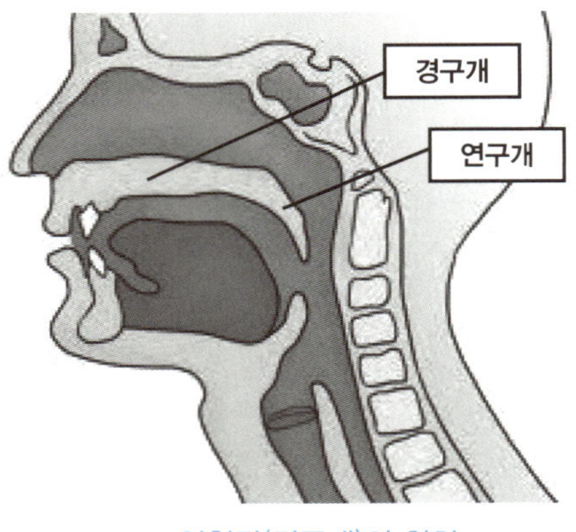

▲ 입천장(경구개)의 위치

〈연습〉

① "미야 미야 미야 미야 미야 (먀 먀 먀 먀 먀)" 연습

(a) '미야' 발음이 두음절로 나뉘지 않도록 고양이 울음처럼 한 번에 '먀'로 내도록 합니다.

(b) 입을 닫고 허밍으로 '미' 발음의 울림을 찾도록 합니다.

(c) '미'의 울림을 찾은 후 그 울림을 그대로 입을 벌려 밀어내며 '야' 발음을 만들어 냅니다.

(d) 솔 파 미 레 도 순서대로 내려오며 '먀 먀 먀 먀 먀' 발음하며 소리 내도록 합니다.

(e) 음은 내려오며 힘이 바뀔 수 있으므로 더 높은음을 내고 있는 느낌으로 같은 소리, 같은 느낌을 유지하도록 합니다.

(f) 주로 마지막 음정에서 호흡이 섞이지 않도록 주의합니다.

▲ C Key의 "솔,파,미,레,도"   ▲ C# Key의 "솔,파,미,레,도"

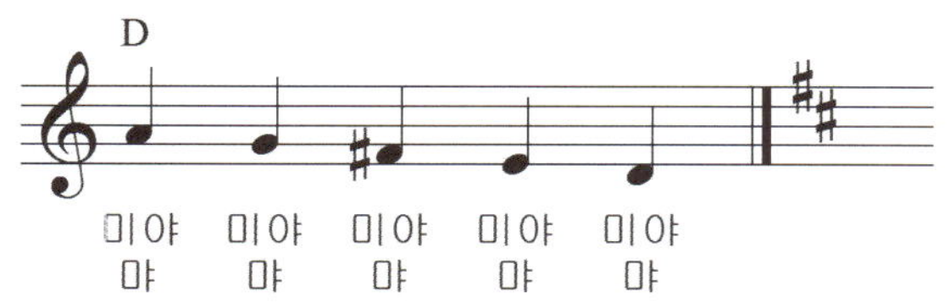

▲ D Key의 "솔,파,미,레,도"

▲ Eb Key의 "솔,파,미,레,도"

②모음 발음으로 입 움직이기 연습

한 호흡을 사용하며 입모양의 변화를 알도록 합니다.

(a) '이에아오우' 모음 발음을 먼저 해본 후 점점 커졌다 작아지는 입모양을 알도록 합니다.

(b)같은 발음마다 두 번씩 반복하며 3도 높아집니다.

(c)뒤에 반복되는 음절이 더 높은 음이므로 힘을 더 주도록 합니다.

(d) '아'의 발음에서 가장 큰 힘을 유지하며 '오' 발음으로 이어질 수 있도록 합니다.

(e)내려오는 음에서 힘이 빠져 소리가 변하지 않도록 합니다.

(f) '오'와 '우' 발음에서 닫힌 소리가 나지 않도록 입안의 공간을 유지하며 호흡을 끝까지 뱉어내도록
합니다.

▲ C Key의 "솔,파,미,레,도" 입모양 연습

▲ Db Key의 "솔,파,미,레,도" 입모양 연습

▲ D Key의 "솔,파,미,레,도" 입모양 연습

▲ Eb Key의 "솔,파,미,레,도" 입모양 연습

5.카피

듣는 능력과 디테일을 살릴 수 있는 훈련으로써 자신이 부를 노래를 듣고 느끼는 대로 가사나 악보에 체크하
여 포인트를 살릴 수 있도록 합니다.

①카피하기

(1)부를 노래를 많이 들어 멜로디와 박자를 익히도록 합니다.

(2)주로 강약, 박자, 에드립, 바이브레이션, 숨 쉬는 곳을 체크해 보도록 합니다.

(3)각 파트를 나누어 감정과 다이나믹을 살릴 수 있도록 생각해 봅니다.

(4)자신이 카피한 것을 악보처럼 보고 부를 수 있도록 합니다.

*카피 기호는 자신만 알아보아도 상관없지만 ②카피 기호를 보고 참고하는 것도 좋습니다.

보컬 스쿨

② 카피기호

악보 상에 표시되는 기호로 보컬이 어떻게 노래를 불러야 하는지를 적어둔 표시입니다.

(1) ☐ : 숨표(Breathing Mark).

　　악보상의 쉼표를 제외한 가사 중간 중간에 필요에 의해 호흡하는 부분입니다.

(2) ☐ : 악센트(accent).

　　표시된 부분의 단어를 강하게 부르는 것입니다.

(3) ☐ : 피치잡기.

　　소리의 톤을 유의하며 음정을 크게 높여주거나 낮춰주는 부분입니다.

　　↑ 높은 부분은 힘 조절에 더 신경쓰며 표현.

　　↓ 낮은 부분의 흉성처럼 마치 한숨쉬듯 표현.

(4) ☐ : 음 끌기.

　　한음을 (*벤딩)을 사용하지 않고 길게 유지해줍니다. 특히 끝 음정이 사라지거나 소리를 먹지 않도록 주의합니다.

(5) ☐ : 입 벌리기.

　　입모양을 크고 둥글게 하여 소리를 냅니다.

(6) ☐ : 입당기기.(=입 꼬리)

　　입 모양을 양 옆으로 펼쳐 소리를 냅니다. 주로 높은 음을 길게 끄는 부분에 도움이 됩니다.

(7) ☐ : 바이브레이션. (=비브라토)

　　감정의 처리나 끝처리에 음정을 빠르게 떨어줍니다.

(8) ☐ : AD-Lib. (=애드립)

　　연속적으로 나오는 음의 높낮이, 길이 등을 표현. (Uh- ,Yeah, 워우워~)

(9) ☐ : 된소리(사전적 의미 : 후두 근육을 긴장하거나 성문을 폐쇄시켜 내는 음)

　　"ㄲ, ㄸ, ㅃ, ㅆ, ㅉ"의 쌍자음이나 소리가 쎈 발음을 말합니다.

　　일반적으로 발음이 세어 악센트를 주는 듯이 발음하는 경우가 많아 주의 하여야 하며 살짝 찝어 내듯이 발음하여야 합니다.

*던지듯 표현한다?

　: "카톡", "칙촉", "틱택톡"을 발음할 때의 천장의 느낌처럼 단어를 입천장(경구개)에 부딪치듯 발음(소리) 합니다.

6.보컬의 기초Tip

①자신의 장, 단점을 정확히 알도록 합니다.

　(1)장점을 키울 수 있도록 연습하고 단점을 보완 할 수 있도록 연습합니다.

　(2)자신의 노래를 녹음하여 장,단점을 파악하도록 합니다.

②가사의 전달력을 위해 정확하게 발음하도록 합니다.

　(1)강약에 따라 'ㄲ,ㄸ,ㅃ,ㅆ,ㅉ'와 같은 발음을 살릴 수 있도록 합니다. (했었지-해써찌)

③자신의 목소리를 들으며 'b(플랫)' 되지 않도록 신경 씁니다.

④합주할 때 목이 쉬지 않도록 주의합니다.

　(1)고음은 소리 지르거나 기침하듯이 한 번에 터지듯 내지르지 않도록 합니다.

　(2)연습하던 호흡을 유지할 수 있도록 합니다.

　(3)정확한 모니터를 통해 큰 악기소리나 MR소리를 너무 이기려 하지 않습니다.

⑤감정표현에 신경 쓰도록 합니다.

　(1)가사를 생각하며 부를 수 있도록 합니다.

　(2)가사에 맞는 시선처리와 표정 등 곡을 살릴 수 있는 연기력이 필요합니다.

⑥노래는 자신의 목소리를 가지고 하는 것이므로 너무 이론적인 부분에 집중하지 않고
　꾸준한 연습과 자신의 소리, 느낌에 집중하며 자신만의 방법을 만들 수 있도록 합니다.

⑦가운데에 서서 노래하며 다른 악기들의 소리를 들으며 호흡을 맞추도록 합니다.

　(1)부를 노래의 가사뿐만 아니라 악기의 소리를 들어 이해도를 높이도록 합니다.

　(2)악기의 소리를 들으며 헤매지 않도록 주의합니다.

⑧올바르게 마이크를 잡고 부를 수 있도록 합니다.(=마이크와 입은 하나.)

　(1)정확한 소리가 들어가도록 넥 부분을 손으로 잡고 헤드부분이 입을 향합니다.

　(2)마이크를 함부로 놓지 않도록 합니다.

　(3)마이크 헤드가 스피커를 향하면 "하울링"이 생기므로 합주에 방해가 될 수 있으니 노래 부르는 위치나 자
　　세에 주의합니다.

　(4)선 정리를 확실히 하며 떨어뜨리지 않도록 조심합니다.

▲ 올바른 마이크 사용의 예

▲ 올바르지 않은 마이크 사용의 예

건반 스쿨

1. 신디사이저(Synthesizer)란?

"일렉트릭 키보드(Electric Keyboard)"라고도 말합니다. 기계에서 하나의 음원을 발생시켜 이것을 가공, 증폭 등의 편집 작업을 통하여 악기소리로 바꾸어 주는 건반 악기를 말합니다. 많은 종류의 악기음이 저장되어 있어 이 음으로 연주도 할 수 있고 또 그 음들을 합성 또는 편집하여 다른 위치에 저장할 수 있습니다. 이런 기능들은 기본적인 연주 외에도 부족한 사운드를 메워주는 역할도 하며 이동의 용이성, 음원 저장 위치의 변경으로 연주의 편의성 등을 제공하므로 현재 음악에서는 없어서는 안 될 악기입니다. (이 책을 보는 이들은 전문적인 건반 연주자가 아니므로 구체적인 음원 발생 원리는 설명에서 제외합니다.)

2. 건반악기의 종류

건반 악기의 종류는 상당히 많기 때문에 많은 분들이나 심지어는 실용음악 전공자들도 많이 헷갈려 합니다. (여기서는 모든 건반악기를 다룰 순 없지만 대표적인 건반악기를 설명하겠습니다.)

① 피아노(Piano)

나무로 만들어진 틀 안에 쇠줄을 연결하고 그 줄을 건반에 연결된 나무 망치로 쳐서 울림을 만들어 내는 악기입니다. 가장 대중적이고 많은 이들이 좋아하는 악기지만 부피와 무게 때문에서 이동이 힘들고 조율이 까다로운 악기입니다. 일반적으로 피아노는 두 종류가 있습니다.

사진제공 : (주)영창뮤직
모델 : AT123I BBP

ⓐ 업라이트(Upright) 피아노
수직 모양으로 주로 가정집이나 작은 연습실에서 사용합니다.

사진제공 : (주)야마하뮤직 코리아

ⓑ 그랜드(Grand) 피아노
수평 모양으로 주로 콘서트장이나 전문 연주가 사용합니다.

② 디지털 피아노(Digital Piano)

피아노의 가격이나 부피의 불편 때문에 대용으로 만들어진 악기로 피아노처럼 현을 울려서 소리 내는 방식이 아니며 신디사이저처럼 전자 회로에서 음을 발생시켜 악기 음을 만들지도 않습니다. 단지 저장되어 있는 소리를 불러서 소리를 냅니다. 기본적인 외관이나 음색을 결정(버튼으로 악기 결정)방식은 신디사이저와 비슷하지만 실제로는 틀립니다.

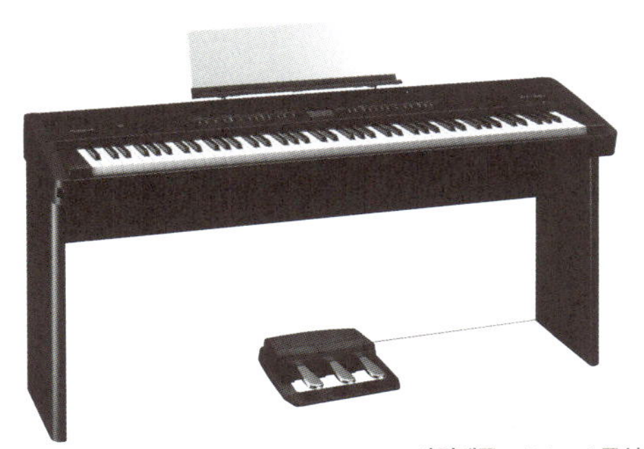

사진제공 : Roland 공식수입원
(주)코스모스악기

@Roland사의 디지털 피아노 FP-80 BK

사진제공 : (주)영창뮤직

ⓑKurzweil사의 디지털 피아노 antante CUP2A

③ 키보드(Keyboard)

디지털 피아노의 헤드부분에 플라스틱의 소재의 외관을 만들어 부피와 무게를 현저히 줄인 것으로 이동이나 보관이 편하게 하기 위해 만든 악기입니다. 받침대는 건반 스탠드를 이용하므로 들고 옮기기는 아주 좋으며 가격도 일반 피아노나 디지털 피아노에 비해 저렴한 편입니다.('신디사이저'의 다른 말이 '키보드'지만 제품의 명확한 설명을 위해 신디사이저와 키보드를 다르게 봐야합니다.

사진제공 : (주)영창뮤직

@Kurzweil사의 키보드 KA110-LB

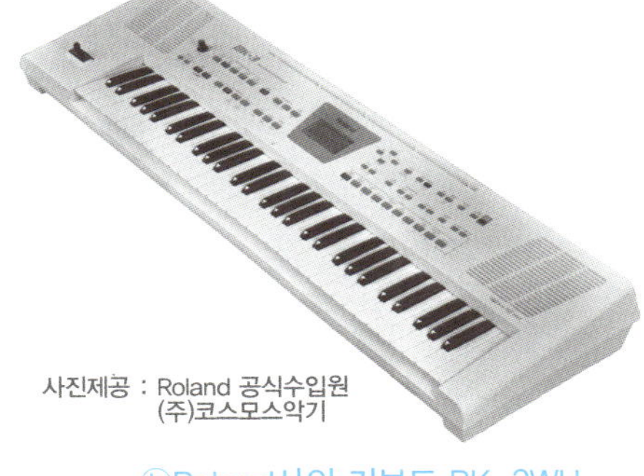

사진제공 : Roland 공식수입원
(주)코스모스악기

ⓑRoland사의 키보드 BK-3WH

④ 신디사이저(Synthesizer)

키보드와 비슷한 모양이지만 기능적인 면에서 많은 부분이 들어가 있으며 일반적으로 전면부에 많은 조작 버튼이 존재합니다.(요즘은 간단한 기능의 신디사이저도 많이 나옵니다.)

사진제공 : (주)영창뮤직

@Kurzweil사의 신디사이저 ARTIS-SE

사진제공 : (주)야마하뮤직 코리아

ⓑYamaha사의 신디사이저 Motif MM8

⑤각 악기의 비교

	음색	건반의 재질	건반터치	소리	페달
피아노 (Piano)	단일	목건	하드	자체소리	자체 부착
디지털 피아노 (Digital Piano)	복수	목건,프라스틱	하드	내장스피터	자체 부착
키보드 (KeyBoard)	복수	프라스틱	하드,소프트	내장스피커	외장 페달
신디사이저 (Synthesizer)	복수	프라스틱	하드,소프트	없음 (외장 스피커 연결)	외장 페달

*피아노는 모양, 설치등 나머지 3가지와 확연히 다르기 때문에 설명에서 제외합니다.

(1)디지털 피아노, 키보드, 신디사이저는 음색을 고르는 방법이 버튼을 이용합니다. 그런데 신디사이저는 카테고리를 이용하거나 조그셔틀(jog&shuttle)을 이용하여 소리를 찾고 정합니다.

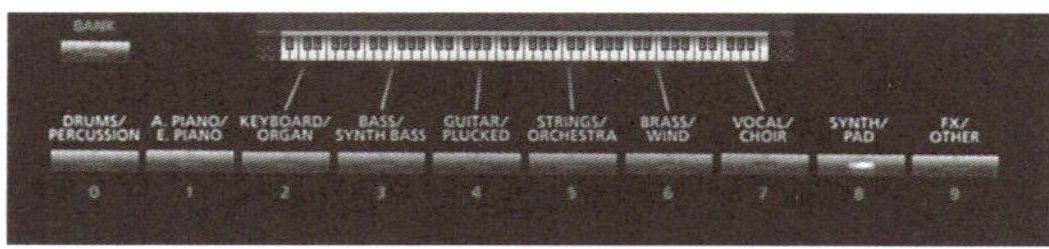

사진제공 : Roland 공식수입원 (주)코스모스악기

ⓐ Roland FA-08의 음색 결정부분(버튼방식)

사진제공 : (주)영창뮤직

ⓑ Kurzweil ARTIS-SE의 음색 결정부분(버튼 방식)

사진제공 : (주)엠엔에스, 미디엔사운드

ⓒ Korg사 KROME의 음색 결정부분
(카테고리 결정버튼, 조그셔틀방식)

(2)키보드와 신디사이저는 모양이 아주 비슷하므로 자체 스피커를 보고 판단합니다.

(3)디지털 피아노와 키보드는 일반적으로 전면부 오른쪽에 음색 버튼, 외쪽에 반주하기, 리듬 악기 소리내기, 효과음 등의 기능들로 구성되었으며 학습용이나 가정용으로 많이 사용됩니다. 후면부엔 전원연결과 간단한 출력 단자로 구성됩니다. 이에 반해 신디사이저는 학습적인 기능보다는 음색보정과 저장, 이펙트 등의 기능적인 면이 강조된 전면부 구성을 가지며 후면부는 미디단자, 각종페달과 출력아웃 단자 등으로 복잡하게 구성됩니다.

사진제공 : (주)영창뮤직

▲ 신디사이저의 후면부

(4)요즘은 악기 사용자의 요구에 맞춰서 각 악기 마다 간소화 또는 복잡해진 경우가 많으므로 설명서나 제품 홈페이지의 기능 설명 영상 등을 잘 습득할 필요가 있습니다.

3.신디사이저의 종류

*기능적 분류가 아닌 대중적으로 합주에 쓰이는 제품에 대한 종류를 설명합니다.

① 코르그(Korg)

건반악기와 미디 관련 제품을 만드는 일본회사로 상당히 많은 종류의 신디사이저를 보유하고 있으며 최고의 제품으로는 비록 단종 되었지만 아직도 많은 연주자들이 사용하는 트라이톤(Triton)과 트리니티(Trinity)가 있습니다. 현재의 주력 제품으로는 크로노스(Kronos)와 크로스(Kross)가 있으며 M시리즈와 아날로그 신디사이저도 많은 사람이 사용합니다.

사진제공 : Korg 수입원 (주)엠엔에스, 미디엔사운드

ⓐKorg사의 KROME 88

사진제공 : Korg 수입원 (주)엠엔에스, 미디엔사운드

ⓑKorg사의 Kross 88

② 커즈와일(Kurzweil)

영창피아노가 미국의 Kurzweil사를 인수하여 만들어진 회사로 피아노를 대신하는 최고의 신디사이저중의 하나입니다. 제품은 PC1(단종)부터 시작하여 Forte시리즈까지 나왔으며 보급형으로는 현재 일반 동아리나 밴드부에서 가장 많이 사용되는 SP시리즈도 있습니다.

사진제공 : (주)영창뮤직

ⓐKurzweil사의 PC3A8

사진제공 : (주)영창뮤직

ⓑKurzweil사의 Artis-SE

③ 야마하(Yamaha)

일본의 야마하는 건반악기뿐만 아니라 모든 악기를 만드는 종합 악기 회사입니다. 현재 라이브 무대나 방송에서 가장 많이 쓰는 신디사이저는 야마하로서 Motif와 S90시리즈가 대표적이며 보급형으로는 Mox와 MM, MX시리즈등이 있습니다.

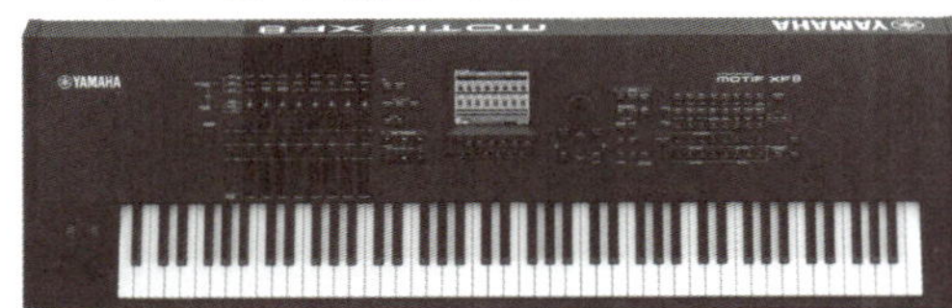

사진제공 : (주)야마하뮤직 코리아

ⓐYamaha사의 Motif XF7

사진제공 : (주)야마하뮤직 코리아

ⓑYamaha사의 Mox6

④ 롤랜드(Roland)

2000년대 이전 최고의 악기 회사 중의 하나로 미디 국제 표준규격을 가졌던 회사로 지금도 많은 제품을 만드는 일본 회사입니다. Korg사 만큼이나 다양한 제품군이 있으며 현재 주력 신디사이저는 Fantom시리즈가

건반 스쿨

있고 보급형 제품보다는 개성적인 악기를 많이 생산하여 Juno나 Jupiter, FA등의 시리즈는 많은 마니아를 가지고 있는 악기들입니다.(대중적으로 쓰기에는 가격이 조금 비쌉니다.)

사진제공 : Roland 공식수입원 (주)코스모스악기
ⓐRoland사의 FANTOM G8

사진제공 : Roland 공식수입원 (주)코스모스악기
ⓑRoland사의 FA-08

*신디사이저는 제품명 뒤에 숫자가 붙는데 한 자릿수는 건반의 옥타브수를 얘기하며 두 자릿 수는 총건반의 개수를 얘기합니다. 이 숫자는 건반의 크기를 짐작하게 하며 필요한 건반 수에 맞게 구입하면 됩니다. (예/ 피아노는 88건반입니다. 그러니 제품 뒤에 80이나 88이 붙으면 피아노와 같은 건반수로 피아노와 비슷한 크기의 자리가 필요한 것입니다.)

4.신디사이저의 세팅과 연결

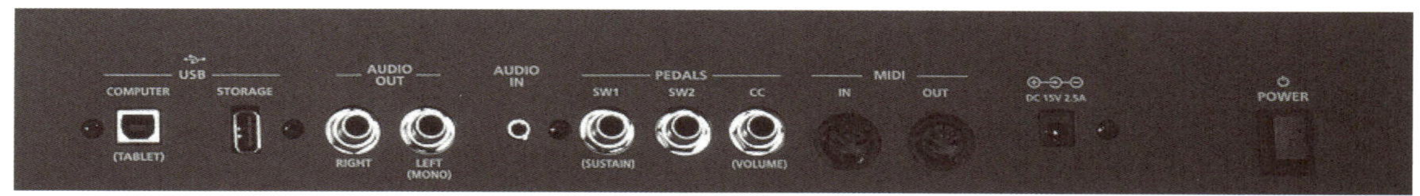

▲ Kurzweil사 ARTIS 시리즈의 후면부

사진제공 : (주)영창뮤직

①소리 아웃 단자

일단 신디사이저는 내장 스피커가 없으므로 외부 스피커(앰프)를 연결하여야 합니다. 그러기 위해서는 앞에서 설명한(22 page)의 TS케이블이 필요하며 건반용 앰프나 PA가 필요합니다. 그리고 신디사이저는 음원이 양쪽에 들었을 때 좀 더 좋은 소리가 나게 만들어진 스테레오 악기이므로 되도록 스테레오 연결하는 것이 좋습니다. 아웃풋(L,R)에 연결하며 Mono라고 적혀있는 곳은 부득이 한쪽만 연결할 경우에 Mono 아웃단자에 잭을 연결합니다.

②서스테인 페달(Sustain Pedal)의 연결 단자

피아노 페달처럼 일렉트릭 건반악기들도 누르지 않고도 음을 계속 유지되게 하는 기능의 페달을 "서스테인 페달"이라 합니다. 악기사마다 페달을 연결하는 단자의 이름이 틀리며 가끔 반대가 되는 경우도 있습니다. 만약 페달이 반대로 작동한다면 페달 밑이나 옆에 "+, −"라 적혀있는 스위치를 바꿔주면 됩니다.

③익스프레션 페달(Expression Pedal) 연결단자

미디 연결단자. USB 단자 등은 일반 초급 연주자들은 사용하는 경우가 없어서 설명을 생략합니다.

5.신디사이저의 명칭과 역할

각 악기마다 기능은 비슷하지만 명칭과 컨트롤의 모양이 다릅니다. 그래서 이 모든 명칭과 기능을 정리하는 것이 사실상 어려우므로 구입한 악기의 메뉴얼을 잘 읽어보는 것을 권합니다.(제조사의 홈페이지나 동호회에서 볼 수 있습니다.)

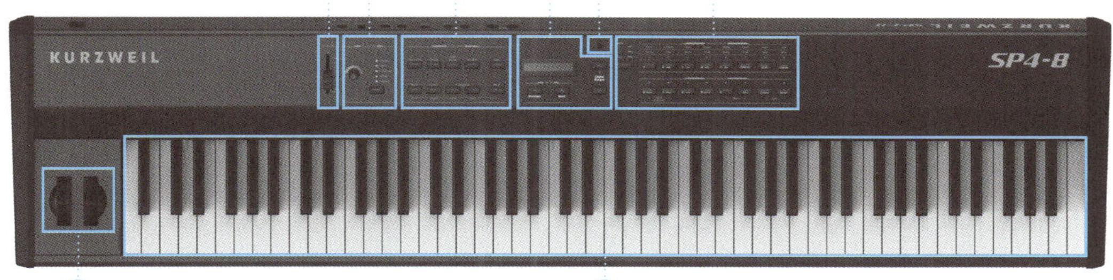

㉮건반 건반수도 제품마다 다르며 소프트건반, 하드건반, 목 건반 등의 여러 가지로 나눠져 있습니다.

㉯Pitch Wheel & Modulation Wheel(피치 휠과 모듈레이션 휠) 피치 휠은 음정을 부드럽게 변화시킬 때 사용하며 모듈레이션 휠을 음의 떨림을 변화시키는 컨트롤러입니다.

㉰Volume Fader(볼륨페이더) 음색의 음량을 변화시키는 컨트롤러입니다.

㉱Control(컨트롤) 이펙트의 종류와 값을 주는 곳입니다.

㉲Function(펑션) 음색, 설정, 파일등 신디사이저의 기능 중에 가장 먼저 선택하는 버튼으로 연주를 위해 음색을 부르거나 키 바꾸기, 파일 로딩 등의 주요 기능을 먼저 선택하는 곳입니다.(다른 신디사이저에서는 Mode(모드)의 개념입니다.)

㉳LCD창과 컨트롤 버튼 신디사이저의 현재 상태나 세팅 등의 정보를 나타내며 이를 지정, 변화 시키는 버튼입니다.

㉴화면밝기 조절

㉵음색카테고리 버튼 연주 악기의 음색을 정하는 곳입니다.

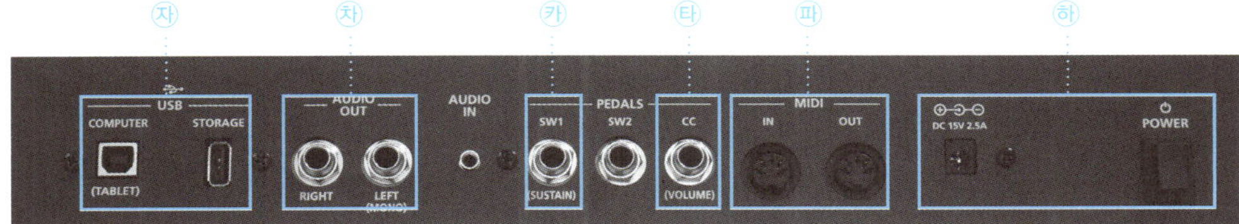

㉶USB단자 외장메모리에서 음원을 불러오거나 컴퓨터와 연결하여 작업을 할 경우에 사용합니다.

㉷아웃풋 단자 가급적 L,R의 스테레오 케이블로 연결합니다. 케이블 하나로 연결할 경우에는 MONO단자에 연결합니다.

㉸Sustain(서스테인) 서스틴 페달을 연결하는 단자입니다.

㉹CC Pedal(씨씨페달) 익스프레션 페달이라고도 하며 신디사이저에서 지정한 이펙트를 컨트롤 하는 페달을 연결하는 곳입니다.

㉺MIDI In/Out 미디케이블로 다른 장비(음원)를 연결하여 사용할 경우에 사용합니다.

㉻전원연결단자와 ON/OFF 스위치

건반 스쿨

6.신디사이저의 음색 바꾸기

실제 신디사이저의 기본 기능을 가지고 음색을 바꾸면서 연주하는 것을 어렵지 않습니다. 그러나 처음 다루는 사람이나 초급자의 경우 틀리는 경우나 어려워하는 경우가 많은데 그 이유는 신디사이저의 전면부에는 많은 버튼과 생소한 화면 때문에 그런 것이니 천천히 필요한 기능을 익히면 금방 앙상블에서 자기의 연주를 돋보이게 할 수 있습니다.

①귀로 듣고 음색의 명칭을 알아봅니다.

일단 악기를 배운다는 것은 음악을 많이 듣는 것입니다. 이전에는 지나가면서 대충 들었던 악기 소리를 이번에는 집중해서 들어야 합니다. 본 교재에 나와 있는 예제 곡의 악보를 보면서 음악을 듣습니다. 악보에 음색을 표기해 놓았으니 음악을 들으면서 음색을 익히시면 됩니다. 그리고 주위에서 건반 악보를 구하여 악보에 표기된 음색과 들리는 음색을 비교하는 연습을 하면 좋습니다.

②음색별 카테고리 버튼, 서브카테고리나 악기 음색 명칭을 알아봅니다.

신디사이저의 음색은 피아노, 스트링, 패드, 브라스, 오르간, 퍼커션, FX등으로 나뉩니다.

Category	Category 음색 설명		
	영문 이름	한글 이름	Sub Category 음색설명
Piano (피아노)	Piano 혹은 A.Piano로 나오며 일반적이 피아노 소리를 말합니다. 음반에서의 소리처럼 부드럽게 가공되어 있습니다.		
	E.Piano	일렉피아노(이피)	약간 둥근 톤(이쁜 벨소리의 느낌)의 소리
	harpsichord	하프시코드	중, 고음이 많이 올라간 거친 피아노 소리
	Piano Stirng	피아노 스트링	피아노에 스트링을 추가하여 입체감을 더한 소리 (피아노의 특정 음역 이하의 베이스음을 따라 소리남)
String (스트링)	오케스트라에서 현악기의 음색을 얘기하며 각각의 악기를 개별 또는 같이 묶어서 만들어져 있고 음색의 이름이 복잡하게 구성되어 있습니다.		
	orchestra	오케스트라	오케스트라처럼 웅장한 소리
	Section String	섹션 스트링	짧은 음길이를 가져 여러 개의 스트링 소리
PAD/LEAD (패드/리드)	패드와 리드는 스트링과 비슷한 소리지만 약간의 전자음이 더해진 현대적인 음을 얘기합니다. PAD는 백킹에 사용되는 화음 연주 소리이고 LEAD는 솔로성 단음소리입니다.		
	PAD	패드	스트링과 틀리면서 사운드를 받쳐주는 소리들의 총칭
	Saw	쏘우	리드의 한 종류로 힘 있고 찌그러진 소리
Brass (브라스)	관악기를 통틀어 얘기하며 개별 악기부터 다른 악기와 혼합된 음색을 말합니다.		
	Brass Section	브라스 섹션	짧은 음길이를 가져 여러 개의 브라스 소리
	Brass String	브라스 스트링	브라스에 스트링을 추가하여 부드러움을 더한 소리
Organ (오르간)	건반으로 관악기의 느낌을 내는 소리를 얘기합니다.		
	Pipe Organ	파이프 오르간	교회에서 연주되는 파이프 오르간 같이 웅장한 소리
	Rock Organ	락 오르간	리드 느낌이 가미된 현대적 소리의 오르간
FX (에프엑스)	음이 아닌 소리를 말하며 효과음이나 자연의 소리 등이 다양하게 소리를 얘기합니다.		
	Hit	히트	때리는 듯 강한 마찰음 소리
	Wind Bell	윈드벨	가요에 많이 나오는 여러 개의 벨이 부딪치는 소리

*Bass, Drum, Percussion 등의 악기는 설명에서 제외하였으며 각 제조사 마다 음색을 명시한 번호가 틀리므로 자기가 연주하는 악기는 제품의 홈페이지에서 음색 목록을 다운받아 프린트하여 음색을 정할 때에 참고 합니다.

③음색을 바꾸는 조작법을 익힙니다.

　조작법을 몰라 음색을 못 바꿔서 합주 진행이 어렵다면 안 되겠죠. 제일 간단한 방법은 카테고리와 악기 명칭을 버튼으로 누르는 것입니다. 조그셔틀, 화면 터치, 뱅크 넘버로 바꾸는 다양한 방법이 있으니 각 제품의 잘 보고 바꾸는 방법을 결정하세요.

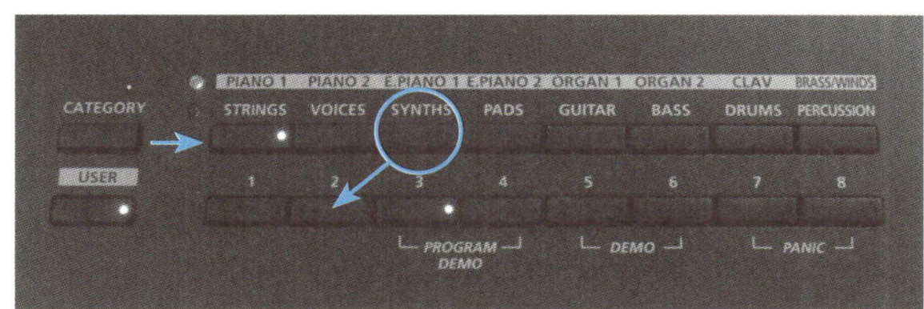

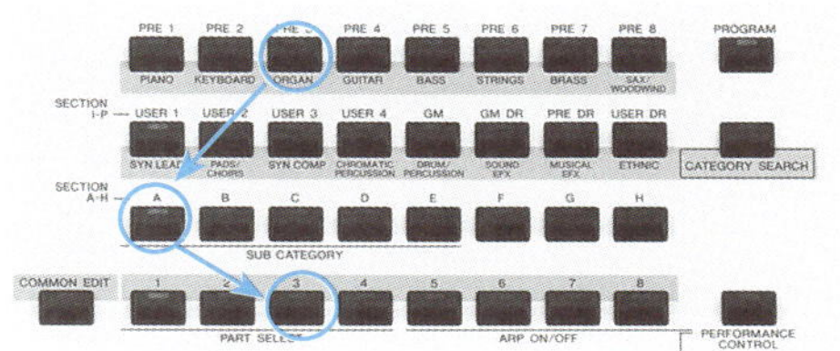

사진제공 : (주)영창뮤직

ⓐKurzweil사의 SP시리즈의 음색 바꾸기
=》카테고리에서 바로 악기 선택

ⓑYamaha사의 Motif시리즈의 음색 바꾸기
=》서브(sub) 카테고리를 거쳐서 음색 선택

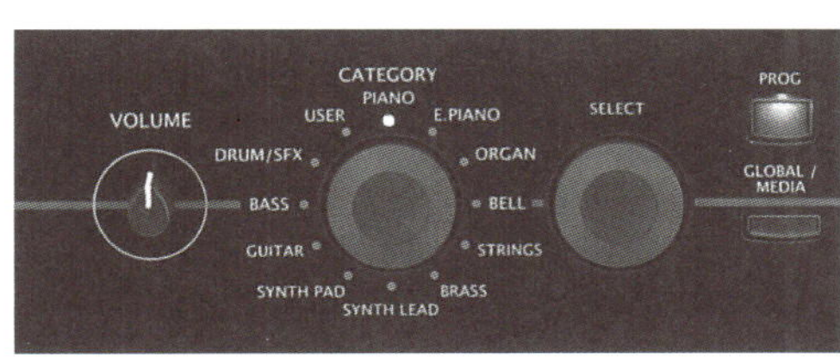

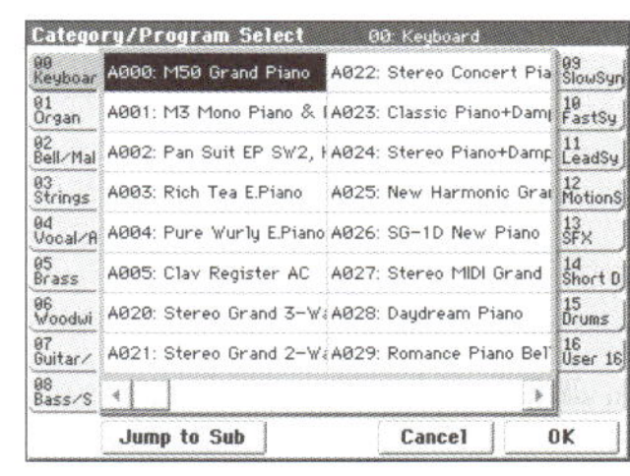

ⓒKorg사의 "Triton시리즈"의 음색 바꾸기
=》Bank와 악기 넘버를 입력 후 엔터를 눌러 선택

ⓓ화면의 터치로도 음색을 찾는 경우
=》Bank와 더불어 화면에 카테고리와 악기를 나타냄

④음색을 바꾸는 타이밍을 연습합니다.

　음색을 바꿔야 할 때, 악보에 표기된 모든 음을 다 연주하다보면 타이밍을 놓칠 경우가 있으니 음색을 바꾸기 전의 마디에서 적당히 연주음을 포기하는 것도 좋습니다. 아니면 신디사이저를 2단으로 2대를 사용하는 것도 좋습니다. 이때 밑의 건반을 피아노 음색 위주로 하며 "메인(Main) 건반"이라고 하고 위에는 스트링과 브라스 같은 효과음적인 요소로 셋팅하며 "세컨(Second) 건반" 또는 "서브(Sub) 건반"이라고 합니다.

⑤두개 이상의 합쳐진 소리를 이용합니다.

　가끔 앙상블 연습을 하다보면 연주장소나 팀원의 구성원의 특성에 따라 사운드가 원곡만큼 안 나오는 경우가 있는데 이럴 때에는 신디사이저의 음색을 잘 고르면 좋습니다. 예를 들어 피아노곡일 경우 피아노와 스트링의 같이 나오는 소리를 찾거나 스트링과 패드가 같이 나오는 소릴 찾아 연주하여 좋아지는 경우가 있으니 보유하고 있는 신디사이저의 음색 공부도 같이 하는 것이 좋습니다.

프로연주자들의 악기 셋팅
_(사진출처) 서초구 양재동 〈산 리허설 스튜디오〉

일렉기타 스쿨

1. 일렉기타의 구조와 명칭

일렉기타의 구조는 밑의 사진처럼 Head(헤드), Neck(넥), Body(바디)의 세부분으로 구분된다.

▲ Corona CTS 450

사진제공 : (주)스쿨뮤직

2. 일렉기타의 명칭별 역할

①Head(헤드)

기타의 머리 부분을 얘기하며 각 악기마다 고유한 모양이 있습니다. 헤드에는 줄감개와 스트링 가이드가 있습니다.

ⓐPag(패그) "줄감개"라고 하며 현을 걸어 음의 높이를 맞출 때에 사용합니다.

ⓑString Guide(스트링 가이드) 패그와 너트 사이의 줄을 걸어주는 역할을 합니다.

ⓒNut(너트) 줄감개에서 나온 줄이 넥에서 일정한 높이로 떠 있게 줄을 받쳐 줍니다. (브릿지와 함께 줄을 받쳐줍니다.)

②Neck(넥)

바디와 헤드를 연결하는 역할로 줄이 지나가며 프렛으로 음에 높이를 나눠주는 역할을 합니다. 넥에서 프렛이 있는 앞면을 Finger Board(핑거보드)라고 합니다.

ⓓFret(프렛) 넥에 걸쳐져 있는 줄에 음을 나눠주는 역할을 합니다.

ⓔPosition Mark(포지션 마크) 지판에서 프렛의 수를 빨리 볼 수 있게 해줍니다.

③Body(바디)

나무로 된 악기의 몸통 부분을 말하며 나무의 재질에 따라 음질의 차이가 납니다. 바디에는 브릿지, 픽업등 각종 컨트롤러들이 있습니다.

ⓕVolume, Tone Control(볼륨, 톤 컨트롤) 소리의 음량과 음색을 조절합니다.

ⓖPick Up(픽업) 줄의 울림을 전기신호로 바꾸는 역할을 합니다. (=기타의 마이크)

ⓗPick Up Selector(픽업 셀렉터) 여러 개의 픽업 중에서 사용할 픽업을 정해줍니다.

ⓘBridge(브리지) 너트와 함께 줄을 받치는 받침대입니다. 줄의 높이를 조정할 수 있고 섬세한 피치조절을
할 수 있습니다.
ⓙStrap Pin(스트랩 핀) 스트랩(악기를 어깨에 거는 천)을 악기에 걸 수 있게 박혀져있는 핀입니다.
ⓚJack Pot(잭 포트) 기타와 잭을 연결하는 곳(=앰프와 연결하는 잭을 연결하는 곳)입니다.
ⓛArm(암) 연주되는 음의 피치(음)을 높이거나 떨어트리면서 장치입니다.

3.앰프의 종류와 명칭

일렉 기타용 앰프이며, 일렉기타의 음역에 맞춰 주파수 특성을 조정하고 각종 이펙트를 내장하고 있습니다.

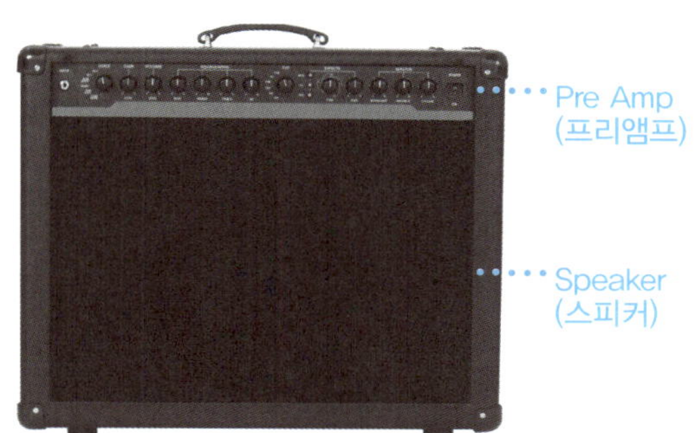

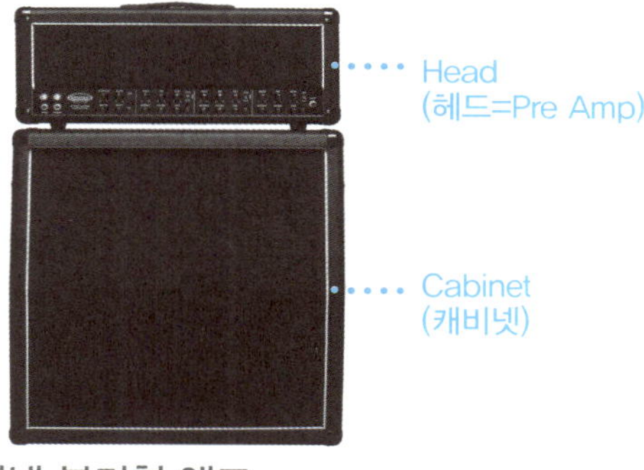

①Combo 타입의 앰프

현재 밴드 연습실에서 가장 많이 사용되는
앰프로 프리앰프와 스피커가 한 덩어리에
서 소리를 내는 앰프를 말합니다.

②헤드 케비넷 분리형 앰프

고용량의 출력이 필요한 공연장에서 주로
사용하며 무게나 이동 등을 고려하여 프리
부, 이펙트, 출력증폭 부분 등은 헤드부분에
넣고 스피커는 케비넷에 넣어 분리 시켜놓
은 앰프 입니다.

③미니앰프

콤보앰프의 축소판으로 개인연습실이나 가
정용 소형앰프입니다.

④헤드폰 앰프

집이나 사람들이 많은 곳에서 혼자 들으면
서 연습하도록 만들어진 주머니 앰프입니다.

*Pre Amp(프리앰프) – 앰프에서 소리를 받아들이는 부분을 얘기하며 기타앰프뿐만 아니라 모든 음향기
기에서 얘기하는 단어입니다.

일렉기타 스쿨

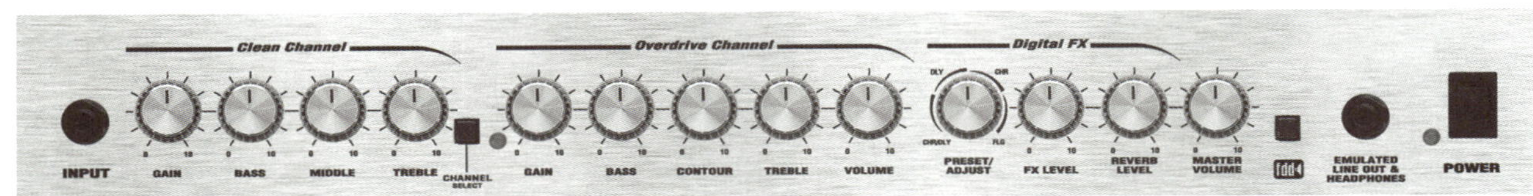

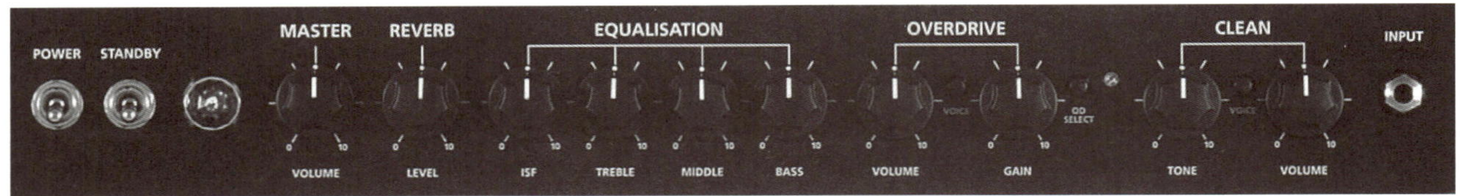

4.앰프의 명칭별 역할 (밑의 사진은 일반적으로 많이 사용되는 앰프의 헤드부분입니다.)

위의 모델은 우리나라에서 가장 많이 사용되는 앰프의 프리부분입니다. 보시는 바와 같이 각 회사마다 사용되는 용어가 다르기 때문에 각자 사용할 앰프의 홈페이지에서 각 노브의 역할을 잘 숙지하여 합주에 임해야 합니다.

앰프를 조작하는 방법을 알아봅시다.

첫 번째 전원을 켜는 방법입니다. 전원을 켜는 곳에는 하나 혹은 두개의 스위치가 있는데 일반적으로 하나인 경우에는 어려운 게 없지만 두개인 경우에는 프리부에 진공관이 있기 때문이니 켜고 끄는데 주의하여야 합니다.

①Power & Standby (파워&스텐바이)

Power : 앰프에 전기를 공급하는 스위치입니다.

Standby : 앰프 내부의 고전압 회로의 전원 On/Off시 사용합니다. 파워 스위치를 On한뒤에 적어도 1분정도 경과 후에 On합니다.(Standby 없이 Power만 있는 앰프도 있습니다.)

*주의(켤 때 순서 : Power → Standby, 끌 때 순서 : Standby → Power)

②Input 단자의 선택

옆의 사진처럼 TS케이블(55잭)을 이용하여 Input단자에 끼웁니다.

HI(0db) 단자는 패시브 악기, Low(−15db) 단자는 액티브 악기를 연결합니다.

③앰프 헤드 부분의 소리의 전달 과정

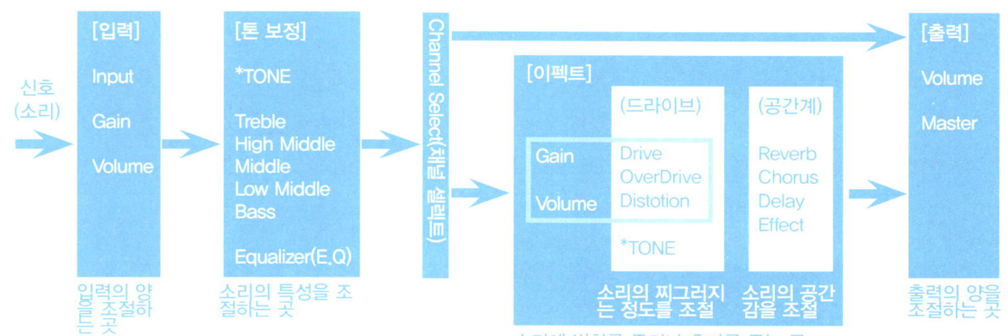

▲ 일반적인 앰프의 경로도

(1)위의 그림에서 보듯이 소리(신호)는 입력을 거쳐 톤 보정, 이펙트, 출력의 순서로 전달되어 앰프에서 소리가 나게 됩니다.

(2)채널셀렉터 : 입력과 톤 보정을 거친 신호가 바로 출력으로 보내는 지 이펙트로 보내는 지를 정합니다.

(3)(톤 보정)의 *TONE은 소리의 선명함(=색깔)을 얘기한다.

위의 그림이 모든 앰프를 설명할 수 없으므로 위의 그림을 바탕으로 각 앰프의 설명서를 보고 소리(신호) 경로의 변화를 잘 이해하여야 앙상블 중에 자신의 악기 소리를 잘 낼 수 있습니다.

5.연주자와 앰프의 위치 선정

우리는 합주 때 무심코 연주 위치를 생각 없이 자리 잡는 경우가 많습니다. 물론 공간의 제약이 있기 때문에 그런 경우도 있지만 일반적인 연주 위치를 알아봅니다.

ⓐ연주자가 앰프의 바로 앞에 위치

ⓑ연주자가 앰프의 옆의 위치

(1)사진 ⓐ같은 경우는 모니터링 시스템이 되어 있고 규모가 큰 연습실이나 공연장에서 좋습니다. 자신의 기타소리가 모니터링 시스템으로 다른 연주에 잘 들리기 때문입니다.

(2)사진 ⓑ같은 경우는 작은 연습실에서 좋습니다. 자신의 기타 소리도 잘 들리고 다른 맴버들도 잘 들어야 하기 때문에 앰프에서 약간 옆에서 연주합니다.

(3)앰프를 책상위에 올리거나 벽에 기대어서 다른 연주자들도 기타 소리를 잘 듣게 하는 방법도 있습니다.

일렉기타 스쿨

이펙터란 사람의 음성, 악기, 영상이 가진 전기신호를 처음에는 없었던 여러 가지 효과로 연출하는 장치를 말하며 영상, 음향 엔지니어가 혼합(Mixing)하는데 이용하는 대형 장비와 연주자가 악기와 앰프사이에 설치하는 소형장비가 있습니다.(영상에도 영상용 이펙터를 사용합니다) 정확히 단어를 읽는 것은 "이펙터"가 맞으나 우리는 일반적으로 "이펙트"라고 얘기합니다.

록음악에서는 다양한 기타사운드를 만들기 위한 장비로 이펙트를 사용하게 되는데 가장 많이 사용하는 디스토션(Distortion)외에 오버드라이브(Overdrive), 리벌브(Reverb), 코러스(Chorus), 딜레이(Delay), 이퀄라이저(Equalizer), 컴프레서(Compressor)등이 있습니다.(위에 나열한 이펙트의 종류보다 더 많은 종류가 있습니다)

〈이펙트 사용법〉

거의 모든 이펙트는 TS케이블(55잭)을 사용합니다.[가끔 XLR케이블(케논잭)을 사용함]
Input : 신호가 들어가는 곳으로 기타에서 나온 케이블을 연결합니다.
Output : 신호가 나오는 곳으로 앰프나 PA로 연결됩니다.
Adaptor Jack : 이펙트에 전기를 공급하는 곳입니다.
Exp : 익스프레이션 페달을 연결하여 이펙트를 컨트롤합니다.
Midi In,Out : 5핀 미디케이블을 연결하여 미디기기와 연결합니다.
위의 연결 외에도 이펙트마다 연결단자의 종류가 많으므로 장비의 구입시 동봉된 설명서나 유튜브 아니면 먼저 사용해본 지인의 도움을 받으면 됩니다.

①디스토션(Distortion)

록음악에 없어선 안 될 장비로 재생음 성분을 찌그러뜨리는 효과를 말합니다. 아날로그 신호를 취급하는 분야에서 성능을 가늠하는 지표로 사용되어 잡음의 일종으로 취급되었지만 일렉트릭 기타에서 발생하는 찌그러진 소리는 록음악 표현 방식의 일보로 이용되기도 합니다.

사진제공 : Boss 공식수입원
(주)코스모스악기

▲ Boss DS-1

사진제공 : (주)기타네트

▲ Ibanes SD-9M

일반적인 디스토션 이펙트를 기준으로 설명하면 "Level(=Volume)"로 소리의 크기를 정하며 "Dist"로 소리의 찌그러짐을 정하고 "Tone"으로 소리의 밝기(명료함)를 정합니다.

②오버드라이브(Overdrive)

회로가 앰프에 정격 레벨 이상의 신호를 입력하는 경우와 정격 출력 이상의 신호를 스피커로 보내는 경우에 음이 뒤틀리는데 이를 오버드라이브(과잉 가동)이라고 합니다.

일렉기타의 작은 소리(기타의 픽업 신호)도 과잉가동 현상이 생기게 만드는 이펙트를 "오버드라이브"라고 합니다.

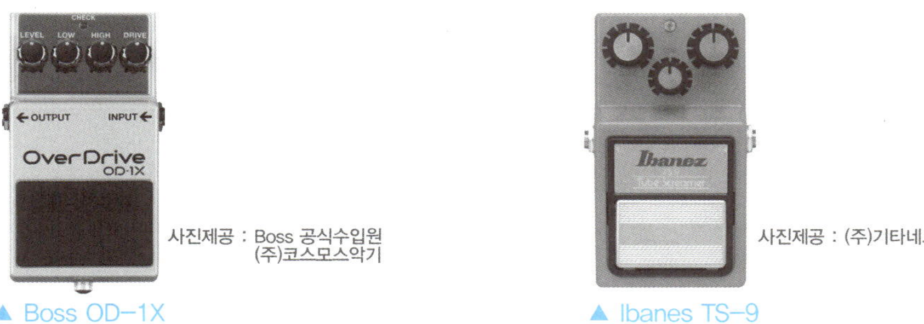

사진제공 : Boss 공식수입원
(주)코스모스악기

▲ Boss OD-1X

사진제공 : (주)기타네트

▲ Ibanes TS-9

일반적인 오버드라이브 이펙트를 기준으로 설명하면 "Level(=Volume)"로 소리의 크기를 정하며 "Drive"로 소리의 찌그러짐을 정하고 "Tone"으로 소리의 밝기(명료함)를 정합니다. 그 외에 "EQ(Low, High)"가 있어 소리를 보정해주는 역할을 합니다.

일반적으로 디스토션은 찌그러짐이 강한 이펙트며 오버드라이브는 찌그러짐이 약한 이펙트입니다. 그래서 디스토션은 기타솔로 부분이나 강한 벡킹사운드에 사용되며 오버드라이브는 일반적인 벡킹이나 리듬 벡킹에 주로 사용합니다.

③리벌브(Reverb), 코러스(Chorus), 딜레이(Delay)

소리를 울려 공간감을 주는 이펙트로서 표현하고자 하는 공간감의 크기나 성질에 따라 나눠집니다.

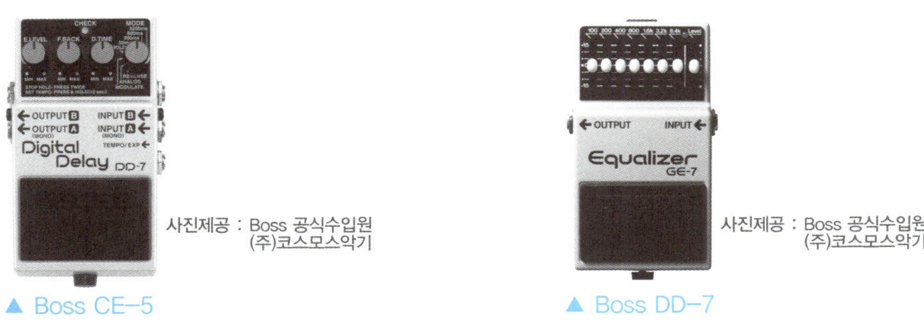

사진제공 : Boss 공식수입원
(주)코스모스악기

▲ Boss CE-5

사진제공 : Boss 공식수입원
(주)코스모스악기

▲ Boss DD-7

"공간계 이펙트"라고 합니다. 기본적으로 입력 량의 조절로 "LEVEL"을 사용합니다. 코러스는 "RATE"로 시간감을, "DEPTH"로 깊이를, "Filter"로 음색을 조절합니다. 딜레이는 "F.BACK"으로 끊어지는 지점을, "TIME"으로 뒤따라 나오는 음의 시간을 조절합니다.

④이퀄라이저(Equalizer)

기타의 소리를 음역대별로 조절 할 수 있게 만든 이펙트로 부스트(높여줌)와 컷(낮춰줌)을 이용하여 톤 메이킹이 가능합니다. 또 Level 기능을 이용하여 솔로시 부스트 이펙트를 대신할 수도 있고 노이즈가 나는 음역대를 컷해서 음을 깔끔하게 만드는 역할도 합니다.

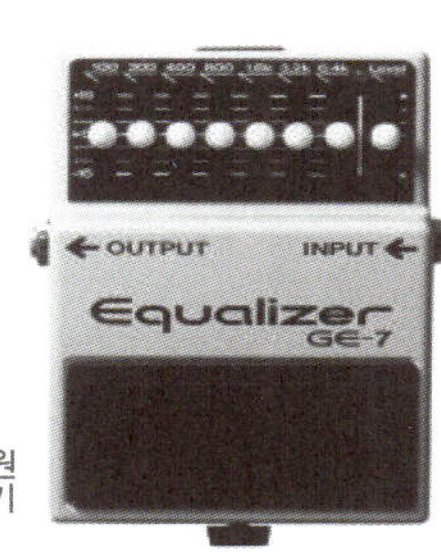

사진제공 : Boss 공식수입원
(주)코스모스악기

▲ Boss GE-7

일렉기타 스쿨

⑤그 외의 이펙트

Compressor, 트레몰로, filter, 하모나이저, 옥타브 등의 수많은 페달 이펙트들이 존재합니다.

7.앰프와 이펙트의 사용

①앰프만 있을 경우

앰프는 입력과 출력으로 볼륨 값을 조정합니다. 입, 출력이 따로 있는 이유는 악기 자체 소리에 비중을 실을 것이냐? 앰프에 내장된 이퀄라이저나 이펙트 소리에 비중을 실을 것이냐? 이 두 가지의 결정에 따라 입력과 출력의 값이 달라집니다.

입력 : GAIN, VOLUME 출력 : MASTER, VOLUME

Clean Tone만 사용한다면 입력 값을 낮춰 주고 출력 값을 높여주면 좋습니다.

(입력:출력 = 3:7 또는 4:6)

앰프 내장 드라이브를 많이 사용하여 묵직하고 힘 있는 소리를 원한다면 입력은 높여 주면서 드라이브의 양과 출력 값을 낮춰 잡는 것이 좋습니다.

(입력:출력 = 7:3 또는 6:4 / 드라이브 양에 따른 출력 레벨이 다를 수도 있음)

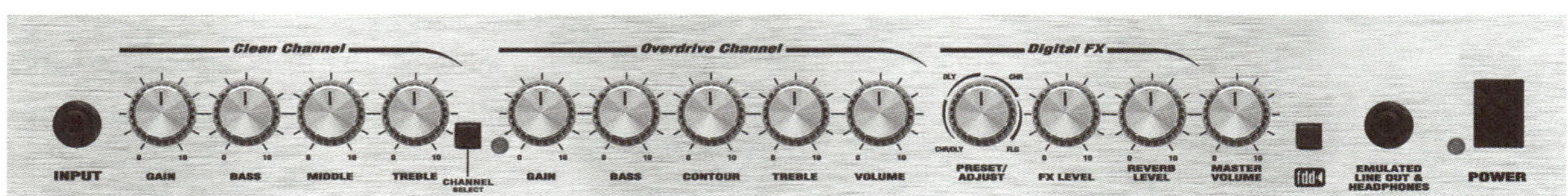

LV100의 헤드는 Input(입력)이 하나만 있는 사용이 편이한 앰프로 입력 값이 출력 값과 동일시됩니다. 단 Drive의 Master(출력값)은 따로 세팅되게 이펙트의 사용시 이펙트량을 Master로 조절합니다. 후에 Equalization(이퀄라이제이션)으로 톤을 보정하고 리벌브로 공간의 양을 설정합니다.

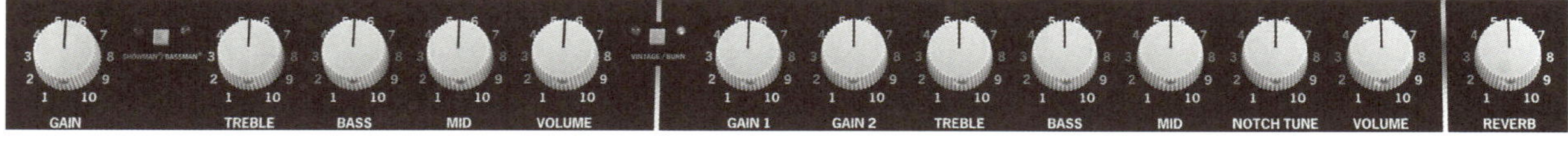

Studio20의 앰프 헤드는 입력 값을 결정하는 두 부분(Clean Volume와 Overdrive Gain)과 Master(출력값)을 결정하는 부분이 있으며 Clean과 Overdrive 이렇게 두 부분으로 나눠줘 있습니다. 톤과 이펙트(Volume)의 양을 정한 뒤에 이퀄라이저로 톤 보정하여 소리를 정하며 마지막으로 Reverb노브로 공간감을 정하면 됩니다.

②이펙트가 있는 경우

앰프는 기본적으로 드라이브 계열(디스토션, 오버드라이브)와 공간 계열(리벌브, 코러스)이 내장되어 있는 경우가 많습니다. 그러므로 개인 이펙트를 사용할 때는 앰프의 이펙트를 사용하지 않도록 합니다.

예)

@기타에서 DS-1(디스토션)을 거쳐 앰프로 간 경우

사진제공 : Roland 공식수입원 (주)코스모스악기

위의 그림@처럼 디스토션 페달이 세팅되어 있는데 앰프의 드라이브를 쓴다면 소리가 많이 찌그러져 듣기 싫어질 것이다. 이때에는 앰프의 리벌브만 사용하면 된다.

예)

ⓑ기타에서 페달보드를 거쳐 앰프로 간 경우

위의 그림ⓑ처럼 개인 페달보드를 사용한다면 기타앰프는 증폭의 효과만 준다고 생각하면 됩니다.

8.일렉 기타의 연주 주법

기타를 비롯한 현악기들은 상당히 많은 주법들이 있으나 초급에서 다뤄야 할 13개의 주법을 설명합니다.

①Arpeggio(아르페지오) : 악보 밑에 "Arp.."로 표시합니다.

분산화음을 말합니다. 화성의 구성 음이 동시에 울리는것이 차례로 울리는 음으로서 "펼침 화음"이라고도 하며 "스트로크"와 반대의 의미입니다.

일렉기타 스쿨

②Stroke(스트로크) : 연주에 해당하는 줄을 한꺼번에 퉁긴다.
　ⓐ 　▬　 다운 스트로크(Down Stroke) : 저음부에서 고음부로 내려치는 주법입니다
　ⓑ 　V　 업 스트로크(Up Stroke) : 고음부에서 저음부로 올려치는 주법입니다.
　*다운 피킹과 업 피킹도 위의 ⓐ와 ⓑ의 기호를 씁니다.

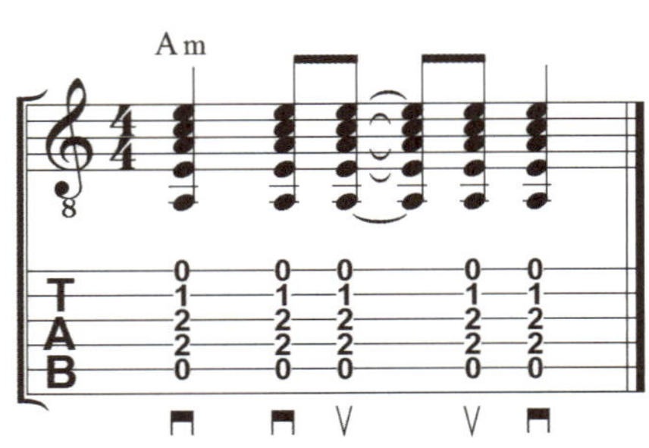

③Hammering(헤머링) : "H" 또는 "H.O(헤머링온)"로 표시합니다.
　마치 해머가 바닥을 찍듯이 손가락으로 지판을 찍어서 소리 내는 주법입니다.

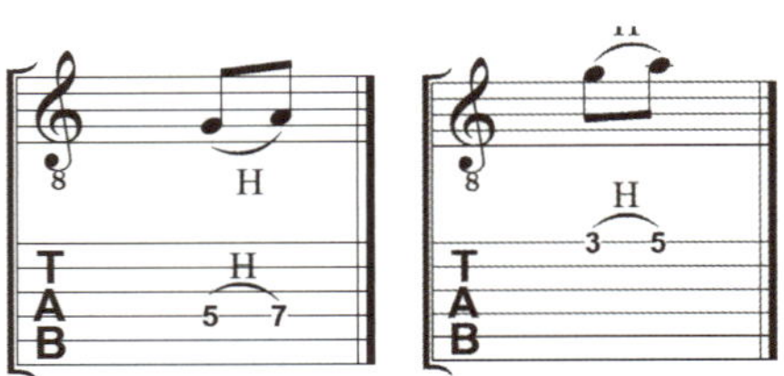

④Pulling(풀링) : "P" 또는 "P.O(풀링 오프)"로 표시합니다.
　왼손가락으로 누르고 있는 줄을 잡아 뜯듯이 뗌으로써 피킹하지 않고 연주하는 주법입니다.
　*Hammering(헤머링)을 반대로 한 주법입니다.

⑤Hammering & Pulling(헤머링 엔 풀링) : "H&P"로 표시합니다.
　헤머링 한 음을 다시 피킹하지 않고 왼손가락만으로 풀링하여 소리 냅니다.

⑥Slide(슬라이드) : "S"로 표시합니다.
　줄을 누른 상태에서 프렛을 이동하여 음을 바꾸는 방법으로 정해진 음(프렛)으로 이동하는 주법입니다.

⑦Bending(초킹) : "C"로 표시합니다.
　"밴딩(Bending)"이라고도 합니다. 왼손가락으로 줄을 밀어 올린다든지, 끌어당겨서 음정을 높이는 주법입니다.

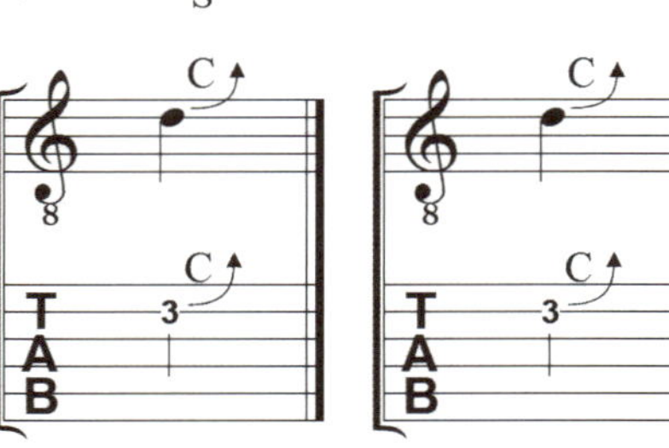

⑧Vibrato(비브라토) : "〰", "V", "Vib"로 표시합니다.
기타현의 음을 떨리게 하는 주법으로 피킹 후 왼손가락으로 줄을
비비듯이 흔들어 소리를 음을 떨어주면 됩니다.

⑨Staccato(스타카토) : "．"로 표시합니다.
음을 짧게 끊어서 연주하는 주법으로 피킹 후 왼손을 빨리 들어준
다거나 피킹한 오른손 손바닥을 줄에 대어 음을 빨리 없애줍니다.

⑩Mute(뮤트) : 악보에 "x"로 표시합니다.
왼손을 줄 위에 얹은 상태로 피킹하여 둔탁한 "툭툭" 소리를 내어
주는 주법입니다. 뮤트 주법은 리듬감을 더해주거나 이펙트 적인
효과를 줄 때 사용합니다.

⑪Palm Mute(팜 뮤트) : 악보위에 점선으로 구역을 표시한 후 "PM"을 표시하거나 음표 위에 "．"을 찍습니다.
("．"은 스타카토와 기호가 같으므로 주의하세요.)
오른손의 손바닥(Palm)을 기타의 브릿지 앞에 얹어둔 상태에서
피킹을 하는 주법입니다. 일반적인 스트로크나 피킹 소리에 비
하여 둔탁한 소리를 냅니다.

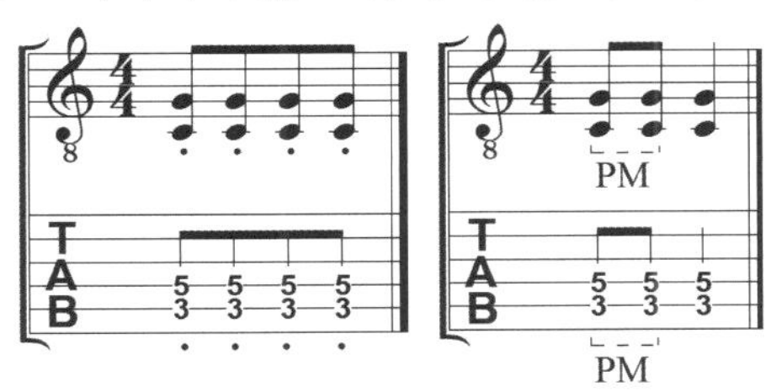

⑫Glissando(글리산도) : "Gliss" 또는 "g"로 표시합니다.
줄을 누른 상태에서 프렛을 이동하여 음을 바꾸는 방법. 슬라이
드와 다르게 정해지지 않은 음(프렛)으로 이동하는 주법입니다.

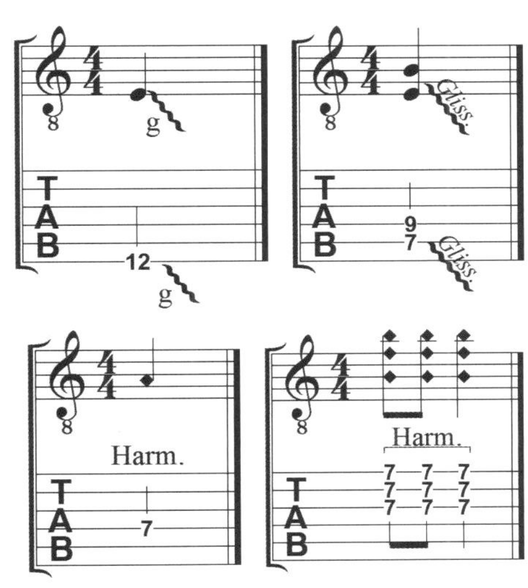

⑬Harmonics(하모닉스) : 오선보에는 사각형으로 표시하고 밑에
"Harm."을 적어둡니다.
줄의 총길이의 1/2, 1/3, 1/4, 1/5...의 지점에 손가락을 누르지
않고 살짝 댄 다음 피킹 후 바로 손가락을 떼서 소리 내는 방법
으로 그 음을 "하모닉스" 또는 "하모닉스 음"이라고 합니다.

일렉기타 스쿨

Tablature(태블러처)의 줄임말로 사용하며 일반적으로 "타브"라고 얘기합니다. 피아노와 같은 건반악기나 관악기들과는 달리 기타에서는 같은 음정의 음을 여러 줄에서 연주할 수 있기 때문에 오선악보만으로는 어느 줄의 위치에서 음을 내야할지 애매할 때가 있다.

ⓐ단음 Tab악보

ⓑ화음(코드) Tab악보

①타브악보는 기타의 프렛을 표시합니다.

위의 ⓐ악보처럼 악보 상의 레(D) 음은 4번선의 개방현, 5번선의 5프렛, 6번선의 10프렛과 같이 3군데에서 찾을 수 있습니다. 악보ⓑ는 같은 코드(화음)이라도 프렛이 다릅니다. 이러한 문제 때문에 소리를 내는 줄과 프렛을 지시하여 운지를 정확하게 해줍니다.

②기타연주가 쉬워집니다.

"타브악보"를 "숫자악보"라고도 합니다. 오선악보를 읽을 줄 모르는 사람에게도 쉽게 기타를 연주할 수 있도록 하며 테크닉(주법)도 정확하게 익힐 수 있는 편리한 악보입니다. 이 책에서는 좀 더 쉽게 배울 수 있도록 오선악보와 타브악보를 함께 제시합니다.

통기타 스쿨

1.통기타의 구조와 명칭

통기타는 일렉기타와 거의 비슷한 구조와 명칭을 가집니다.

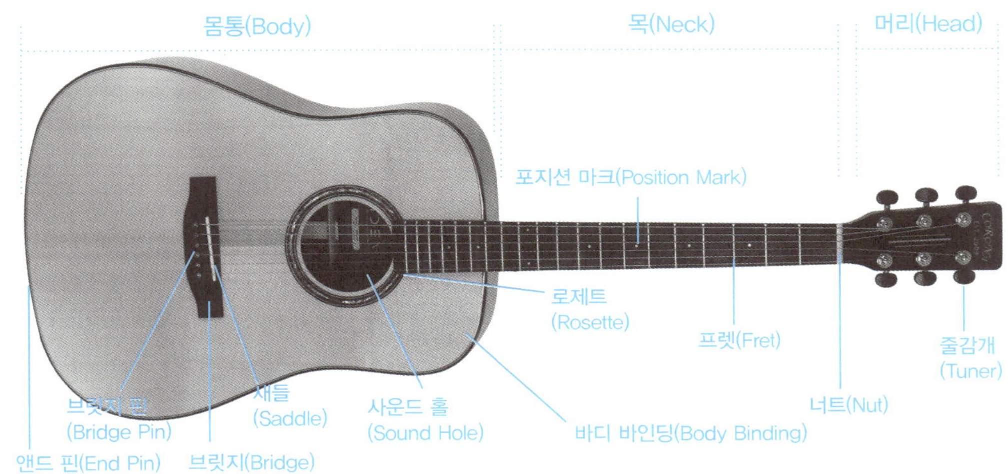

▲ Corona Idea DR100

사진제공 : (주)스쿨뮤직

2.통기타의 명칭과 역할

명칭은 대부분 일렉기타와 같으므로 44 page의 일렉기타의 명칭과 역할을 참고하세요.

3.통기타의 종류

통기타는 크기에 따라 4가지로 나뉩니다.

요즘은 "통기타"라는 악기가 많이 대중화 되어 있어 악기 브랜드마다 각자의 통기타를 만들고 있으며 각자의 개성 있는 모양과 크기로 만들어집니다. 위에 4가지 외에도 3/4바디(팔러바디와 비슷), 콘서트바디(오케스트라 바디와 비슷), 그랜드 오디토리움 바디도 있습니다.
왼쪽의 사진처럼 넥과 바디가 만나는 밑 부분에 바디를 깎아 내어 높은 프렛의 음을 좀 더 편하게 연주할 수 있도록 만들어진 통기타를 "컷 어웨이(Cut away)"라고 하며 각 크기마다 "컷 어웨이"가 존재합니다.

*통기타 연주자는 통기타를 구입할 때나 얘기할 때를 위해 통기타의 종류를 꼭 알아두도록 하자,

▲ Cut Away(컷어웨이) 바디

통기타 스쿨

4.통기타 소리내기

통기타는 악기에 울림통이 있어 다른 일렉트릭 악기보다는 쉽게 소리가 납니다. 그러나 앰프의 중폭이 없는 상태로 앙상블을 한다면 다른 악기에 의해 소리가 묻혀 버리기 때문에 꼭 PA나 앰프와의 연결이 필요합니다. 통기타는 2가지 종류가 있는데 울림통만 가진 것과 픽업을 이용하여 잭을 연결할 수 있게 만든 것이 있습니다.

①통기타에 마이크를 대어 연주하는 경우.

옆의 사진처럼 넥이 끝나는 바디 부분 중 스트로크에 걸리지 않으면서 최대한 사운드 홀 가까이에 붙여서 마이크를 대어줍니다. 이때 일반 다이나믹(dynamic) 마이크를 이용하며 콘덴서 마이크는 사용하면 안 됩니다.(녹음실에서는 콘덴서 마이크 사용)

이 때 통기타 연주자는 스피커와 가능한 멀리 떨어지면서 다른 악기와 다른 맴버와 부딪치지 않는 위치를 잡는 것이 중요합니다. 그리고 좋은 위치를 잡았다면 개인이 마이크와의 거리를 잘 조절해서 연주하여야 합니다.

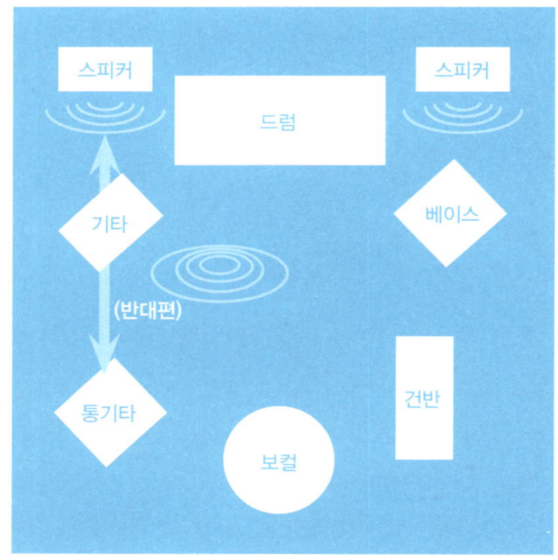

◀ 그림처럼 통기타는 PA스피커와 와 멀리 있을수록 좋음

②픽업이 있는 통기타로 연주하는 경우.

앰프나 믹서의 Input 단자에 연결하여 Gain과 볼륨 값을 맞추어 소리를 내면 됩니다. 이때 주의 할 점은 Gain의 양인데 통기타는 통기타 안의 울림을 받기 때문에 다른 악기에 비해 하울링이 자주 나기 때문에 받아들이는 Gain의 양을 적당히 잘 잡아야 합니다.

(1)픽업(Pick-Up)

픽업이 장착된 통기타를 사용하면 연습이나 공연 때 마이크를 세팅하여 연주하는 것보다 훨씬 편하고
볼륨조절, E.Q(이퀄라이저)가 있어 톤 보정이나 하울링을 없애는데 많은 도움이 됩니다.

 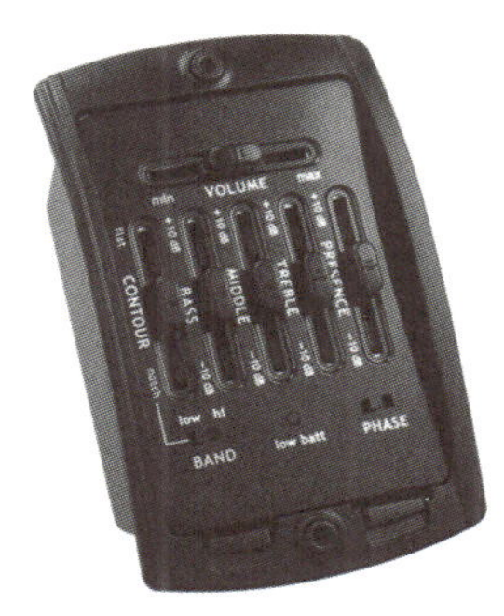 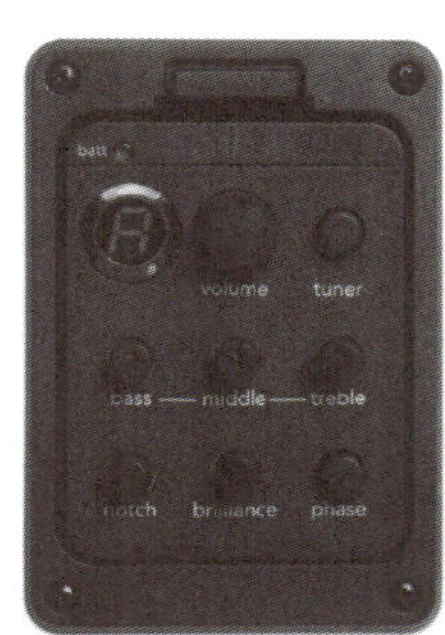

Volume : 음량을 조절합니다.
E.Q(이퀄라이저) : 음역대별 소리를 보정합니다.
Tune(튠) : 기타 줄의 음을 맞춥니다.(밖으로 나가는 기타 신호는 차단(뮤트)됩니다.)
Phase(페이즈) : 하울링을 방지합니다.

이 외에 각 악기마다 기능과 성능이 다르므로 구입악기의 홈페이지에서 정확한 기능을 확인하여야 합
니다.

(2)연결단자

잭(55잭, TS케이블)을 이용하여 믹서나 앰프에 연결하여 소리를 냅니다.

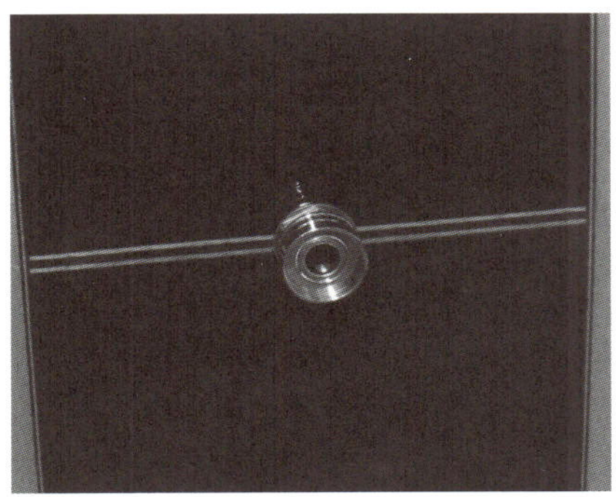

▲ End Pin에 55단자가 있는 통기타

▲ 55단자가 바디에 장착된 통기타

〈주의〉

통기타는 하울링이 잘 난다.

하울링이란 마이크에 들어온 소리가 다시 스피커로 확산되면서 다시 마이크로 들어가서 소리가 빠르게 순환되는 과정에서
나오는 "웅~" 이나 "삐—" 소리는 말하며 연주에 방해가 됩니다. 다른 악기에 비하여 하울링이 잘 나는 악기가 통기타
이므로 위치 선정이나 볼륨 값을 잘 맞춰야 합니다.

베이스 기타 스쿨

1.베이스 기타의 구조와 명칭

베이스 기타의 구조는 밑에 사진처럼 Head(헤드), Neck(넥), Body(바디)의 세부분으로 구분됩니다.

▲ Corona CJB Deluxe

사진제공 : (주)스쿨뮤직

2.베이스 기타의 명칭별 역할

①Head(헤드)

기타의 머리 부분을 얘기하며 각 악기마다 고유한 모양이 있습니다. 헤드에는 줄감개와 스트링 가이드가 있습니다.

ⓐPag(패그) : "줄감개"라고 하며 현을 걸어 음의 높이를 맞출 때에 사용합니다.

ⓑString Guide(스트링 가이드) : 너트와 멀리 떨어져 줄감개가 있으면 줄의 힘이 약해지지만 스트링 가이드에 줄을 걸어 두면 줄의 힘이 약해지는 것을 방지합니다.

ⓒNut(너트) : 줄감개에서 나온 줄이 넥에서 일정한 높이로 떠 있게 줄을 받쳐 줍니다. (브릿지와 함께 줄을 받쳐 줍니다.)

②Neck(넥)

바디와 헤드를 연결하는 역할로 줄이 지나가며 프렛으로 음을 높이를 나눠주는 역할을 한다. 넥에서 프렛이 있는 앞면을 Finger Board(핑거보드)라고 합니다.

ⓓFret(프렛) : 넥에 걸쳐져 있는 줄에 음을 나눠주는 역할을 합니다.

ⓔPosition Mark(포지션 마크) : 지판에서 프렛의 수를 빨리 볼 수 있게 해줍니다.

③Body(바디)

악기의 몸통이며 나무로 만들어지며 나무의 재질에 따라 음질의 차이가 납니다. 바디에는 브릿지, 픽업등 각종 콘트롤러들이 있습니다.

ⓕVolume, Tone Control(볼륨, 톤 컨트롤) : 소리의 음량과 음색을 조절합니다.

ⓖPick Up(픽업) : 줄의 울림을 전기신호로 바꾸는 역할을 합니다. (=기타의 마이크)

ⓗBridge(브릿지) : 너트와 함께 줄을 받치는 받침점입니다. 줄의 높이를 조정할 수 있고 섬세한 피치조절을 할 수 있습니다.

ⓘStrap pin(스트랩 핀) 스트랩(악기를 어깨에 거는 천)을 악기에 걸 수 있게 박혀져있는 핀입니다.
ⓙJack Pot(잭 포트) 앰프와 연결하는 잭을 연결하는 곳입니다.

3.앰프의 종류와 명칭

일렉트릭 베이스용 앰프이며, 고출력으로 베이스의 음역에 맞춰 주파수 특성을 조정하고 있는 점이 기타 앰프
와 다릅니다.

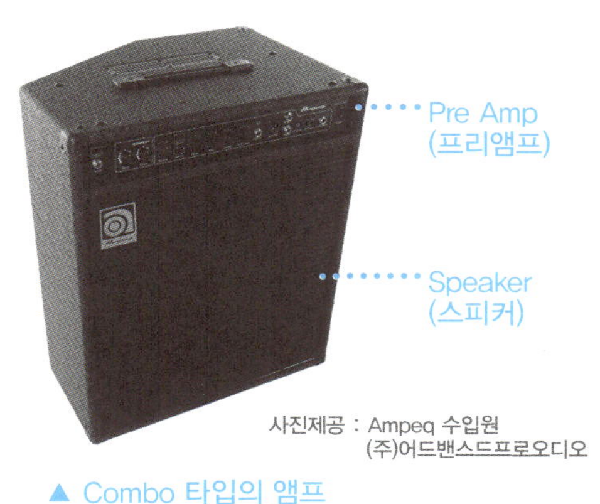

사진제공 : Ampeq 수입원
(주)어드밴스드프로오디오

▲ Combo 타입의 앰프
Ampeq 115V2

사진제공 : Ampeq 수입원
(주)어드밴스드프로오디오

▲ 헤드 캐비닛 분리형 앰프
Ampeq PF-500 + PF-210HE

①Combo(콤보)

앰프라고 하며 스피커와 한 덩어리에서 소리를 내는 앰프를 얘기합니다. Pre Amp(프리앰프)는 앰프에서 소
리를 받아들이는 부분을 얘기하며 소리를 받아서 스피커로 출력을 증폭하여 내보내는 역할도 같이 합니다.

②헤드 캐비닛 앰프

고용량의 출력이 필요한 곳에 많이 사용합니다.

4.앰프의 명칭별 역할 (밑의 사진은 대표적인 앰프의 헤드부분입니다)

▲ 암팩 앰프의 헤드부분

①Input / Gain

최초 입력 값을 말합니다.

②Com

컴프레서(Compressor)를 말하며 음을 눌러주어 조금 더 힘을 얻기 위해 사용합니다. 그러나 과도한 콤프
량은 연주 중의 음의 세기(다이나믹)를 망치는 경우가 있으므로 Com값은 2~3이 적당합니다.

③EQ

이퀄라이저라고 하며 들리는 음의 주파수를 보정해주는 역할을 합니다. 소리가 딱딱하거나 쏘는 듯 한 느
낌이면 고음(Trouble)을 낮춰주고 반대면 고음을 높여주고, 힘이 없으면 중음(Middle)을 높여주고 많으면
낮춰주고, 음의 풍성함이 없으면 높여주고 반대면 낮춰주면 됩니다. 그래픽 이퀄라이저라고 해서 막대기
위아래로 홈이 생겨 움직이는 것도 있습니다.

베이스 기타 스쿨

④Balance Out / Direct out(DI OUT) / Line Out

악기로 들어온 소리를 다른 앰프나 믹서 등으로 보내는 곳입니다.

⑤Phone

헤드폰이나 이어폰으로 소리를 들을 때 사용합니다.

*앞의 설명 외에도 앰프의 헤드(프리부)에는 많은 기능이 있으니 자신의 앰프의 상표와 제품 번호를 잘 알아둔 후 제조사 홈페이지나 쇼핑몰을 통하여 정보를 얻으면 됩니다.

5.음량과 톤의 조절과 결정

①음량의 조절

합주를 할 때 가장 좋은 베이스 기타의 볼륨은 드럼의 베이스드럼 보다 조금 높은 값으로 결정하면 좋습니다. 그 다음 상황에 따라 피킹의 강도로서 각 형식에 맞는 볼륨으로 연주한다면 가장 이상적인 음량을 표현할 수 있습니다. 또 솔로연주나 특별한 경우에도 피킹 으로 표현하는 볼륨 량에 신경 써야 합니다.

②톤의 결정

합주에서 베이스 연주의 톤을 조절하는 부분은 세 부분이 공통적인 역할을 합니다.

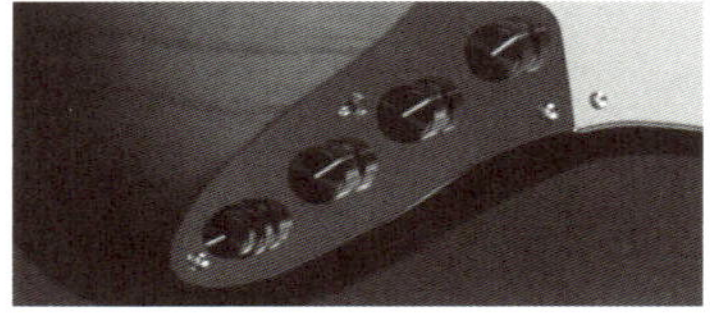

ⓐ베이스 기타의 노브

ⓑ앰프의 노브

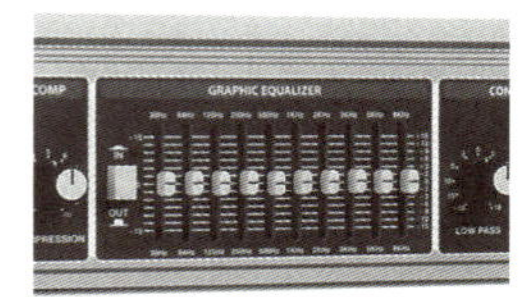

ⓒ앰프의 그래픽 이퀄라이저

일반적으로 Tone(톤)은 고음을 얘기하면 소리가 맑아지는 느낌을 말합니다. 위의 앰프의 명칭과 역할에서 설명한 것처럼 부족한 음색을 보정해 주는 역할을 합니다.

실제 연주에서는 ⓑ,ⓒ를 조절할 시간이 나지 않은 경우가 많으므로 베이스 기타의 노브의 기능을 알고 톤을 보정하면서 합주하여야 합니다.

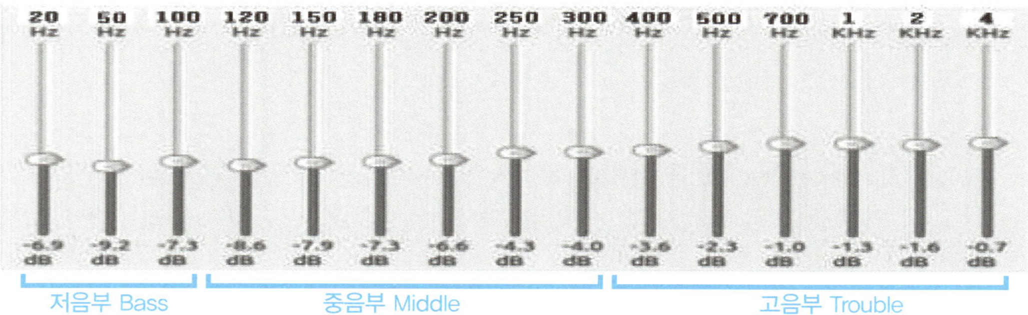

ⓓ음역대 구분표

*위의 표는 Hz별 저,중고음의 분류한 것입니다. 악기나 앰프마다 조금씩 다를 수도 있으니 악기 구입 시 같이 있는 제품설명서의 스펙을 읽어보시면 됩니다.

6.베이스 기타 연주 주법

①Mute(뮤트) : 악보에 "x"로 표시합니다.
　왼손으로 줄을 누르지 않고 줄 위에 손가락을 올려 "틱", "툭"소리
　같은 음을 내어주어 음이 아닌 음을 말합니다.

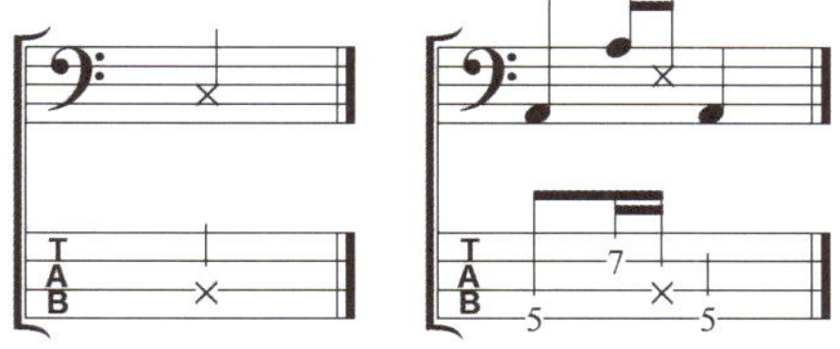

②Hammering(헤머링) : "H" 또는 "H.O(헤머링 온)"로 표시합니다.
　마치 해머가 바닥을 찍듯이 손가락으로 지판을 찍어서 소리 내는
　주법입니다.

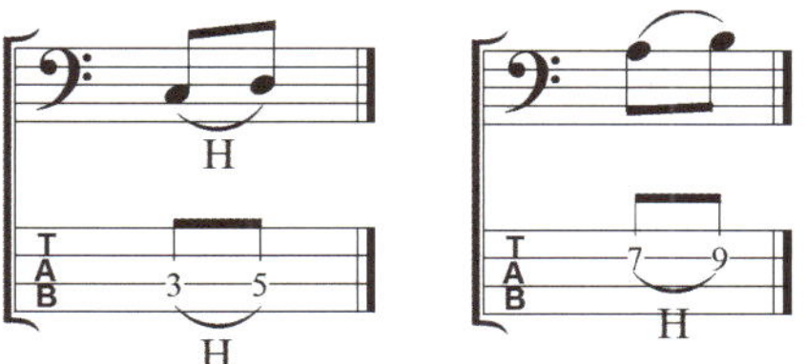

③Pulling(풀링) : "P" 또는 "P.O(풀링오프)"로 표시합니다.
　왼손가락으로 누르고 있는 줄을 잡아 뜯듯이 뗌으로써 피킹하지 않
　고 연주하는 주법입니다.
　*Hammering(헤머링)을 반대로 한 주법입니다.

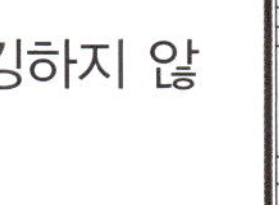

④Slide(슬라이드) : "S"로 표시합니다.
　줄을 누른 상태에서 프렛을 이동하여 음을 바꾸는 방법으로 정해
　진 음(프렛)으로 이동 하는 주법입니다.

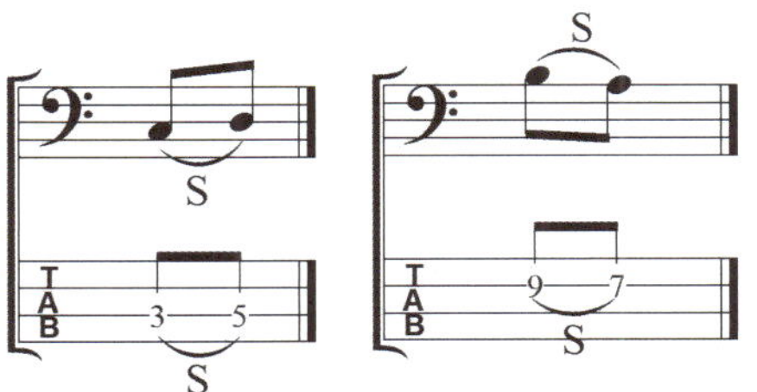

⑤Glissando(글리산도) : "gliss" 또는 "g"로 표시합니다.
　줄을 누른 상태에서 프렛을 이동하여 음을 바꾸는 방법. 슬라이드
　와 다르게 정해지지 않은 음(프렛)으로 이동하는 주법입니다.

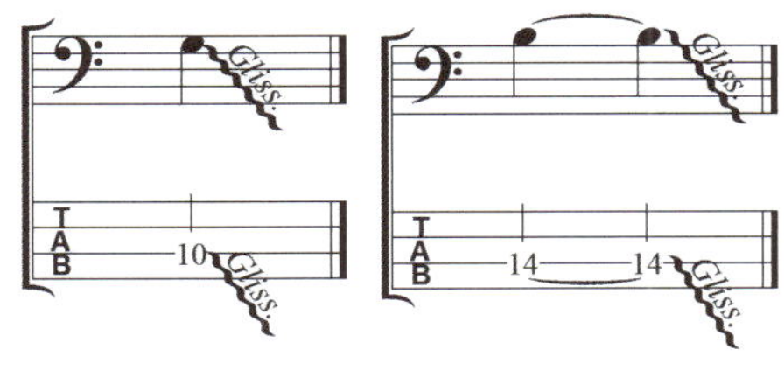

⑥Staccato(스타카토) : "."또는 "v"로 표시합니다.
　음을 짧게 끊어서 연주하는 주법입니다.

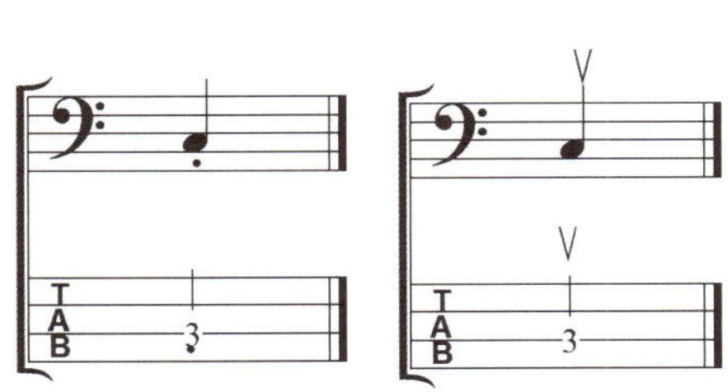

드럼 스쿨

2.드럼, 각 유닛(Unit)의 명칭과 역할

①Bass Drum(베이스 드럼)

Kick Drum(킥 드럼)이라고도 말하며 사진 ⓑ풋(Foot)페달을 이용하여 소리 내는 큰북의 일종으로 세트 드럼의 가운데 밑에 위치합니다. 밴드 음악의 제일 큰 기둥으로 박자의 처음을 알리면서 스네어와 같이 리듬을 이끄는 역할을 한다.

②Snare Drum(스네어 드럼)

베이스 드럼에서 연주자 쪽에 있는 얇은 원통을 말합니다. 베이스 드럼과 같이 박자와 리듬을 새기는 역할을 하며 밑에 울림줄(스태피)를 붙여 탐탐 소리와 구분시켜 놓았습니다.

③Hi-Hat(하이햇)

Cymbal(심벌)의 한 종류이며 비트(Beat)를 세기는 역할을 합니다. 스틱의 터치방법이나 Close와 Open, 사진 ⓒ풋(Foot)등을 이용한 많은 연주방법이 있으며 음악의 분위기 연출에도 도움을 줍니다.

④Tom Tom(탐탐)

"돔돔"이라고도 말하며 스네어 드럼보다 깊은 원통을 말합니다. 베이스 드럼의 위쪽에 위치시키며 제조사나 개인의 취향에 따라 크기와 개수, 세팅법도 많은 차이를 보입니다. 패턴의 변화를 위한 필인(Fill-in)라인의 연주나 리듬의 다양성을 표현할 때 사용합니다.

⑤Floor Tom(플로어 탐)

세트 드럼의 "탐탐" 중에 가장 큰 탐을 얘기하며 종종 2개 이상 세팅하는 경우도 있습니다.

⑥Crash Cymbal(크레쉬 심벌)

다양한 형태의 심벌 중에 하나이며 세트의 위쪽 중에 타격이 용이한 쪽에 위치에 세팅합니다. 연주의 시작이나 리듬 연주 중에 강세가 들어가는 부분에 소리 내며 분위기 연출 등의 다양한 부분에 쓰입니다.

⑦Ride Cymbal(라이드 심벌)

심벌의 종류 중에 가장 크며 세트의 오른쪽/ 플로어 탐의 뒤쪽에 세트합니다. 하이햇과 같이 비트를 새기거나 분위기 연출하는 역할을 합니다.

3.드럼의 악보 표기법

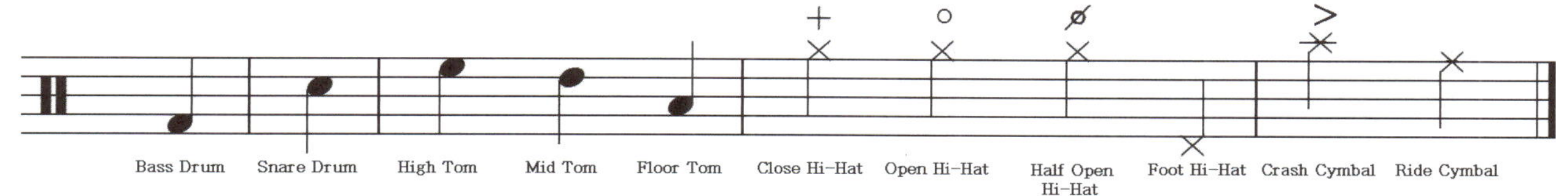

①Tom의 표기

탐은 연주자에 따라 개수와 악보 표기가 틀리므로 연주 때에 주의하여야 하며 본 교재는 가장 일반적인 5기통 드럼(Tom 3개)을 기준으로 얘기합니다.

(1)High Tom(하이 탐)

제일 작은 탐으로 고음의 소리가 나기 때문에 음표로 오선보의 가장 위에 표시합니다.

(2)Middle Tom(미들 탐)

High Tom 보다 조금 큰 크기로 음표로 High Tom 밑에 표기합니다.

(3)Floor Tom(플로어 탐)

Tom중에 큰 것으로 베이스 드럼 음보다 위에 표기합니다.

②Hi-Hat(하이햇)의 표기

위의 악보처럼 크게 4가지의 연주를 합니다.

(1)Foot Hi-hat(풋 하이햇)

하이햇의 바닥에 발을 이용하여 심벌의 두 장의 간격을 조절하는 페달이 있는데 이 페달 밟으면 두 장이 닫히면서 소리가 납니다.

(2)Open Hi-Hat(오픈 하이햇)

X음표 위에 "o"를 붙여 표기하며 페달을 이용하여 심벌 두 장을 붙여서 연주하면 됩니다.

(3)Close Hi-Hat(크로즈 하이햇)

X음표 위에 "+"를 붙여 표기하며 페달을 이용하여 심벌 두 장을 떨어트려 연주하면 됩니다.

(4)Half Open Hi-Hat(하프 오픈 하이햇)

X음표 위에 "ø"를 붙여 표기하며 스틱으로 하이햇을 타격할 때 심벌 두 장이 부딪치는 소리가 나도록 연주하면 됩니다.

③Ride Cymbal의 표기

(1)표기가 없는 음표는 중심과 테두리의 가운데쯤에 스틱으로 타격합니다. 그러나 연주에 따라 좀 더 중간 쪽이나 테두리쪽으로 이동하여 타격하기 때문에 드럼 연주자는 미리 소리로서 타격 위치를 알아두어야 합니다.

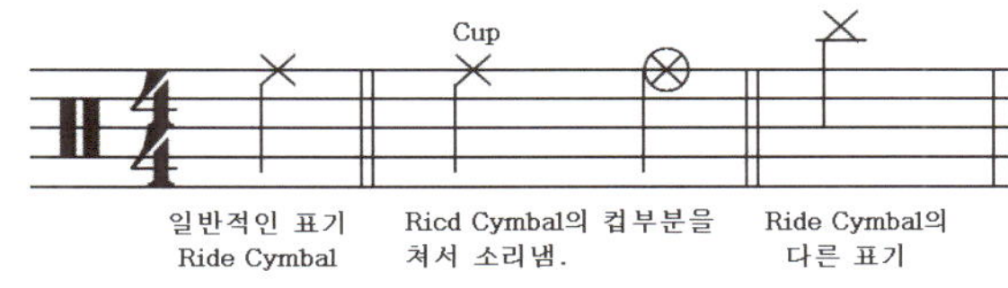

(2)"Cup"또는 "⊗"는 Ride Cymbal의 중앙에 접시처럼 튀어 나온 부분을 타격하여 연주하면 됩니다.

④스틱의 스트로크 표기

악보에서 Snare와 Tom음표의 위에나 밑에 R,L을 넣어 왼손과 오른손을 표기하는데 오른손과 왼손의 타격이 꼬이는 경우가 있을 때 표기합니다.

4.스틱의 종류와 사용

①Stick(스틱)이란

세트 드럼이나 타악기 연주에서 소리를 내어주는 막대기를 통틀어 얘기합니다.

②스틱의 종류

⑴Wood Stick(우드스틱)

흔히 말하는 보편적인 드럼스틱으로 나무 재질로 되었습니다. 세부적으로 길이, 크기, 나무 재질에 따라 많은 종류가 있으며 연주자는 자신의 손과 음악 스타일에 맞는 스틱을 정하는 것이 좋습니다.

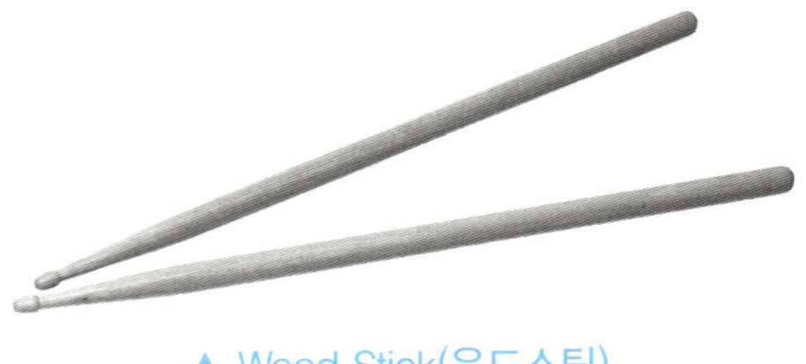

▲ Wood Stick(우드스틱)

⑵Rod Stick(로드 스틱)

우측의 사진처럼 작은 나무막대기의 묶어서 만들어진 스틱으로 주로 큰소리를 내지 못하는 곳에서 연주됩니다. 속나무의 크기, 즉 개수로서 소프트와 하드로 나눠집니다.

▲ Rod Stick(로드스틱)

⑶Brush Stick(브러쉬 스틱)

솔을 연상케 하는 스틱으로 주로 재즈 연주에서 사용되는 스틱입니다. 쓸어주면서 나는 소리와 쳐서 나는 소리를 조합하여 연주하므로 연주법이 생소하고 어렵습니다.

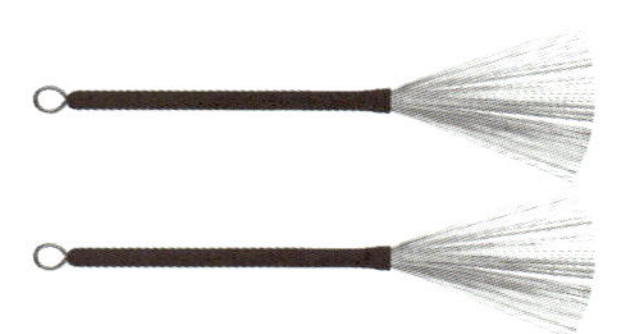

▲ Brush Stick(브러쉬 스틱)

⑷Mallet Stick(말렛 스틱)

우드스틱의 팁 부분에 솜뭉치를 붙인 것으로 주로 심벌을 칠 때 사용합니다. 우드 스틱 보다는 타격감이 떨어져 부드러운 소리가 나며 주로 발라드에서 나오는 심벌의 소리가 점점 커지는 효과는 말렛 스틱으로 소리를 냅니다.

▲ Mallet Stick(말렛스틱)

③스틱의 세부 명칭

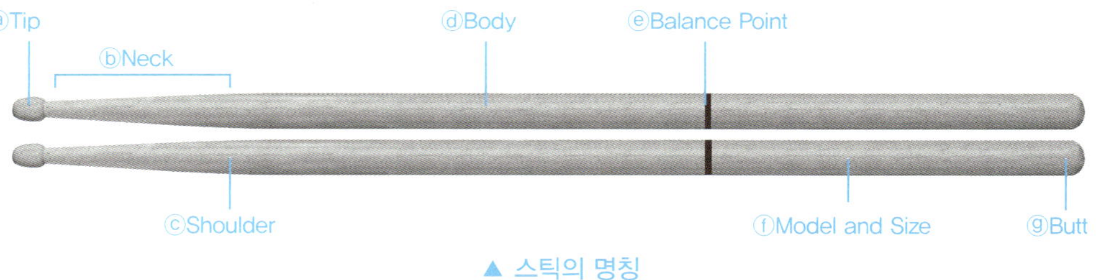

▲ 스틱의 명칭

ⓐTip(팁) 스틱에서 악기와 부딪치는 부분을 말하며 재질도 여러 가지가 있습니다. 팁의 크기에 따라서 소리가 달라지는데 작을수록 밝은 소리의 작은 음량, 클수록 큰 음량을 얻을 수 있습니다.(팁 모양에 따른 종류도 있습니다.)

ⓑNeck(넥) 스틱의 목부분으로 팁에서부터 숄더까지를 말합니다.

ⓒShoulder(숄더) 스틱의 넥(목)부분으로 바디에서 팁 방향으로 얇아지기 시작하는 부분입니다. 숄더가 팁 가까이에 위치할수록 반응성이 떨어지게 됩니다.

ⓓBody(바디) 스틱의 몸통을 말하며 두께에 따라 "(숫자)A"를 Size에 붙입니다. 일반적으로 "5A"를 가장 많이 사용합니다.

ⓔBalance Point(밸런스 포인트) 스틱의 중심을 표시한 부분으로 스틱을 잡을 때 참고하면 됩니다.

ⓕModel&Size(모델&사이즈) 각 제조사의 모델과 Body의 두께, 길이를 나타냅니다. 모델별 길이와 나무 재질이 틀립니다.

ⓖButt(버트) 팁의 반대편의 둥근 부분으로 연주 때 사용하는 경우도 있습니다.

5. Grip(그립) 스틱잡는 법

스틱을 잡는 방법을 말합니다. 여러 가지 스틱과 그에 맞는 여러 가지 그립이 있으나 가장 일반적인 매치드(Matched) 그립에 대하여 설명합니다.

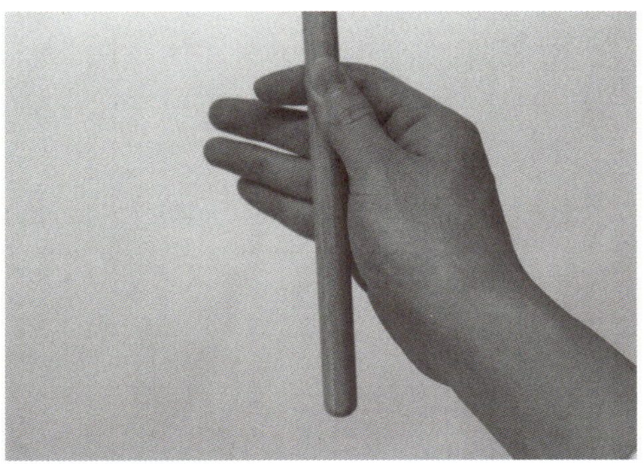
⑴1/3지점에 엄지와 검지로 잡습니다. 이 때 검지가 스틱과 직각을 유지합니다.

⑵나머지 손가락으로 부드럽게 감쌉니다.

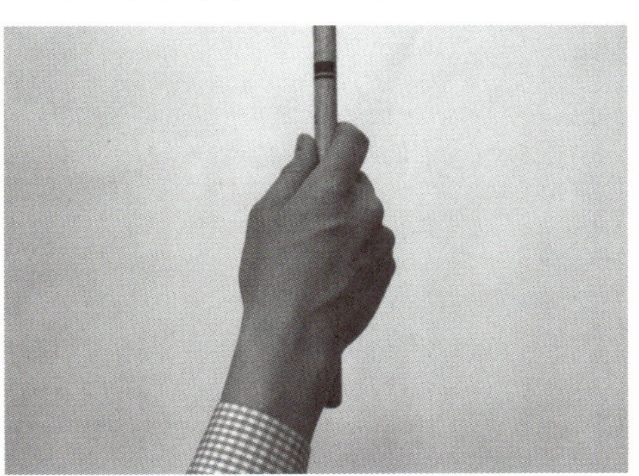
⑶손등은 비스듬히 하늘을 보도록 합니다.

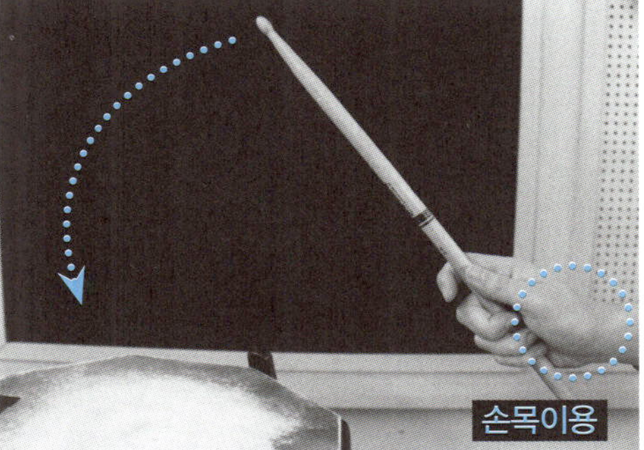

⑷어깨와 팔을 고정한 뒤 손목을 이용하여 스트로크를 합니다.

*그립을 잡은 부분은 스틱의 굵기와 길이 그리고 밸런스 포인트를 기준으로 자신에게 맞는 지점을 알아두는 것이 좋습니다.

드럼 스쿨

6.드럼의 역할

Drum(드럼)은 속이 비어 있는 통을 말합니다. 이렇게 비어있는 통은 두드리면 소리가 나죠, 이런 통들을 역할에 따라 한곳에 모아 놓은 것이 세트 드럼입니다. 세트 드럼을 줄여서 "드럼"이라고 하며 연주하는 사람을 "Drummer(드러머)"라고 합니다.

밴드에서 드럼은 가장 과묵하다고 합니다. 그 만큼 다른 악기에 휘둘리지 말고 가장 객관적인 연주를 들려줘야 합니다. 그러나 여러 악기가 섞여서 소리를 만드는 밴드에서는 더욱 힘든 일이겠죠. 합주에서 드러머는 항상 화려한 연주보다는 속도와 리듬을 지키며 기본에 충실한 연주를 우선시해야 하며 연주력을 키우면서 화려한 연주를 입혀 나가야 합니다.

7.드러머의 주의 상황

①미리 세팅을 확인하기

팀원들과 합주 전 먼저 드럼에 앉아 자기 신체에 맞게 각 유닛의 위치를 조정 합니다.

②여분의 스틱 준비하기

합주 시 스틱을 놓쳤을 때나 부러졌을 때를 대비하여 준비하여 근처에 둡니다.

③악보와 필기구 지참하기

합주 시 밴드의 리더나 강사의 지적 사항이나 고쳐야 할 부분 등을 필기하여 그 부분이 다시 연주 될 때 틀리지 않도록 합니다.

④합주할 곡에 템포(빠르기,속도)를 숙지하기

합주하기 전 연주할 곡의 충분한 연습과 반복적인 청취가 필요합니다. 보통은 드럼 연주자가 연주 시작 전 카운트해서 시작 하는데 이때 드러머의 카운트에 따라 템포 변하기도 한다. 카운트 전 노래에 멜로디를 불러 보거나 메트로놈으로 클릭을 들어보면 좋습니다.

⑤합주곡 충분히 연습하기

앙상블이란 것은 "함께, 동시에"라는 뜻입니다. 밴드 멤버 하나하나가 모여서 하나 된 소리로 연주를 해야 하는데 미리 충분한 연습을 하지 못하면 합주 시 다른 멤버에게 많은 피해를 줍니다. 특히 드럼은 틀렸을 경우에 표가 많이 나는 악기 중의 하나이기에 더 많은 연습이 필요합니다.

⑥다른 악기연주자들 배려하기

나 혼자 준비가 끝났다고 해서 혼자 연습하고 시끄럽게 하지 말자. 드럼은 기본적으로 음량이 큰 악기이므로 다른 연주자들이 합주 준비가 끝날 수 있도록 세팅을 확인 후 조용히 있어야 합니다.

⑦상황에 맞게 연주를 조절하기.

드럼이 나오지 않는 부분이라도 다른 악기들의 연주 속도가 변한다면 여러 개의 유닛을 이용하여 속도를 잡아주는 역할도 합니다. 또 하프타임(Half Time)등의 분위기가 반전 되는 파트에서 라이드나 크레쉬 심벌을 이용하여 울림을 만들어 주는 방법도 좋습니다.

BAND 3.

1) 나는 나비 – YB
2) UGLY – 2NE1
3) 첫사랑– 버스커 버스커
4) This Love – 빅뱅
5) 있잖아(Rock Ver.) – 아이유

연습곡

5곡의 연습곡의 악보와
연주 팁을 배웁니다.

나는 나비 - 윤도현 밴드(YB)

파트 구성

보컬(남), 코러스(남)1명, 건반, 기타1.2, 베이스, 드럼으로 구성되어진 곡입니다. 건반이 있는 팀을 위해 synth연주를 만들어 넣었고 악보도 첨부하였으며 남자 코러스는 코러스 맴버가 있으면 부르고 그렇지 않다면 악기 파트 중에 한명이 부르면 됩니다.

PLAY POINT!

밴드 연습곡 중에 난이도가 쉬운 편에 속하며 안정된 8비트 연주를 보여주는 곡입니다.

①8비트 리듬 읽기와 연주하기
②Creccendo(크레센도) 표현하기
③Dynamic(다이나믹) 표현하기

파트 설명

보컬

전체적으로 악기 소리에 묻히지 않도록 진성을 사용하여 부르도록 합니다. 이 때 끝처리에 특히 힘을 유지하며 음을 끌어내며 끝까지 내도록 합니다. 음정도약이 많으므로 정확한 음정 연습과 진성에서 가성으로 바뀌는 부분을 과감히 낼 수 있도록 합니다.

*음정도약 : 3도 이상의 음차이가 나는 부분을 말하며 특히 4도,6도 차이가 나는 음정을 주의해야 합니다.

POINT!

음정도약 부분에 주의하며 자신감 있게 부르는 것이 중요합니다.

파트별 다른 톤으로 소리 낼 수 있도록 연습하며 보컬과 마찬가지로 4도 이상 차이나는 음정도약을 연습합니다. 또 치고 들어오는 음을 정확히 알고 부르도록 합니다.

◀ "나는 나비"의 코러스 악보 25마디

*음정의 계산(음정수만의 계산)

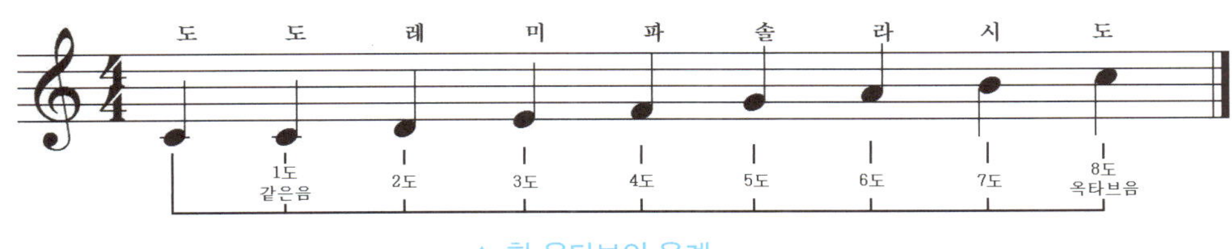

▲ 한 옥타브의 음계

간단하게 말해 줄과 칸의 수만 세면됩니다. 같음 음을 1도로 보고 그 위의 음부터는 2로 시작하며 8도는 옥타브(같은 음)입니다. 이 때 "#(샵)"과 "b(플렛)"이 붙어 좀 더 복잡해져서 완전, 장, 단, 감, 증 음정으로 세부화 되기 때문에 설명이 복잡하므로 중급에서 다루도록 하겠습니다.

건반

이 곡에서 만들어진 Synth의 연주는 화려한 연주보다는 사운드를 받쳐주는 String계열의 소리로 만들어 졌으며 후렴구는 기타와 유니즌(Unison)으로 연주합니다.

*Unison : 유니즌, "하나의 소리"란 뜻으로 다른 악기가 같은 음을 연주한다는 얘기입니다.

1.String Sound(스트링 사운드)

①String Sound란

"String"은 사전적 의미는 "선"을 뜻입니다. 오케스트라에서 여러 개의 현악기, 선율 악기들을 말하며 대중음악에서는 오케스트라 현악의 풍성한 사운드를 신디사이저로 옮겨 놓은 것을 얘기합니다. 이러게 만들어진 "String"음색은 각 악기의 제조사마다 여러 가지 소리로 세분화되어 사용되고 있습니다. String 카테고리에는 많은 종류의 소리와 제조사마다 같은 악기 다른 소리를 내기 때문에 음색 선택의 기준은 "귀"가 우선이 되어야 합니다.

추천 음색은 [Ensemble String], [Synth String], [Backing Synth(String)]가 어울립니다.

②String Sound(스트링 사운드)의 연주

(1)볼륨(Volume)

음색을 정하였다면 연주법이 중요한데 스트링 사운드는 먼저 볼륨조절이 중요합니다. 다음의 사진처럼 스트링 연주는 한손으로도 가능한 경우가 많고 "나는 나비"의 연주 역시 한손으로 연주하게 만들어 졌습니다. 그럼 왼손은 항상 왼쪽 상단에 있는 볼륨 페이더에 위치하여 상황에 따라 볼륨 값을 변화시켜는 것이 중요합니다.

▲ 건반 연주자의 스트링 연주와 왼손 폼

(2)타이밍(Timing)

스트링 음색은 종류에 따라 터치 후 소리가 나는 시간이 조금이 틀립니다. 그래서 연주자는 상황에 맞게 터치 타이밍을 조절하여야 합니다. 대부분의 음색은 터치 후 약간의 시간이 경과한 뒤에 소리가 높아지므로 주의합니다.

일렉기타

미디움 템포의 Rock곡이며 곡 형식에 따른 기타 톤의 변화와 프레이즈의 변화가 명확하게 드러나는 곡으로서 Down Picking(다운피킹), Palm Mute(팜 뮤트)주법, Octave(옥타브) 주법이 주로 사용된다.

1.Backing(벡킹) = Down Picking(다운피킹) & Palm Mute(팜 뮤트)

전체적인 음악의 흐름을 받쳐주는 연주로 일반적으로 1도와 5도, 또는 8도(옥타브)음을 이용한 왼손 "파워코드" 운지에서 오른손은 다운피킹과 팜 뮤트주법을 이용하여 연주합니다.

ⓐ왼손 파워코드 운지

ⓑDown Picking(다운피킹)

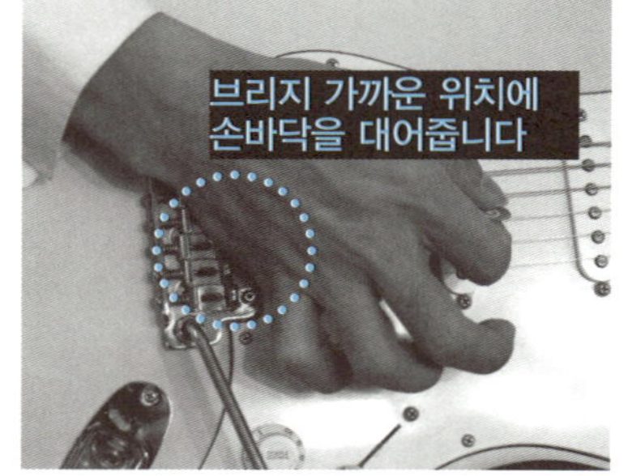

ⓒPalm Mute(팜 뮤트)

밑의 악보처럼 벡킹을 해야 한다면 먼저,

(1)위의 사진ⓐ처럼 왼손의 운지 폼이 중요합니다. 검지를 이용하여 프렛을 누르지 않은 줄을 뮤트해야
　하며 나머지 운지 손가락도 세워서 다른 줄을 건드려서는 안 됩니다.

(2)다운피킹은 꼭 피크의 각도에 주의하여 줄에서 미끄러지지 않도록 해야 합니다.

(3)팜 뮤트는 다운피킹과 구분되도록 정확하게 손바닥을 붙여다 떼어다 해야 합니다.

(4)일정한 8비트를 유지하며 기타2명의 벡킹이 어긋나지 않도록 주의하여 합니다.

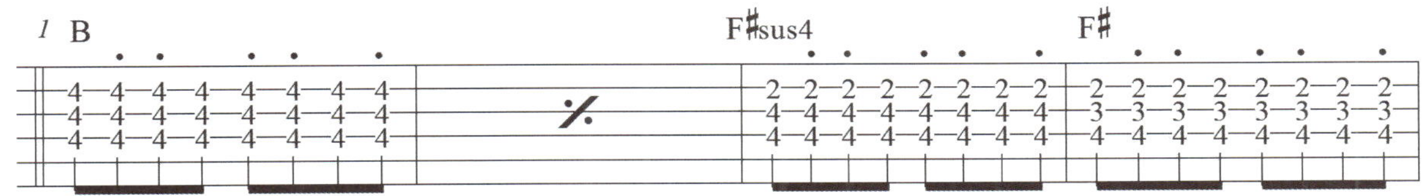

▲ 나는 나비의 1~4마디의 악보

2.Octave(옥타브) 주법

어떤 음에 한 옥타브 높은 음을 같이 연주하는 것을 말합니다. 옥타브 연주는 검지손가락이 나머지 줄을 뮤
트 해야 하기 때문에 왼손 폼에 조금 더 신경을 집중해야 합니다.

①밑의 악보는 "나는 나비"기타2 25마디부터의 옥타브 연주입니다.

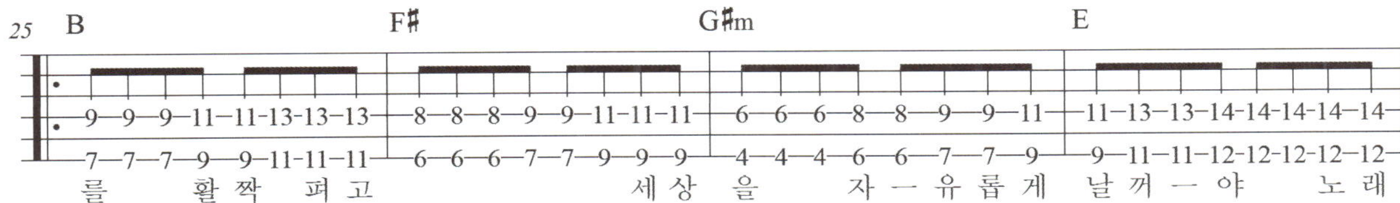

▲ "나는 나비" Guitar2 25~28마디의 악보

검지 손가락으로 특정 음(프렛)을 운지 한 후에 소지손가락으로
2줄 밑에 2프렛 높은 음을 운지하면 옥타브 음이 됩니다. 이때
검지 손가락은 누르고 있는 음의 밑의 줄을 다 대어서 뮤트를
하여야 하며 소지손가락도 가급적 밑의 줄을 뮤트합니다. 이런
폼을 가지고 프렛을 이동하면서 연주하면 됩니다.

ⓐ근음이 6번 줄인 경우 ▶

②밑의 악보는 "나는 나비"기타1 65마디부터의 옥타브 연주입니다.

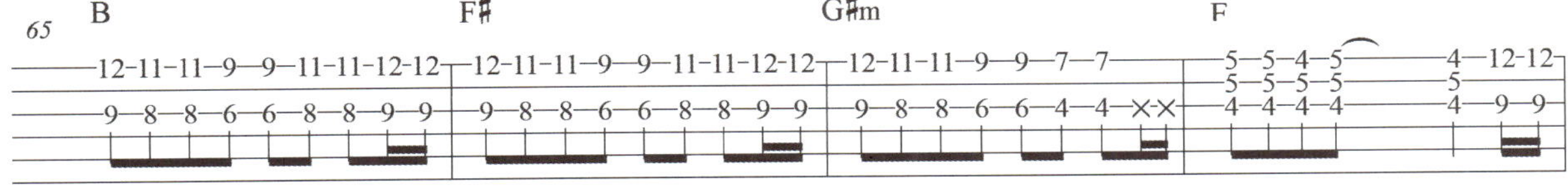

▲ "나는 나비" Guitar1 65~68마디의 악보

나는 나비 - 윤도현 밴드(YB)

⑴의 옥타브 연주와는 조금 폼이 다릅니다. 먼저 근음은 3번줄에 있으며 옥타브 음은 2줄 밑에 3프렛 높은 음을 누릅니다. 그리고 이번엔 중지손가락으로 위의 3줄을 뮤트합니다.

ⓑ근음이 3번 줄인 경우 ▶

⑵위와 같이 옥타브 주법을 연주 할 경우에는 프렛을 빨리 이동하는 경우가 많기 때문에 뮤트를 유지하기 위하여 프렛이 이동하여도 폼이 변하지 않도록 유의하고. 넥 뒤에 바치고 있는 엄지손가락도 같이 이동하면서 폼을 유지하는데 신경 써야 합니다.

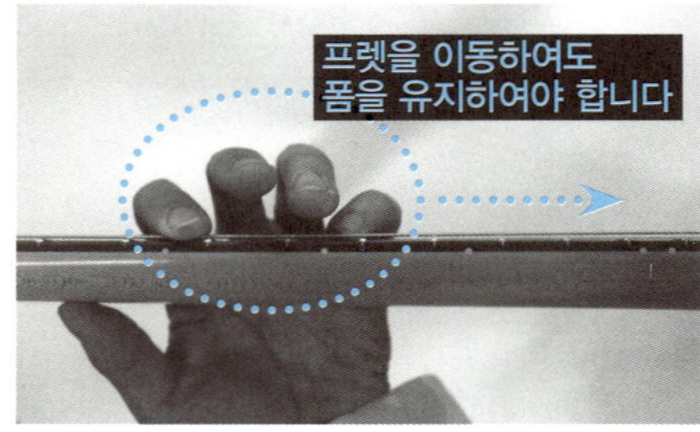

ⓒ프렛의 이동 후에도 폼을 유지 ▶

베이스 기타

이곡은 전반적으로 오른손 Finger Picking(핑거 피킹)이 중요합니다. 계속 되는 8비트 스트레이트 연주는 베이스 소리의 일정함이 곧 전체 사운드의 핵심이기 때문입니다.

기타는 다운 피킹만으로 연주하기 때문에 일정한 톤이 유지되지만 베이스는 피킹시 Index(검지)와 Middle(중지)를 번갈아 쓰기 때문에 각 손가락의 세기와 위치가 달라서 쩔뚝거리는 8비트를 연주하는 경우가 많기 때문에 리듬이 흐트러질 경우가 있습니다.

1.8Beat Straight(8비트 스트레이트) 연주

①

◀ 8비트 연주 악보

위의 악보처럼 I(index)와 m(middle)핑거를 번갈아서 피킹하는 것이 일반적인 피킹입니다.

②

▲ index를 이용한 8비트 피킹

▲ middle을 이용한 8비트 피킹

①처럼 피킹하였을 경우 밸런스가 맞지 않다면 ②처럼 한 손가락만으로 피킹하면 됩니다.

<연습>

＊속도(Tempo,템포)가 빠르기 때문에 ①피킹으로만 할 때 I(index)와 m(middle)핑거의 세기가 틀려 리듬이 절뚝거리는 느낌이 난다면 밑에 와 같은 방법으로 연습하세요. 악센트(강세)가 각 박자마다 다른 손가락에 줘야하기 때문에 I(index)와 m(middle)핑거의 피킹 밸런스 연습에 좋습니다.

①셋잇단음 리듬으로 한 박에 세 개의 음을 연주합니다. 박자의
  시작부분에 강하게 연주하고 나머지는 약하게 연주합니다.
  "강약약강약약강약약강약약 "

▲ 셋잇단음 피킹연습

①16비트 리듬입니다. 위의 ①연습과 같이 박자의 시작부분에 강
  하게 연주하고 연주하고 나머지는 약하게 연주합니다.
  "강–약약강–약약강–약약강–약약 "

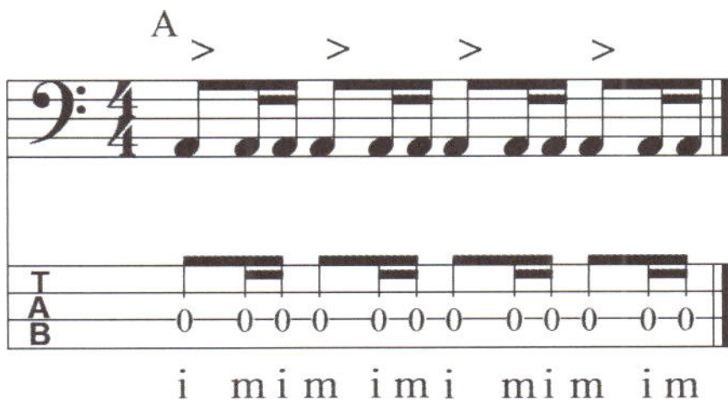

▲ 16분비트 피킹연습

드럼

1.Count(카운트)

"카운트"라는 것은 밴드에서 연주가 들어갈 수 있게 신호를 주는 것인데 가장 중요한 것은 Tempo(템포,＝속도)를 정확하게 또는 비슷하게 제시해줘야 합니다. 그렇지 않을 경우 원곡을 들으면서 연습한 맴버 중에 몇 명은 속도가 빨라지거나 늘어지기 때문에 좋은 합주를 할 수가 없습니다. 드러머는 미리 곡의 노래를 속으로 불러 보고 카운트 하거나 메트로놈을 이용하여 최대한 정확한 속도로 카운트 합니다.

①카운트 방법
  (1)하이햇으로 카운트합니다.
  (2)스틱끼리 부딪쳐서 카운트합니다.
  (3)라이드 심벌로 카운트합니다.
  (4)(추천)위의 방법과 같이 목소리로 1,2,3,4를 외칩니다. (가
     끔 위의 방법들로 카운트 할 경우 첫 카운트를 못 듣고
     늦게 들어오는 경우가 있습니다.)
  (5)위의 방법 외에도 세트 드럼의 모든 유닛은 다 이용 가능
     합니다.

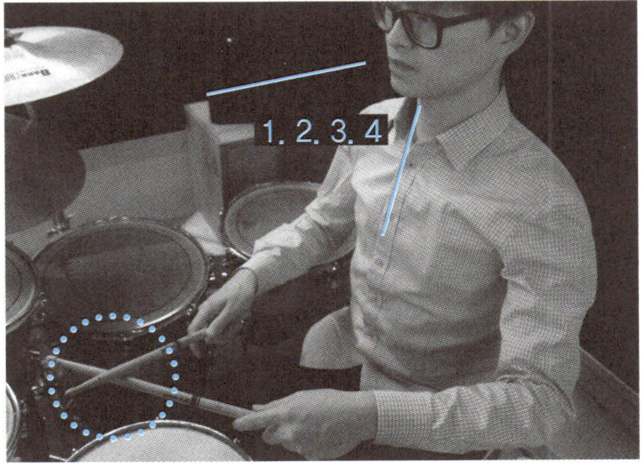

②카운트를 시작할 시점

   (1)바로 보컬이 들어가는 경우

     쉽게 얘기하여 Intro(전주)없이 Ａ파트가 바로 나오는 경우입니다. 이럴 때에는 건반이나 기타연주자 중 한명이 보컬이 음을 잡을 수 있는 코드를 소리 낸 후에 카운트를 세고 연주를 시작하면 됩니다.

   (2)악기만 들어가는 경우

     속도를 정한 후에 카운트 하면 됩니다.

   (3)다른 맴버가 카운트("있잖아"의 경우)하더라도 맴버가 속도를 못 잡을 경우 미리 카운트를 하여주는 경우도 있습니다.

2.Hi-Hat(하이햇)

   일정한 비트를 유지하면서 연주한다는 것은 "하이햇에 비트를 어떻게 새기는냐?"가 중요한 부분입니다. 비트를 세기는 악기의 소리가 조금씩 또는 급격하게 바뀐다면 좋은 드럼연주는 나올 수가 없기 때문에 하이햇의 소리를 이해하는 것이 매우 중요합니다.

   ①하이햇의 오픈 정도에 따른 연주

     하이햇은 크기가 같은 심벌 두 장을 페달로 조작할 수 있게 만들어진 세트 드럼 중의 한 악기입니다. 악보에서는 "Close, Open, Half Open"으로 악보가 표기되지만 실제로 표기된 것 외의 Open정도가 있으므로 연주자는 소리를 잘 듣고 그 정도를 판단하여 연주하며 한 형식이 끝나거나 리듬의 변화가 있기 전까지 유지 할 수도 있어야 합니다.

    (1)Open정도를 조절하기 위해 먼저 하이햇 스탠드의 세팅

     *하이햇 심벌의 위에는 심벌을 스탠드에 고정하는 Clutch(클러치)가 있습니다.

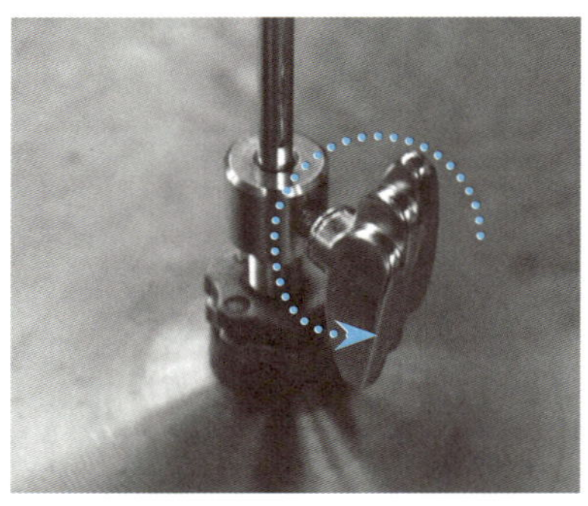 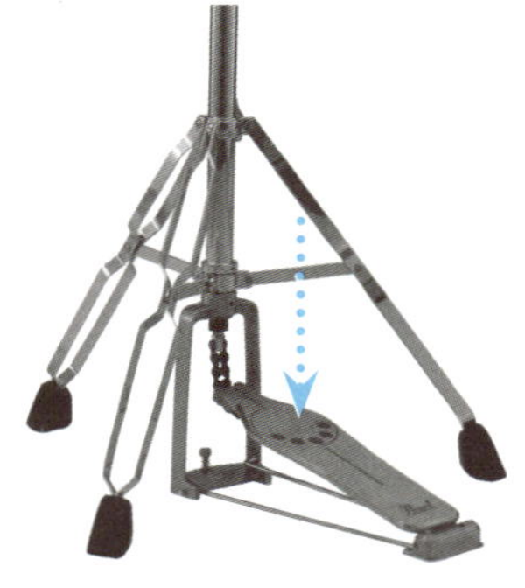 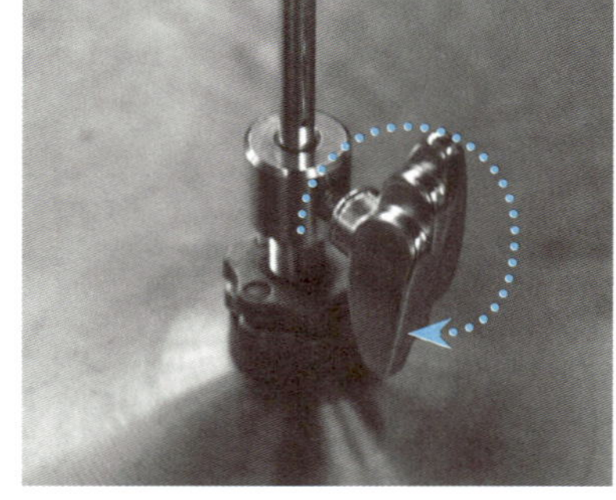

ⓐ하이햇의 클러치 나사를 시계 반대 방향으로 돌려 풀어줌   ⓑ풋 페달은 적당히 밝음   ⓒ클러치를 시계 방향으로 돌려 고정시킴

    (2)왼발의 풋 페달로 하이햇의 간격조절

     다음의 사진처럼 뒤꿈치는 고정하고 앞부분을 이용하여 하이햇 심벌의 간격을 조절하는 방법으로

쉽고 빠르게 조절할 수 있어 주로 사용하며 페달만 가지고
소리를 낼 경우에는 뒤꿈치를 들어 조절합니다.

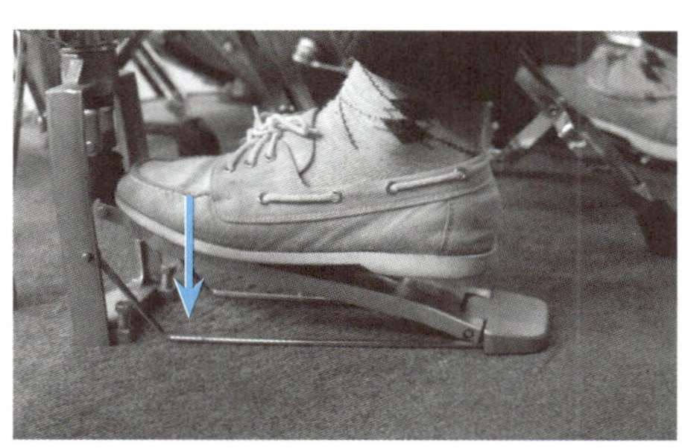

　(3)하이햇 오픈의 소리내는 방법에 대하여 알아봅니다.
　　"나는 나비"에서는 하이햇 오픈이 중요하며 하이햇을 열어둔 상태에서 스틱으로 소리 내는 것이 아
　　니라 스틱으로 하이햇을 치는 순간 빠르게 페달을 떼어 소리 내는 것을 말합니다.
②스틱으로 하이햇을 소리내기
　왼쪽 사진처럼 스틱으로 하이햇을 때릴 때에는 약간 기울러진
　각도로 타격하는 것이 좋습니다. (드럼머들은 "깍아서 친다"고
　합니다.)

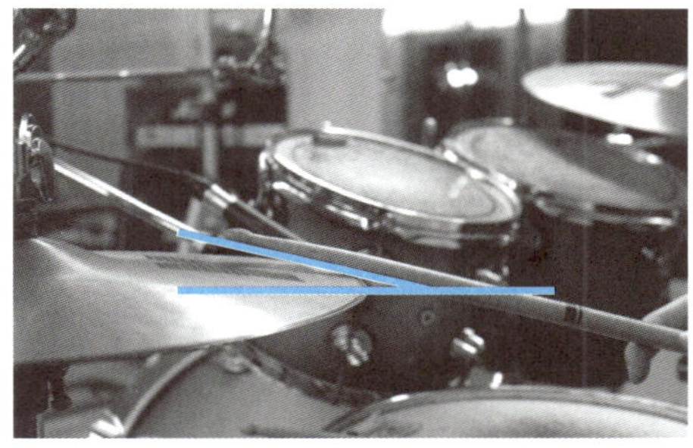

드럼을 시작하는 사람에겐 가장 일반적인 스틱 타격에 하이햇의 클로즈와 오픈으로 연주를 배우며 기본기
를 다져 나가는 것이 중요합니다. 하이햇의 연주방법은 상당히 많으며 연주자마다 조금씩 다르게 연주하기
때문에 상세한 연주법은 중급 책에서 다루겠습니다.

나는 나비(Guide Score)

박태희 작사/작곡, YB(윤도현 밴드) 노래

Vocal이 음을 잡을 수 있게 Synth나 Guitar가 코드 음을 먼저 내고 드럼이 카운트를 한 후 합주를 시작합니다.

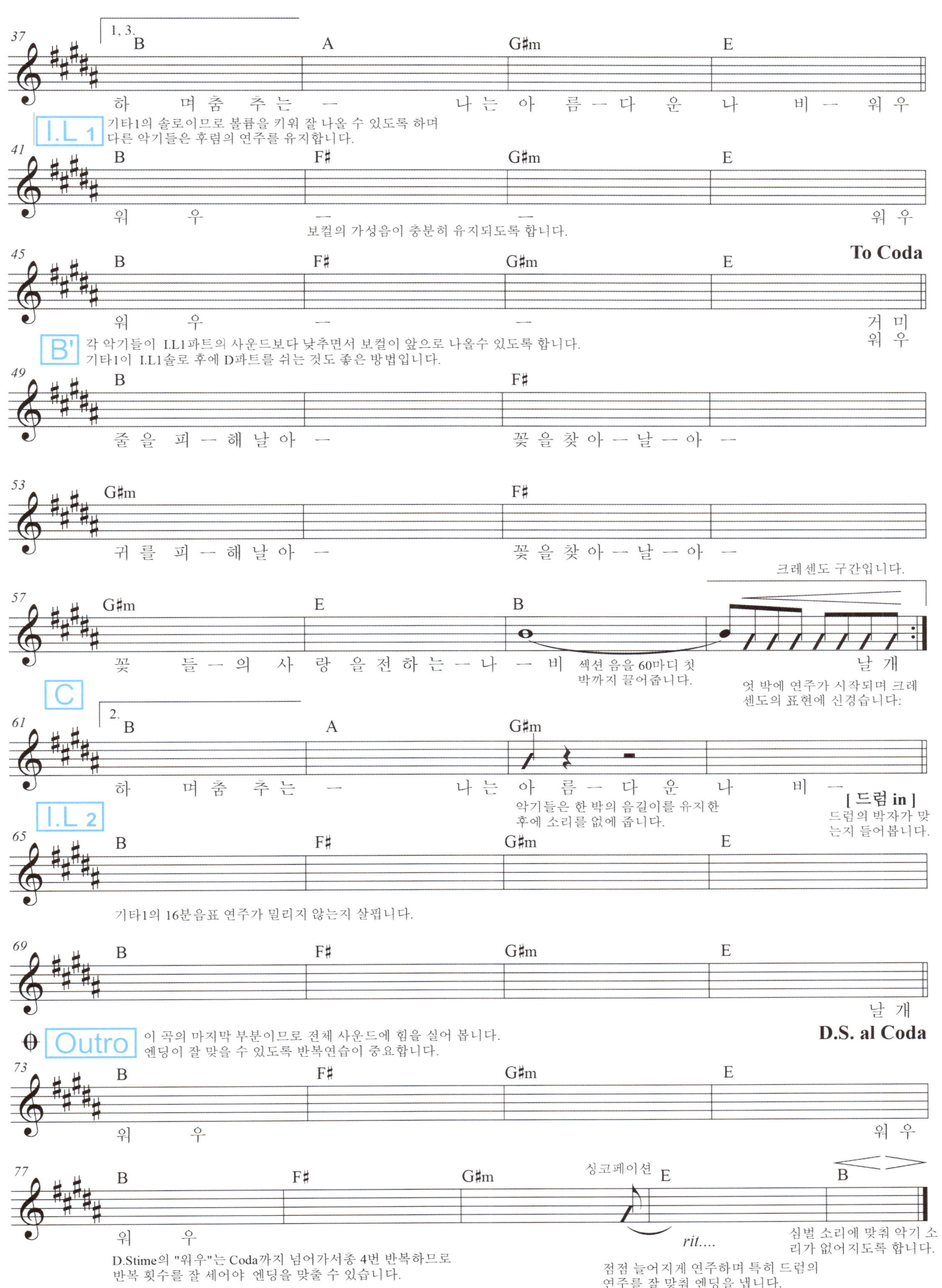
37
1, 3.
B   A   G#m   E
하 며 춤 추는 — 나는 아 름 — 다 운 나 비 — 워 우
I.L 1
기타1의 솔로이므로 볼륨을 키워 잘 나올 수 있도록 하며
다른 악기들은 후렴의 연주를 유지합니다.
41
B   F#   G#m   E
워 우 — — 워 우
보컬의 가성음이 충분히 유지되도록 합니다.
45
B   F#   G#m   E
To Coda
워 우 — — 거 미
워 우
B'
각 악기들이 I.L1파트의 사운드보다 낮추면서 보컬이 앞으로 나올수 있도록 합니다.
기타1이 I.L1솔로 후에 D파트를 쉬는 것도 좋은 방법입니다.
49
B   F#
줄 을 피 — 해 날 아 — 꽃 을 찾 아 — 날 — 아 —
53
G#m   F#
귀 를 피 — 해 날 아 — 꽃 을 찾 아 — 날 — 아 —
크레센도 구간입니다.
57
G#m   E   B
꽃 들 — 의 사 랑 을 전 하 는 — 나 — 비
날 개
섹션 음을 60마디 첫
박까지 끌어줍니다.
엇 박에 연주가 시작되며 크레
센도의 표현에 신경습니다:
C
2.
B   A   G#m
하 며 춤 추는 — 나는 아 름 — 다 운 나 비 —
I.L 2
악기들은 한 박의 음길이를 유지한
후에 소리를 없에 줍니다.
[드럼 in]
드럼의 박자가 맞
는지 들어봅니다.
65
B   F#   G#m   E
기타1의 16분음표 연주가 밀리지 않는지 살핍니다.
69
B   F#   G#m   E
날 개
Outro
이 곡의 마지막 부분이므로 전체 사운드에 힘을 실어 봅니다.
엔딩이 잘 맞을 수 있도록 반복연습이 중요합니다.
D.S. al Coda
73
B   F#   G#m   E
워 우 워 우
77
B   F#   G#m   싱코페이션 E   B
워 우
rit....
심벌 소리에 맞춰 악기 소
리가 없어지도록 합니다.
D.Stime의 "워우"는 Coda까지 넘어가서총 4번 반복하므로
반복 횟수를 잘 세어야 엔딩을 맞출 수 있습니다.
점점 늘어지게 연주하며 특히 드럼의
연주를 잘 맞춰 엔딩을 냅니다.

나는 나비(Vocal Score)

박태희 작사/작곡, YB(윤도현 밴드) 노래

첫 음의 잡기 위해 멜로디 악기의 코드 음을 잘 듣고
드럼의 카운트에 맞춰 4박에 들어갑니다.만약 첫 음
잡기가 힘들면 단음 멜로디 음을 내어 달라고 합니다.

부르기 전 가사를 이해하고 자신감 없는 모습에서 자신감을 찾
아가듯 부르도록 합니다. 전체적으로 발음을 정확히 내도록 하
며 정확한 배의 힘으로 단단한 진성이 나올 수 있게 발성에 주
의합니다. 이음줄(벤딩)의 표현에서 소리를 먹거나 음이 플랫(b)
되며 끌리지 않도록 주의합니다.

I.L 1
하 며 춤 추는 — 나는 아 름 — 다 운 나 비 — 워 우
워 우 — — — 워 우
To Coda
워 우 — — — 거 미
워 우
B' 1절 B파트와 다른 음정에 주의합니다.
줄 을 피 — 해 날 아 — 꽃 을 찾 아 — 날 — 아 — 사 마
G#m F#
귀 를 피 — 해 날 아 — 꽃 을 찾 아 — 날 — 아 —
G#m E B
꽃 들 — 의 사 랑 을 전 하 — 는 — 나 — 비 날 개
C
숨이 부족할 경우.
2. B A G#m E
하 며 춤 추는 — 나는 아 름 — 다 운 나 비 —
I.L 2
B F# G#m E
B F# G#m E
날 개
D.S. al Coda
Outro
B F# G#m E
워 우 — — — 워 우
B F# G#m E B
워 우 — — —

나는 나비(Chorus Score)

박태희 작사/작곡, YB(윤도현 밴드) 노래

첫 음의 잡기 위하여 멜로디 악기의 코드 음을 잘 듣고
드럼의 카운트에 맞춰 4박에 보컬과 들어갑니다.

Play Tip
후렴의 시작음을 정확히 기억하여 음을 소리냅니다. 그리고 너무 튀지않도록 부르고 보컬과 같은 음길이를 내도록 집중합니다. 또 보컬과 같이 음정 도약에 주의합니다.

37
1, 3.
B A G#m E
하 며 춤 추 는 — 나 는 아 름 — 다 운 나 비 — 워 우
I.L 1
41
B F# G#m E
워 우 — — 워 우
45
B F# G#m E
To Coda
워 우 — — — (— — —) 연결을 매끄럽게 합니다. 거 미
B'
워 우
49
B F#
줄 을 피 — 해 날 아 — 꽃 을 찾 아 — 날 — 아 — 사 마
53
G#m F#
귀 를 피 — 해 날 아 — 꽃 을 찾 아 — 날 — 아 —
57
G#m E B
꽃 들 — 의 사 랑 을 전 하 — 는 — 나 — 비 날 개
C
61
2.
B A G#m E
하 며 춤 추 는 — 나 는 아 름 — 다 운 나 비 —
I.L 2
65
B F# G#m E
69
B F# G#m E
날 개
Outro
D.S. al Coda
73
B F# G#m E
워 우 — — 워 우
77
B F# G#m E B
워 우 — — — (— — —) 연결을 매끄럽게 합니다.

나는 나비(Synth Score)

박태희 작사/작곡, YB(윤도현 밴드) 노래

♩ = 127

보컬의 첫 음을 잡아줘야 한다면
Piano소리로 B코드나 멜로디의 첫
4음 정도를 소리 내어 줍니다.

8va높은 음자리표.
한옥타브 높게 연주합니다.

A' [String] 계속 같음 음색으로 연주합니다.
단음 스트링이 들어가는 부분입니다. 보컬과 기타보다는 적은 듯한 볼륨값으로 맞춥니다.

B
F#
G#m
E
람 이 불 — 어 오 면 — 이젠 나의 꿈을 — 찾아 — 날아 날개
볼륨을 조금 높인후에 왼손은 연주를 시작합니다.
C
오른손은 스타카토처럼 연주해야 합니다. 그러나 스트링 소리는 스타카토 표현이
안되므로 피아노 연주하듯이 하면 됩니다.
B
F#
G#m
E
를 활짝 펴고 — 세상을 자 — 유 롭게 날 꺼 — 야 노 래
B
A
G#m
E
하 며 춤 추 는 — 나는 아 름 — 다 운 나 비 — 날개
%
B
F#
G#m
E
를 활짝 펴고 — 세상을 자 — 유 롭게 날 꺼 — 야 노 래
1, 3.
B
A
G#m
E
하 며 춤 추 는 — 나는 아 름 — 다 운 나 비 — 워 우

I.L 1
후렴구 C파트와 같은 연주입니다.
B   F#   G#m   E
워 우 — — — — 워 우
B   F#   G#m   E   To Coda
워 우 — — 거 미 워 우
왼손을 떼어 볼륨을
낮춥니다.
B'
B   F#
줄 을 피 — 해 날 아 — 꽃 을 찾 아 — 날 — 아 — 사 마
G#m   F#
귀 를 피 — 해 날 아 — 꽃 을 찾 아 — 날 — 아 —
G#m   E   B
꽃 들 — 의 사 랑 을 전 하 — 는 — 나 — 비 날 개
다른 악기에 맞춰 볼륨을 완전히 줄이고 소리가 사라지면
다시 후렴구의 볼륨값만큼 올려서 연주를 시작합니다.

C
61
2. B
A
G#m
E
하 며 춤 추 는 — 나 는 아 름 — 다 운 나 비 —
스트링 소리는 건반에서 손을 떼어도 소리가 빨리 없어지지 않기
때문에 볼륨페이더를 빨리 내리면서 한 박의 음길이를 지킵니다.
I.L 2
65
B
F#
G#m
E
69
B
F#
G#m
E
날 개
D.S. al Coda
Outro
73
B
F#
G#m
E
워 우 — — — 워 우
77
B
F#
G#m
E
B
워 우 — — — 싱코페이션
rit.
D S Time의 워우는 Coda까지
총 4번 반복합니다.
rit(리타르난도) 점점 느리게
드럽의 연주에 맞춰 늘려지면서 엔딩을 맞춥니다.

나는 나비(1st Guitar Score)

박태희 작사/작곡, YB(윤도현 밴드) 노래

보컬의 첫 음을 잡아 줘야 한다면 기타가 B코드 음을
먼저 내고 드럼 카운트 후 시작합니다.

Sound Tip
1. Overdrive : Drive의 양은 50%정도 주며 벡킹 때 사용합니다.
2. Distortion : C파트와 같은 부분에 사용하며 Dist의 양은 40%
   정도 세팅하며 엠프의 EQ에서 Bass를 높여 중저음 톤을 만
   듭니다.
3. Reverb : 솔로 연주시 공간감을 주므로 볼륨은 12시에 두고
   공간감은 40~50% 정도로 줍니다.

Play Tip
A와 B파트는 기타 1,2의 더블링 연주이므로 서로의 연주타이밍
에 주의하여 연주하며 서로의 연주가 전체 사운드에 거슬리지
않게 피킹의 세기를 잘 조절하여 줍니다.

[Overdrive]
기타 2대가 더블링 기법으로 같은 주법, 같은 보이싱으로 연주합니다.

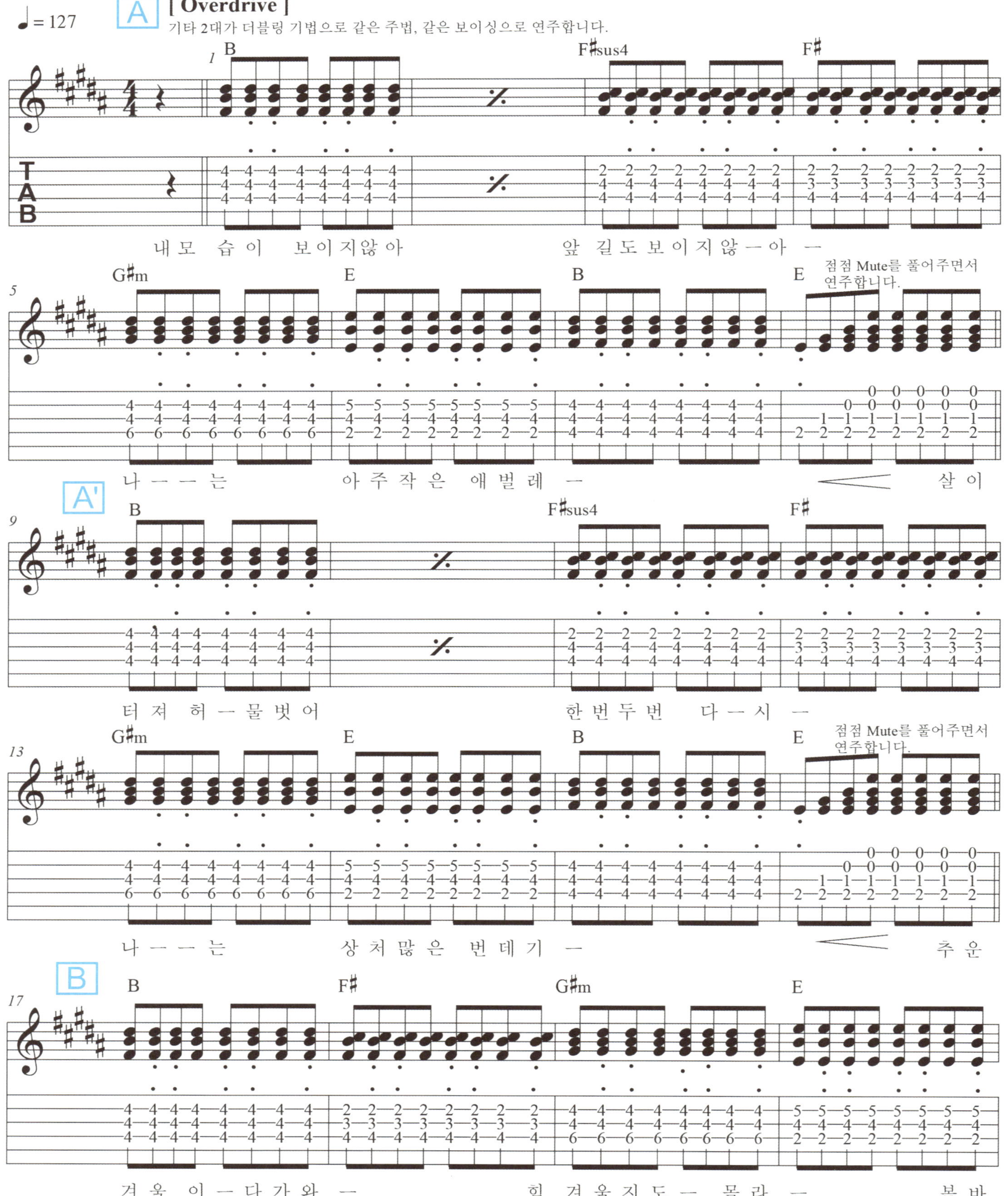

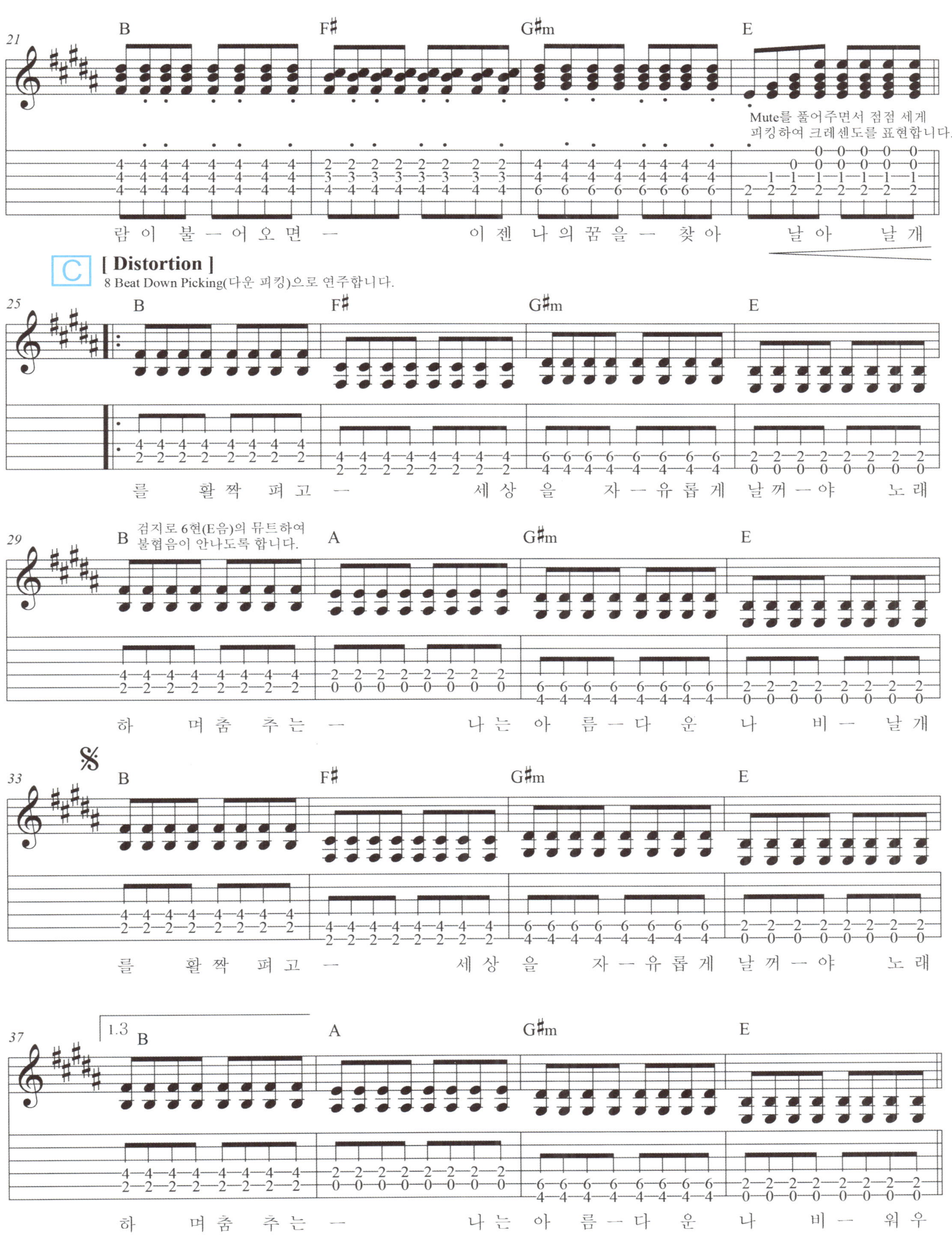
21
B
F#
G#m
E
Mute를 풀어주면서 점점 세게
피킹하여 크레센도를 표현합니다.
람 이 불 — 어 오 면 —   이 젠 나 의 꿈 을 — 찾 아   날 아   날 개
C
[Distortion]
8 Beat Down Picking(다운 피킹)으로 연주합니다.
25
B
F#
G#m
E
를   활 짝 펴 고 —   세 상 을   자 — 유 롭 게 날 꺼 — 야   노 래
29
검지로 6현(E음)의 뮤트하여
불협음이 안나도록 합니다.
B
A
G#m
E
하   며 춤 추 는 —   나 는 아 름 — 다 운   나   비 —   날 개
33
B
F#
G#m
E
를   활 짝 펴 고 —   세 상 을   자 — 유 롭 게 날 꺼 — 야   노 래
37
1.3
B
A
G#m
E
하   며 춤 추 는 —   나 는 아 름 — 다 운   나   비 — 워 우

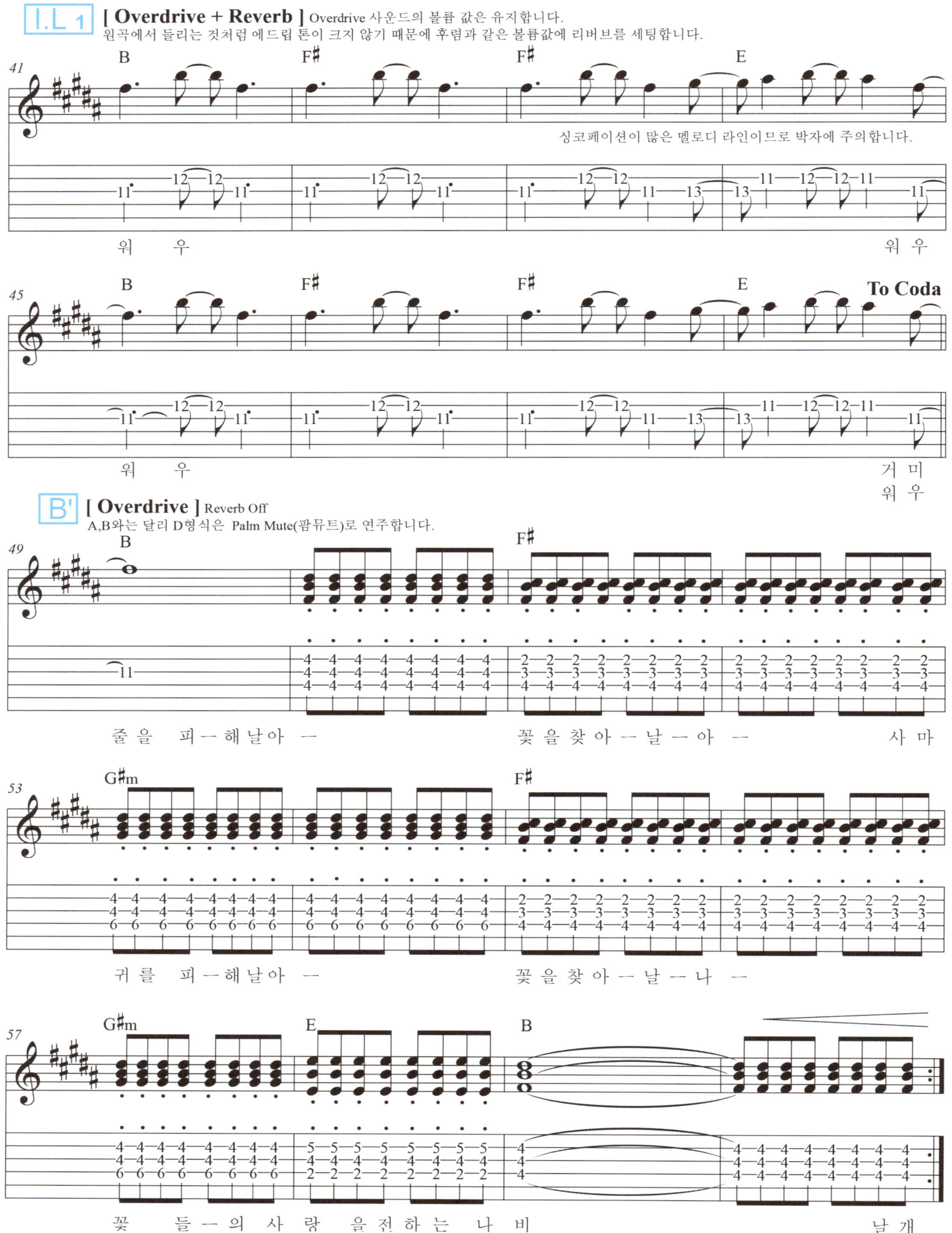
I.L 1
[Overdrive + Reverb] Overdrive 사운드의 볼륨 값은 유지합니다.
원곡에서 들리는 것처럼 에드립 톤이 크지 않기 때문에 후렴과 같은 볼륨값에 리버브를 세팅합니다.
B   F#   F#   E
싱코페이션이 많은 멜로디 라인이므로 박자에 주의합니다.
워 우   워 우
B   F#   F#   E   To Coda
워 우   거 미
워 우
B'
[Overdrive] Reverb Off
A,B와는 달리 D형식은 Palm Mute(팜뮤트)로 연주합니다.
B   F#
줄 을 피ー해날아 ー   꽃 을찾 아 ー날 ー아 ー   사 마
G#m   F#
귀 를 피ー해날아 ー   꽃 을찾 아 ー날 ー나 ー
G#m   E   B
꽃 들ー의사 랑 을전하는 나 비   날 개

C
2. B
A
G#m
박자를 놓치지 않도록 속으로 계속 카운트합니다.
한박의 음길이를 지켜서 쉼표를 줍니다.
하 며춤 추는 — 나는 아름—다운 나 비—
I.L 2 [Distortion + Reverb]
1,3번 줄의 옥타브 연주는 선명한 소리를 내어야 하므로 합주 전에 충분히 연습하도록 합니다.
B
F#
G#m
E
16분음표 연주에 박자가 안 밀리도록 주의합니다.
B
F#
G#m
E
날 개
Outro [Reverb] I.L1과 같습니다.
이 곡의 마지막 연주이므로 피킹에 힘을 실어봅니다.
F#
G#m
E
D.S. al Coda
워 우 —
워 우
B
F#
G#m
E
B
싱코페이션
rit.
워 우 —
D S Time의 워우는 Coda까지
총 4번 반복합니다.
싱코페이션 후 부터는 드럼의
소리를 잘 듣고 마지막 음까지
정확히 맞춥니다.
다른 악기들의 여운이
줄어드는 것과 맞춰서
볼륨을 줄입니다.

나는 나비(2nd Guitar Score)

박태희 작사/작곡, YB(윤도현 밴드) 노래

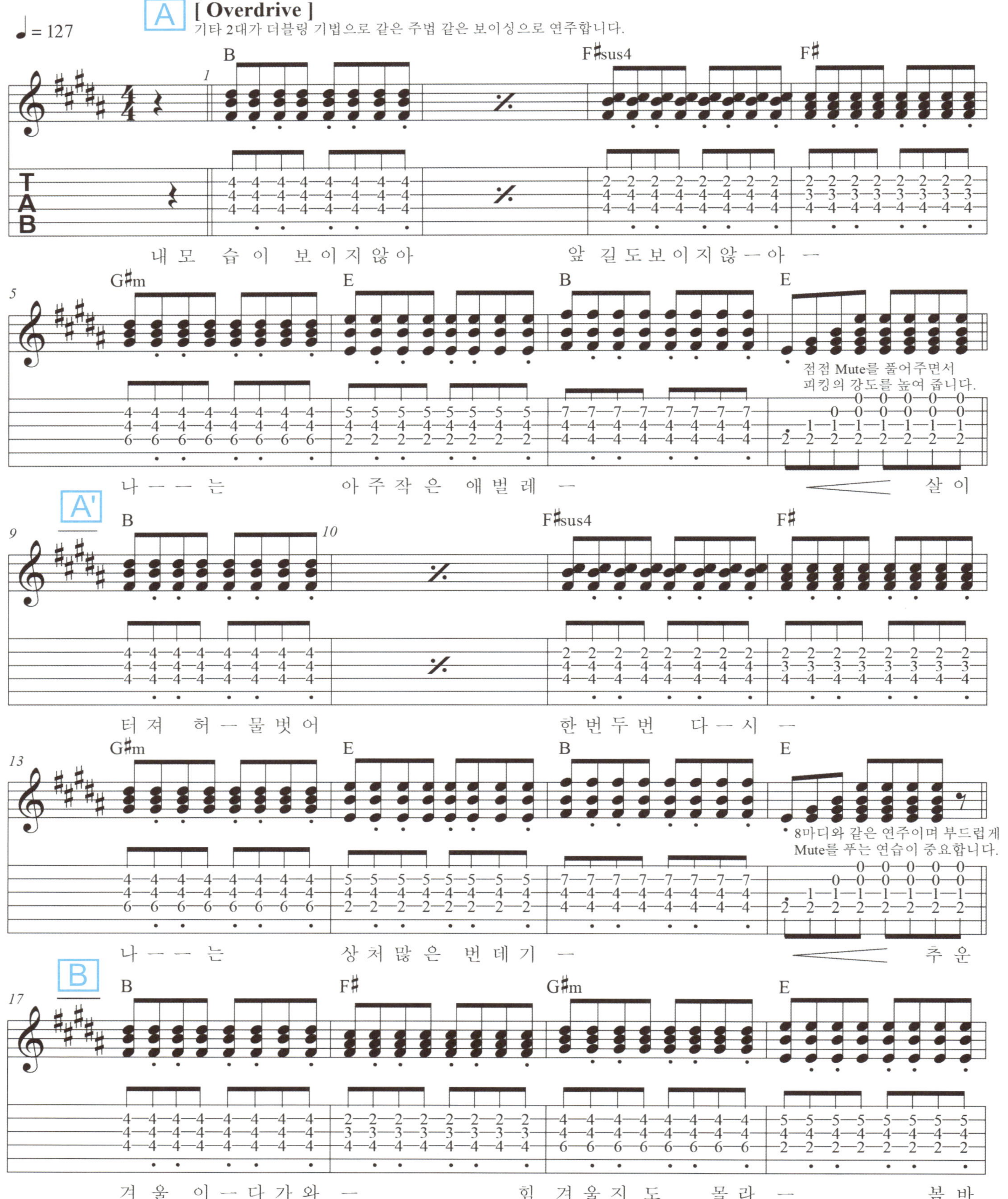

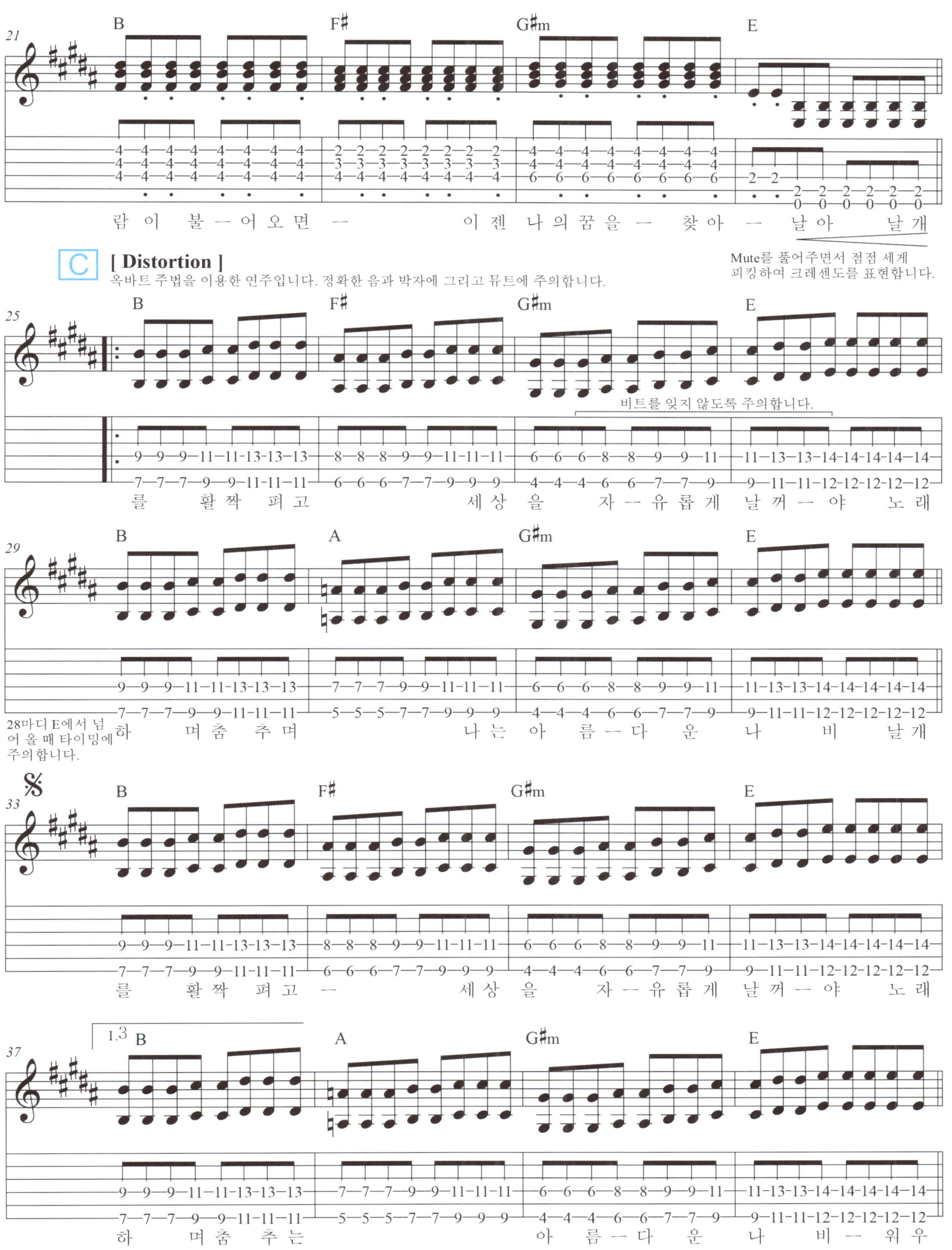
21
B   F#   G#m   E
람 이 불 ─ 어 오 면 ─   이 젠 나 의 꿈 을 ─ 찾 아 ─ 날 아 날 개
Mute를 풀어주면서 점점 세게
피킹하여 크레센도를 표현합니다.

C [Distortion]
옥바트 주법을 이용한 연주입니다. 정확한 음과 박자에 그리고 뮤트에 주의합니다.
25
B   F#   G#m   E
비트를 잊지 않도록 주의합니다.
를 활짝 펴고   세 상 을 자 ─ 유 롭 게 날 꺼 ─ 야 노 래

29
B   A   G#m   E
28마디 E에서 넘
어 올 때 타이밍에
주의합니다.
하 며 춤 추 며   나 는 아 름 ─ 다 운 나 비 날 개

33
B   F#   G#m   E
를 활짝 펴고 ─   세 상 을 자 ─ 유 롭 게 날 꺼 ─ 야 노 래

37
1.3 B   A   G#m   E
하 며 춤 추 는   아 름 ─ 다 운 나 비 ─ 워 우

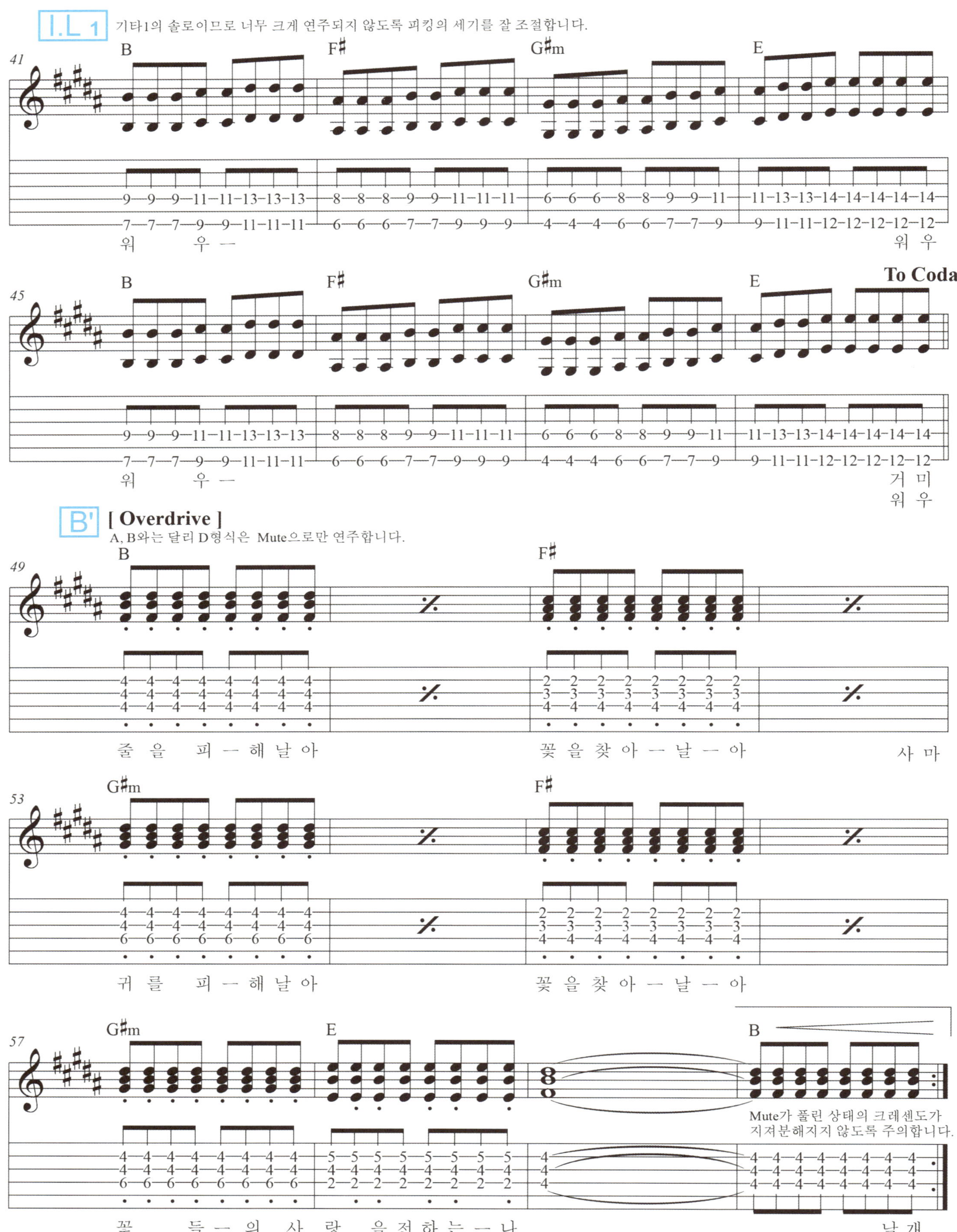
I.L 1
기타1의 솔로이므로 너무 크게 연주되지 않도록 피킹의 세기를 잘 조절합니다.
B   F#   G#m   E
워   우   一   워 우
B   F#   G#m   E   To Coda
워   우   一   거 미   워 우
B' [Overdrive]
A, B와는 달리 D형식은 Mute으로만 연주합니다.
B   F#
줄 을 피 一 해 날 아   꽃 을 찾 아 一 날 一 아   사 마
G#m   F#
귀 를 피 一 해 날 아   꽃 을 찾 아 一 날 一 아
G#m   E   B
꽃 들 一 의 사 랑 을 전 하 는 一 나   날 개
Mute가 풀린 상태의 크레셴도가
지저분해지지 않도록 주의합니다.

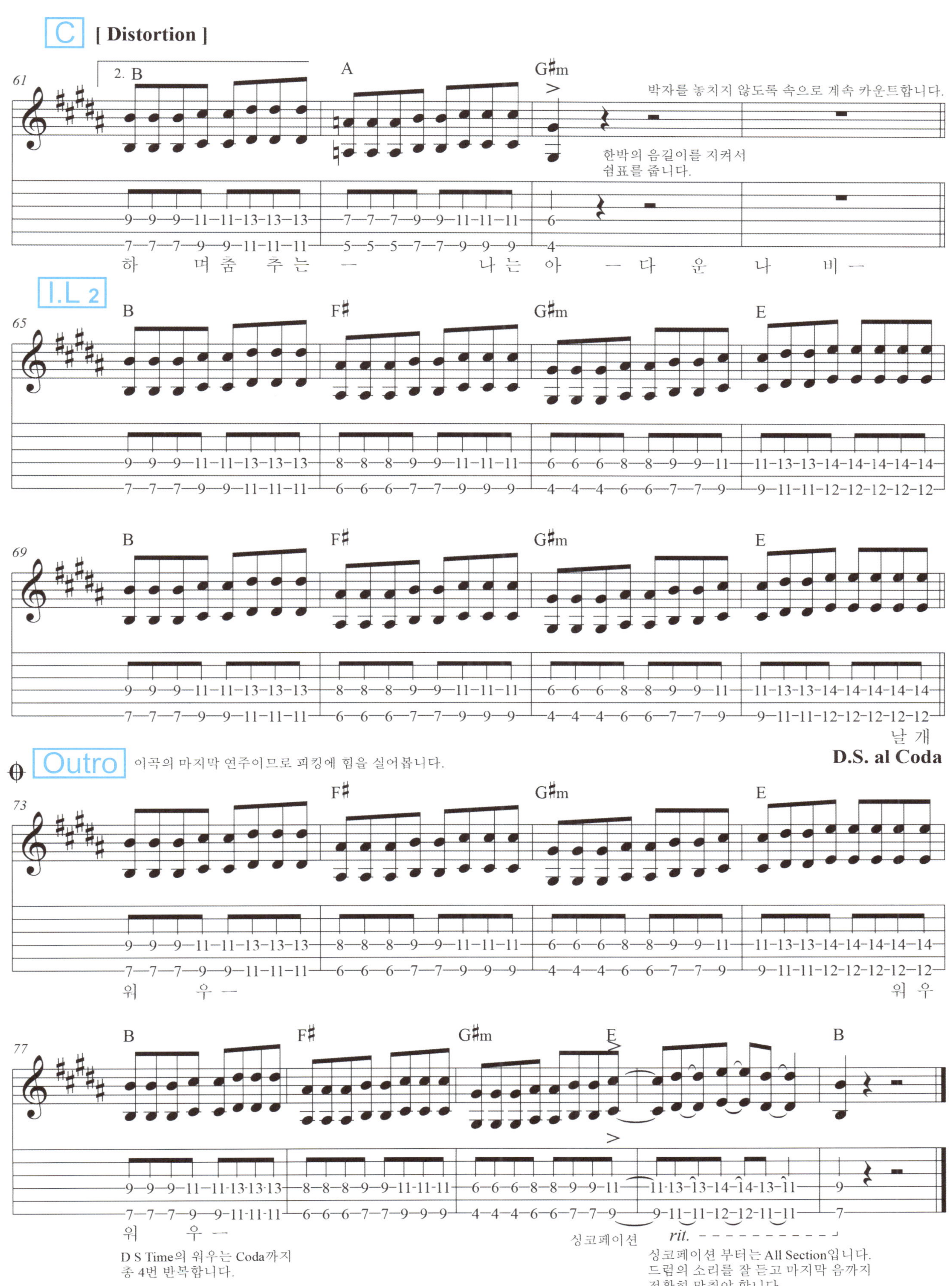
C [Distortion]
2. B
A
G#m
박자를 놓치지 않도록 속으로 계속 카운트합니다.
한박의 음길이를 지켜서
쉼표를 줍니다.
하 머 춤 추는 나는 아 다 운 나 비
I.L 2
B F# G#m E
B F# G#m E
날 개
D.S. al Coda
Outro 이곡의 마지막 연주이므로 피킹에 힘을 실어봅니다.
F# G#m E
위 우 위 우
B F# G#m E B
위 우 싱코페이션 rit.
D S Time의 위우는 Coda까지
종 4번 반복합니다.
싱코페이션 부터는 All Section입니다.
드럼의 소리를 잘 듣고 마지막 음까지
정확히 맞춰야 합니다.

나는 나비(Bass Score)

박태희 작사/작곡, YB(윤도현 밴드) 노래

♩ = 127　보컬이 음을 잡고 드럼
　　　　　카운트 후 시작합니다.

C 후렴구 입니다. 힘있고 시원하게 연주하지만 속도가 빨라지는 것에 주의하며
8 Beat 피킹이 일정하게, 드럼의 하이헷과 잘 맞게 연주하도록 합니다.

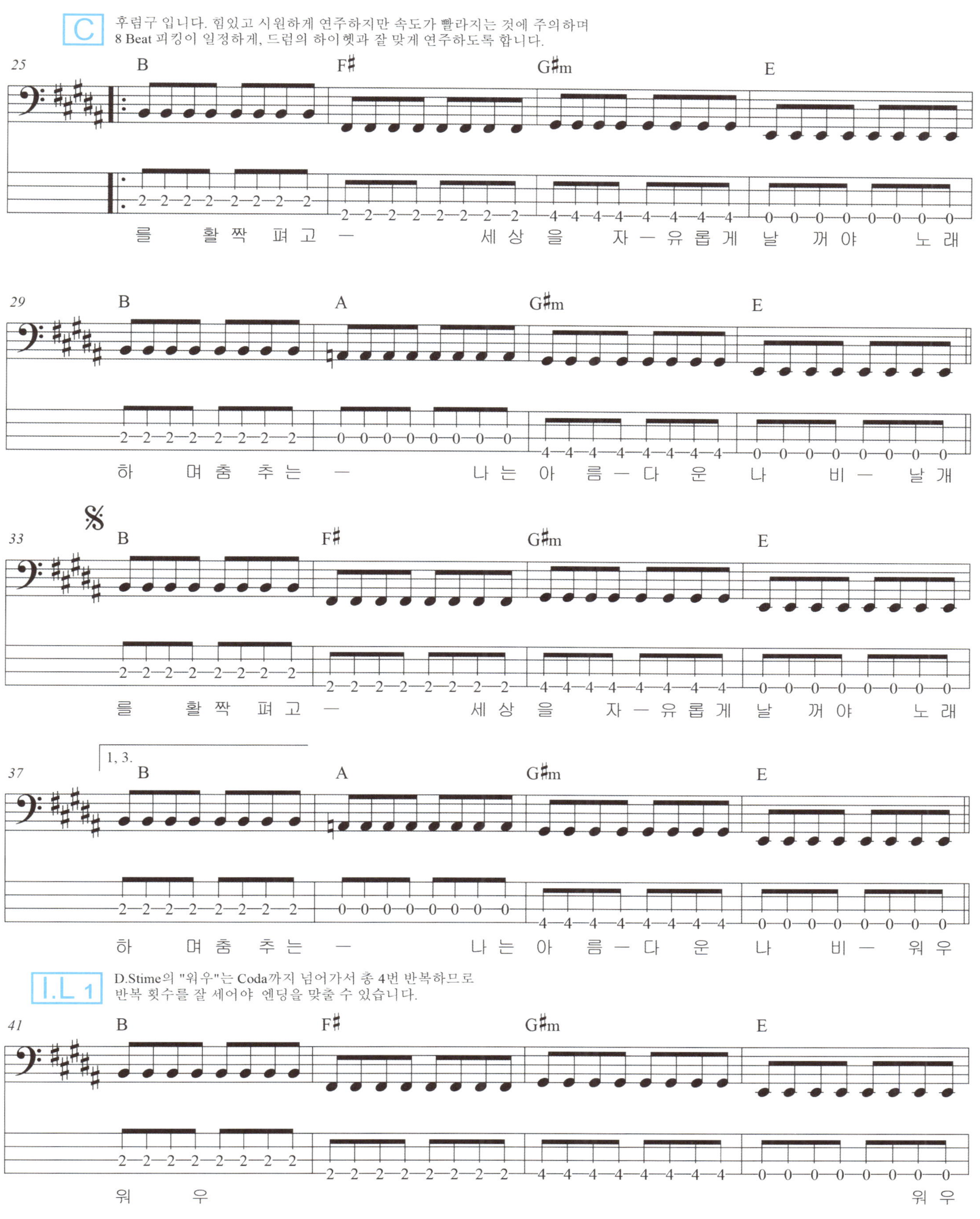

I.L 1 D.Stime의 "워우"는 Coda까지 넘어가서 총 4번 반복하므로
반복 횟수를 잘 세어야 엔딩을 맞출 수 있습니다.

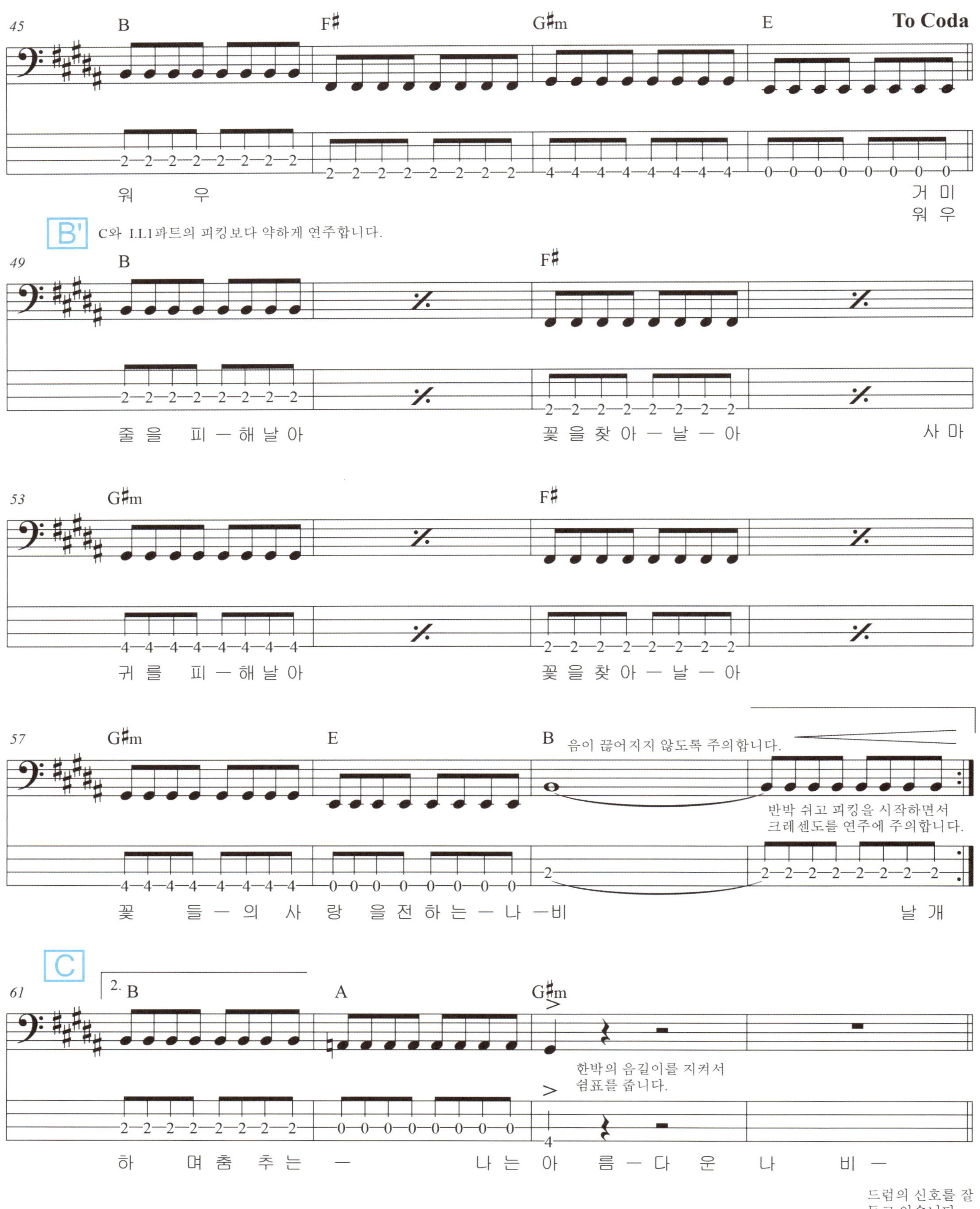
45
B
F#
G#m
E
To Coda
2—2—2—2—2—2—2—2
2—2—2—2—2—2—2—2
4—4—4—4—4—4—4—4
0—0—0—0—0—0—0—0
워   우
거 미
워 우
B'
C와 I.L1파트의 피킹보다 약하게 연주합니다.
49
B
F#
2—2—2—2—2—2—2—2
2—2—2—2—2—2—2—2
줄 을 피 — 해 날 아
꽃 을 찾 아 — 날 — 아
사 마
53
G#m
F#
4—4—4—4—4—4—4—4
2—2—2—2—2—2—2—2
귀 를 피 — 해 날 아
꽃 을 찾 아 — 날 — 아
57
G#m
E
B
음이 끊어지지 않도록 주의합니다.
4—4—4—4—4—4—4—4
0—0—0—0—0—0—0—0
2
2—2—2—2—2—2—2—2
반박 쉬고 피킹을 시작하면서
크레센도를 연주에 주의합니다.
꽃 들 — 의 사 랑 을 전 하 는 — 나 — 비
날 개
C
61
2. B
A
G#m
2—2—2—2—2—2—2—2
0—0—0—0—0—0—0—0
4
한박의 음길이를 지켜서
쉼표를 줍니다.
하 며 춤 추 는 —
나 는 아 름 — 다 운 나 비 —
드럼의 신호를 잘
듣고 있습니다.

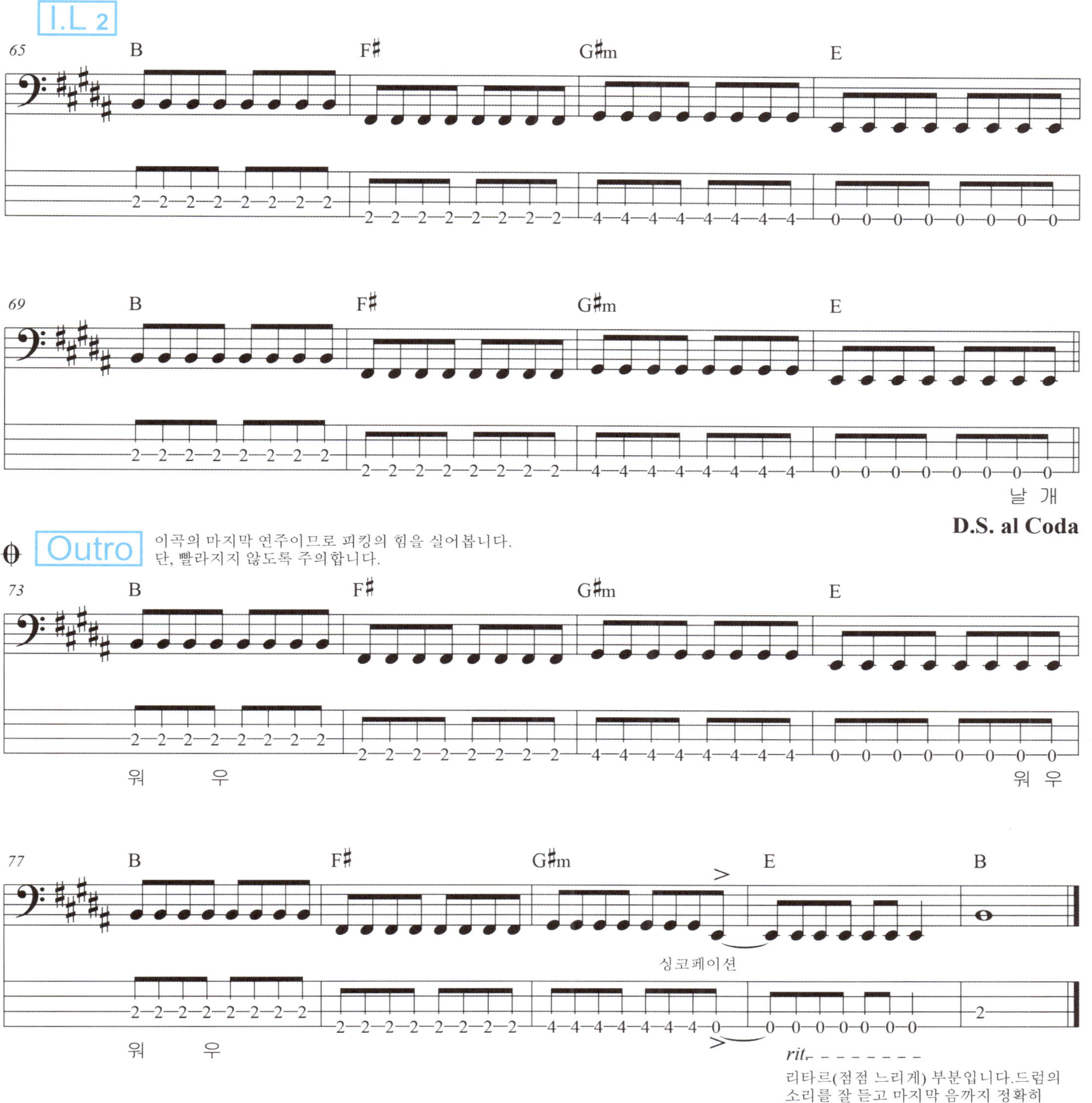

이곡의 마지막 연주이므로 피킹의 힘을 실어봅니다.
단, 빨라지지 않도록 주의합니다.

리타르(점점 느리게) 부분입니다.드럼의
소리를 잘 듣고 마지막 음까지 정확히
맞춰야 합니다.

나는 나비(Drum Score)

박태희 작사/작곡, YB(윤도현 밴드) 노래

Set Tip
기본 드럼 세트(5기통)에 심벌, 라이드 각각 한 장이면 연주가 가능합니다.

Play Tip
각 파트가 바뀔 때마다 그에 맞는 발란스와 다이나믹에 신경써서 연주하여야 합니다. 어렵지 않은 곡이지만 8비트 Hi-Hat이나 전체적인 리듬이 흔들리지 않도록 주의합니다.

♩ = 127 Vocal이 첫 음을 잡기 위해서 건반 또는 기타의 소리가 난 후에 기타와 코러스를 확인한 다음 카운트를 줍니다.

A 시작 후 보컬과 기타 연주 속도가 불안하다면 하이헷을 이용하여 카운트를 세어 줍니다.

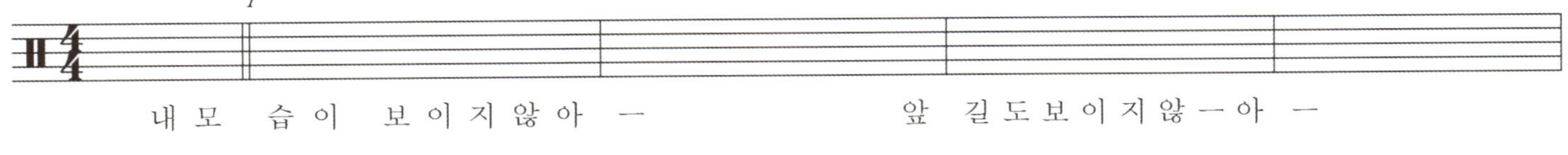

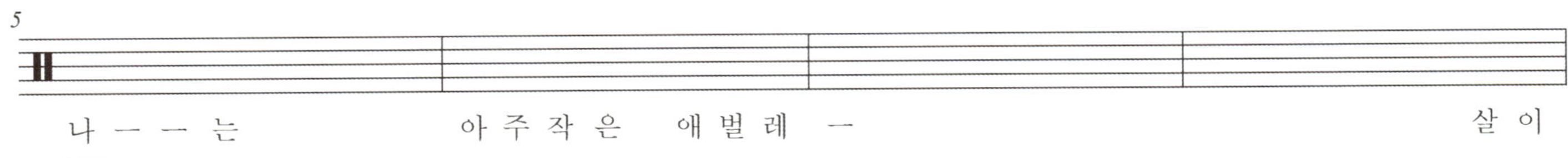

A'

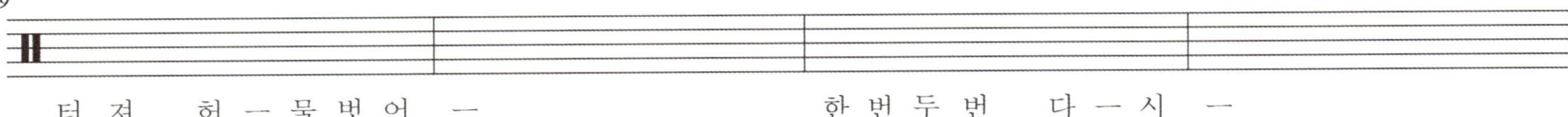

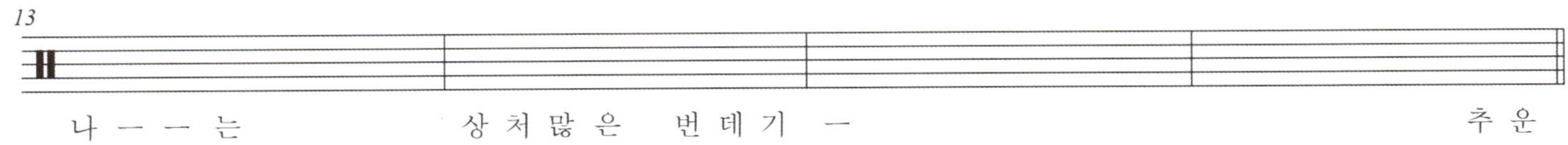

B 2,4박의 킥드럼이 너무 세지 않도록 주의합니다.

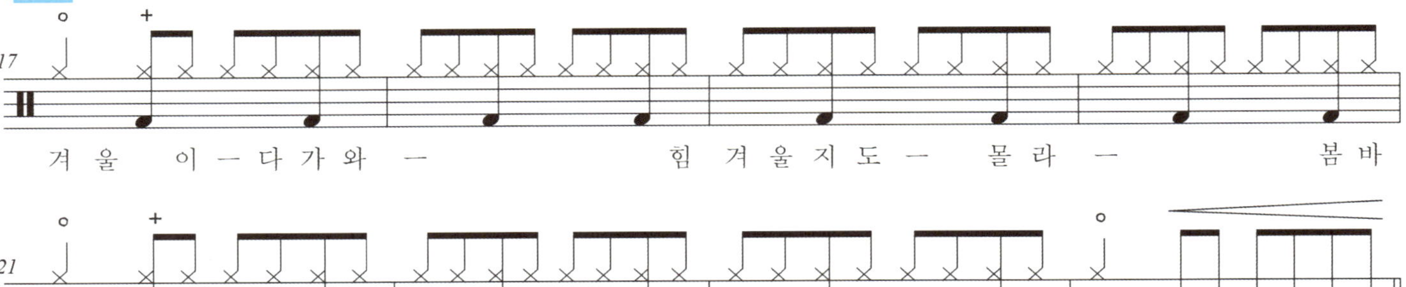

C 후렴구이므로 다이나믹을 높여 연주합니다.
하이헷 오픈을 잘 조절하여 너무 시끄럽지 않도록 주의합니다.

33
를 활짝 펴고ㅡ 세상을 자ㅡ유롭게 날꺼ㅡ야 노래
1.
37
하 며춤추는ㅡ 나는아 름ㅡ다 운 나 비ㅡ워우
<D. S Time>
I.L 1
C파트의 다이나믹을 그대로 유지합니다.
라이드 심벌의 타점 포인트를 잘 맞춥니다.
41
워 우ㅡ ㅡ ㅡ 워우
To Coda
45
워 우ㅡ ㅡ ㅡ 거 미
워 우
<D. S Time>
B'
49
줄을 피ㅡ해날아ㅡ 꽃을찾아ㅡ날ㅡ아ㅡ 사 마
53
귀를 피ㅡ해날아ㅡ 꽃을찾아ㅡ날ㅡ아ㅡ
57
꽃 들ㅡ의 사 랑 을전하ㅡㅡ는ㅡ나ㅡ비
상황에 따라 필요하다면
카운터를 넣어줍니다.
반박 쉬고
들어갑니다.
날 개

Outro 이 곡의 마지막 연주입니다. 다이나믹을 크게 주어 엔딩의 기분을 내게 합니다.

다른 파트들이 드럼에 맞춰서 늘어지기
때문에 너무 빨리 늘어지지 않게 주의하여
연주해야 합니다.

U_GLY - 2NE1(투애니원)

2NE1의 2011년도 "2NE1 2nd Mini Album" 앨범에 수록된 곡으로 못 난 자기 자신에게 던지는 질문과 괴로움을 노래한 곡입니다. 어쿠스틱 악기부터 전자 악기까지 다양한 악기를 사용하였으며 "일렉트로닉 록"이라는 장르에 속하는 대중가요입니다.

파트 구성

보컬은 코러스 포함하여 여자 4명(최소2명)이 필요하며 기타, 건반, 베이스, 드럼으로 구성되어진 곡입니다. 건반의 연주는 편곡하여 수록되어 있습니다.

PLAY POINT!

본 교재의 UGLY는 원곡과 다른 사운드로 편곡 되었지만 연주는 원곡과 최대한 비슷하게 카피하여 만들어졌습니다. 리듬적면에서는 보컬과 악기가 공통적으로 8비트 리듬을 가지며 엇 박에 강세를 주면서 연주(노래)합니다.

①원곡의 사운드를 다시 만들기.
②8비트 리듬 읽기와 연주하기.
③후렴의 정확한 싱코페이션 맞추기.

파트 설명

보컬

2NE1의 맴버가 4명인 점을 감안하면 최소 2명 이상이 파트를 나누어 부르는 것을 권하며 원곡과 다른 느낌으로 편곡되어 있으니 악기의 소리를 들으며 함께 음악을 만들어 가도록 합니다. 또 곡이 A–B–C의 순서로 사운드가 고조되므로 점점 급해지지 않도록 주의하며 후렴에서 강한 느낌으로 곡의 분위기를 살리도록 합니다.

①Syncopation(싱코페이션)

쉬운 말로 "당김임"이란 뜻으로 엇박의 음을 끌어서(붙임줄로 붙여서) 정박까지 소리를 내지 않는 것을 말합니다. (1.밴드시작하기 용어정리 참조)

"UGIY"는 "싱코페이션 노래"라고 해도 될 정도로 엇 박과 당김음으로 노래를 해야 하며 이런 댄스락적인 곡은 대부분 싱코페이션에서 빨라지는 경향이 많으므로 리듬을 표현할 때 정확한 엇 박과 음길이, 리듬감에 주의하여야 합니다.

▲ 29마디부터 4마디동안 연속되는 싱코페이션

위의 악보에서 보듯이 28마디 4박 '이깨–'를 시작으로 32마디 마지막 음까지 모두 싱코페이션으로 노래를 부릅니다. 일반적으로 1~2마디 안에서는 무난하게 부르지만 리듬, 호흡, 발음 등의 문제로 3마디 이후에서는 노래가 많이 흐트러지기 때문에 보컬은 스스로 그루브를 쉽게 탈수 있도록 몸을 이용하여 박자를 세거나 드럼의 리듬을 잘 들으며 노래합니다.

코러스

형식별로 원음, 높은 음, 중간 음, 낮은 음의 코러스들이 들어오므로 헷갈리지 않도록 자신이 낼 음역을 정확히 알고 연습하여야 하며 높은 음을 부를 경우에는 너무 쏘는 소리처럼 들리지 않게 주의하여야 합니다. 코러스 역시 보컬과 마찬가지로 박자에 맞게 노래하며 최대한 보컬과 같은 그루브를 내며 노래합니다.

건반

이 곡은 다양한 신디사이저 소리가 들어가 있으나 실제 라이브에서 구현하기 힘든 소리가 많습니다. 특히 Side_Chain(사이드 체인)같은 이펙팅을 통한 소리는 특히 라이브에서는 연주하기 힘들기 때문에 본 교재에서는 간단하게 편곡하여 악보와 음원을 수록하였습니다.

U_GLY - 2NE1(투애니원)

▲ 1마디~ 8마디의 악보

위의 악보에서 보듯이 2,4,6,7마디에 볼륨을 키우는 크레센도 표시가 있습니다. 마디 첫 박에 건반의 음을 누른 후 천천히 볼륨을 키우기 시작하여 마디가 넘어가면서 볼륨을 내리는 방법으로 연주합니다.(나는 나비의 건반 설명 참고)

혼자 연습할 때는 볼륨을 조금만 키워도 건반 소리가 들리지만 합주 때에는 적은 볼륨이면 들리지 않기 때문에 합주 중에 볼륨을 키우는 정도를 스스로 정하도록 합니다.

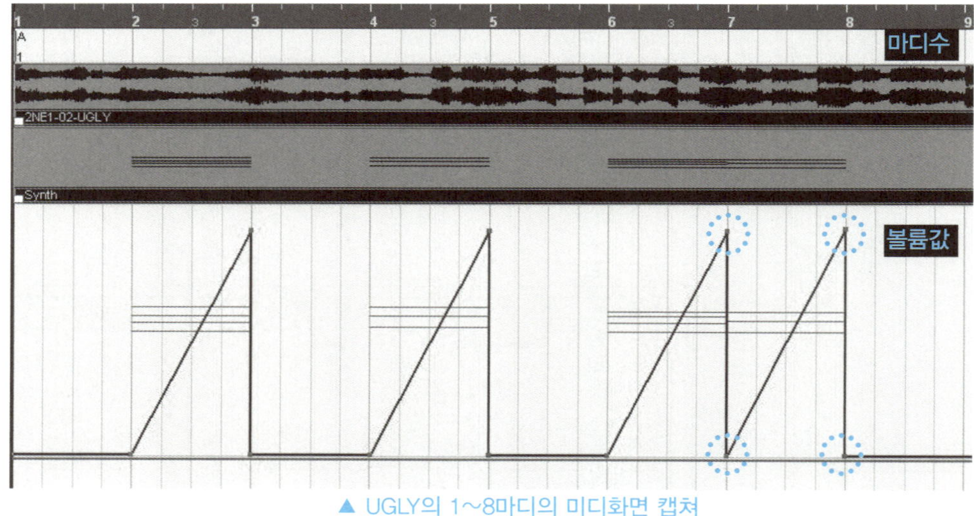

▲ UGLY의 1~8마디의 미디화면 캡쳐

위의 그림은 신디사이저의 연주를 편곡하면서 만든 미디프로그램 화면 중에 신디의 볼륨값 그래프입니다. 2마디에서 천천히 볼륨을 높여 3마디 시작과 동시에 볼륨을 내리는 연주를 보여주고 있으므로 이 곡의 건반 연주자는 볼륨 컨트롤 연습을 충분히 하여 합주를 합니다.

기타

1.Capo(카포)

카포는 첫째, 어려운 코드를 쉽게 바꿔줍니다. 둘째, 키(조성)을 바꿔서 노래나 연주의 편하게 할 수 있게 해줍니다. 기타에 있어서 카포는 꼭 필요한 액세서리 중의 하나이므로 쓰임에 대해서 알아봅니다.

① Capo

일반적으로 집게형식으로 만들어진 것을 많이 사용하지만 반원 모양의 압착, 고정 장치가 있는 카포도 많이 사용합니다. 가격은 4~5천원부터 시작하여 7,8만 원대까지 다양한 제품이 있으며 색깔과 모양이 다양합니다.

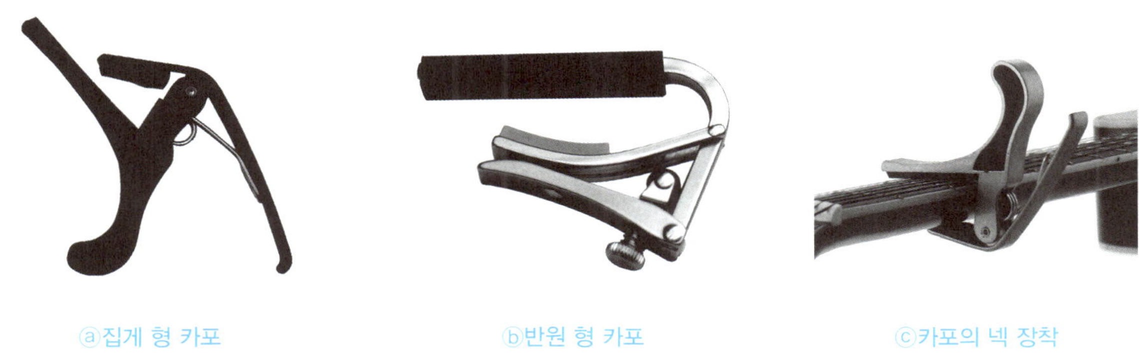

ⓐ 집게 형 카포　　　　　ⓑ 반원 형 카포　　　　　ⓒ 카포의 넥 장착

② 코드의 변환

예를 들어 Db − Ab − Bbm − Gb 코드의 진행이 있다면 카포를 1프렛에 끼우면 C − G − Am − F로 바꿔서 연주하면 원래 코드 음으로 연주하지만 연주자의 손은 편해집니다.

UGLY의 예)

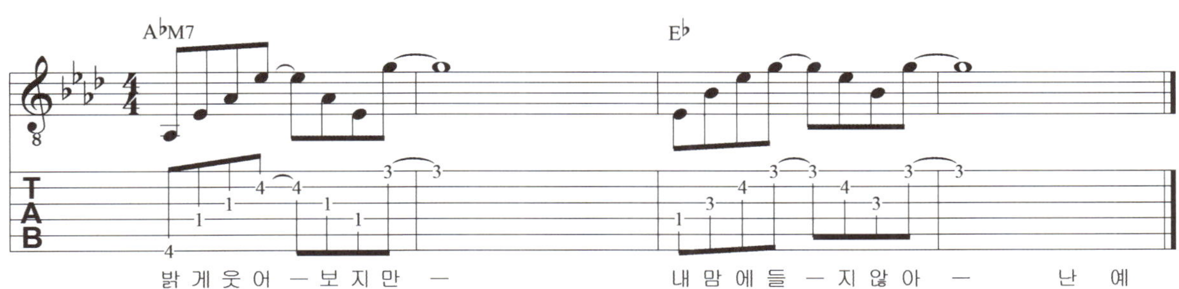

ⓐ 원곡의 기타 악보

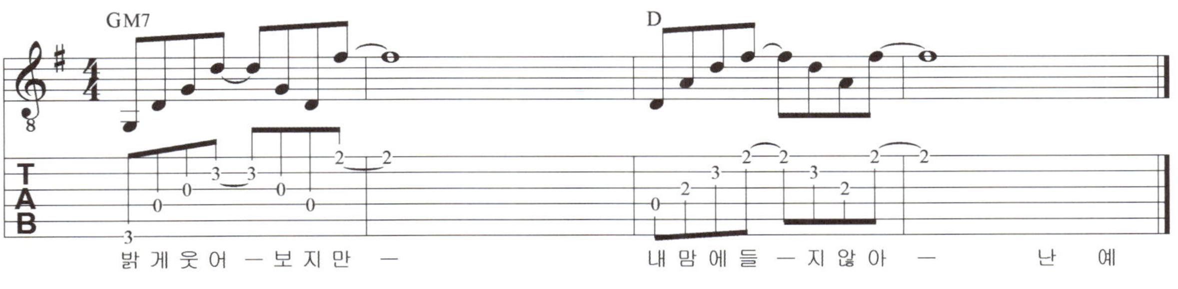

ⓑ 카포를 사용한 악보

ⓐ악보의 연주는 1프렛에 검지로 바렛을 짚어야 하지만 그에 비하여 ⓑ악보는 오픈 코드 만으로도 연주가 가능하므로 많이 쉬워진 것을 알 수 있습니다.

U GLY - 2NE1(투애니원)

③키(조성)의 변환

만약 C – Am – Dm – G7 코드로 진행 된 곡의 노래가 부르고자 하는 보컬의 음역보다 낮아서 전체 조성을 높여서 부르고 싶다면 C# – A#m – D#m – G#7으로 바꿔서 연주를 해야 하지만 카포를 1프렛에 끼우고 그냥 C – Am – Dm – G7으로 연주하면 실제 소리는 C#의 코드 음이 납니다.

(코드를 변환하고 조성을 바꿔서 연주하는 방법은 중급에서 설명합니다.)

베이스

"UGLY"의 베이스 연주는 크게 두 가지가 있습니다. Ⓐ, Ⓑ의 Line(라인,=선율)을 이용한 연주와 Ⓒ, Ⓓ의 8비트 스트레이트 연주로 나뉘는데 8비트 연주는 쉽게 할 수 있지만 선율을 연주한다는 것은 운지의 정리와 각 손가락의 힘이 중요합니다.

Ⓐ, Ⓑ의 베이스 선율 연주에 대하여 알아보겠습니다.

▲ 18마디~22마디

먼저 가사 위의 원안의 숫자는 왼손가락의 번호이며 ①은 검지, ②는 중지, ③은 약지, ④는 소지를 가리킵니다. 위의 악보에서 ⓐ부분들을 보면 4번(새끼)손가락의 꾸밈음 슬라이드가 중요하며 손가락의 힘이 필요한 부분이므로 끝을 잘 세워 운지하는 것이 좋습니다. 손가락이 삐뚤어 지지 않도록 주의합니다. ⓑ부분은 같은 프렛이지만 위의 줄로 올라오면서 다음 연주를 위해 손가락을 운지를 바꿔주는 부분입니다. 일반적으로 프렛이 3프렛 간격이면 운지가 쉬우나 ⓒ부분처럼 4프렛이상 벌어진다면 손가락을 최대한 크게 벌려 운지를 하여야 합니다.

위의 설명처럼 천천히 느린 속도에서 정확한 운지와 프렛을 누르는 연습을 많이 하여야 좋은 합주를 할 수 있습니다.

드럼

'댄스락'에서 드럼 연주의 중심은 킥 드럼으로 4비트를 일정하게 유지하는 것이 중요합니다. 다른 연주자들과 듣는 이들이 흥겨움을 느낄 수 있도록 밀어주듯이 비트를 세기며 형식마다의 다이나믹(세기)에 신경 쓰며 연주합니다. 그리고 Ⓐ, Ⓑ에서 킥 드럼과 스네어의 연주는 까다로우므로 합주 전 충분히 연습을 해두어야 합니다.

1.Fake Note(페이크 노트)

26마디부터의 Ⓐ, Ⓑ의 연주를 잘하려면 스틱으로 소리를 내지 않고 치는 동작만하면서 비트를 유지하는 페이크 노트의 방법으로 연주하여야 합니다.

▲ 26마디부터 29마디(형식 Ⓐ)

위의 악보에서 화살표로 표시한 스네어의 연주가 어긋나지 않게 하기 위한 연주(연습)방법입니다.

아래의 악보 ⓐ와 같은 연주에서 ( )의 연주를 소리를 내지 않고 손동작(헛동작)만 함으로서 악보 ⓑ와 같은 연주를 만들어 낼 수가 있습니다. 이런 페이크 노트를 함으로서 드럼연주자는 비트(리듬)가 틀리거나 속도가 변화는 것을 막을 수 있으며 편하게 악보ⓒ와 같이 연주할 수 있습니다.

ⓐ기본적인 R,L의 연주　　ⓑ페이크 노트(헛동작) 연주　　ⓒUGLY의 연주

느린 속도에서 연습 시작하여 천천히 속도를 높여서 연습합니다. 실제 합주에서는 보컬이 계속 8분 음표 엇 박과 싱코페이션으로 노래하기 때문에 드럼이 비트가 나가면 다른 악기들과의 합주가 힘들어지므로 많은 연습이 필요합니다.

UGLY (Guide Score)

테디 작사, 테디/Lynia Paek 작곡, 2NE1 노래

Sound Tip
원곡의 가요(일렉트로닉)적인 사운드를 락적인 사운드로 해석해야 하며 A'파트 원곡의 신디사이저 연주는 없습니다. 기타1은 선명하고 이쁜 아르페지오 소리가 필요하며 기타2는 중저음의 힘 있는 디스토션, 베이스는 선명한 톤이 좋습니다.

Play Tip
8비트의 교본적인 곡으로 정박과 싱코페이션에 주의하여 연주하며 절과 후렴의 확연한 사운드(다이나믹) 차이를 보여주어야 합니다.

♩ = 128
드럼 카운트 후 시작합니다.

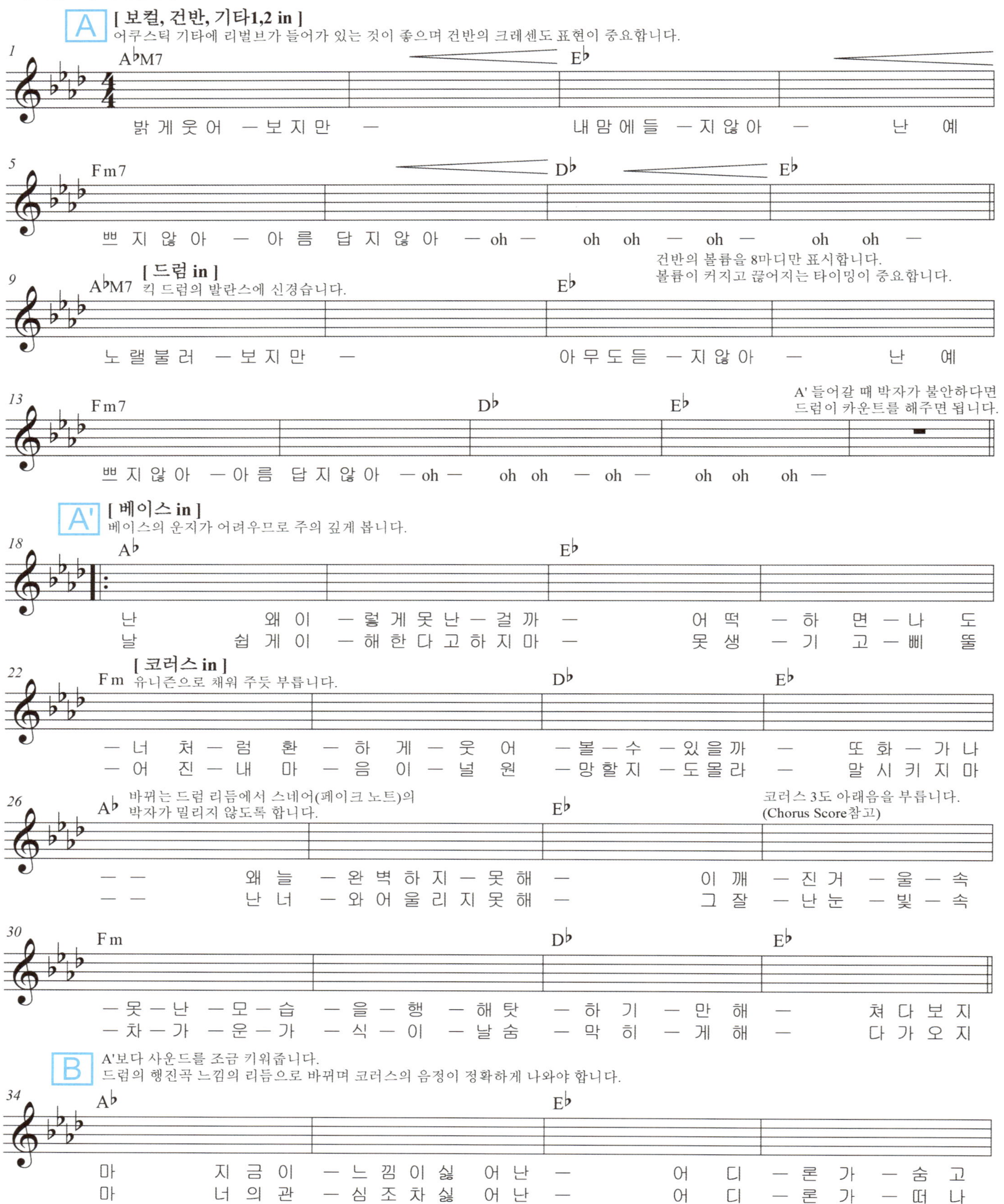

38
Fm
Db
Eb 섹션
— 만 싶 어 벗 어 나 — 고 싶 어 이 세 상 — 은 거 — 짓 말 — — — — I think I'm ug
— 고 싶 어 소 리 치 — 고 싶 어 이 세 상 — 은 거 — 짓 말 — — — — I think I'm ug
C
이 곡의 후렴구입니다. 모든 악기가 다이나믹을 키워 사운드를 채워야 합니다.
보컬은 41마디에서 싱코페이션으로 들어오기 때문에 악기 파트들이 따라가지 않도록 주의합니다.
보컬과 코러스가 정확한
박자에 들어가야 합니다.
42
Ab
Eb
— ly and no bo — dy want — to love — me just like her — I wan — na be pre
46
Fm
싱코페이션
& 섹션
Db
Eb
— tty I wan na be pre — tty don't lie to my face — tell in me I'm pre — tty I think I'm ug
싱코페이션
& 섹션
50
Ab
Eb
— ly and no bo — dy want — to love — me just like her — I wan — na be pre
보컬은 싱코페이션
악기는 54마디 정박
To Coda
54
Fm
싱코페이션
& 섹션
Db
Eb
1.
2. Eb
— tty I wan na be pre — tty don't lie to my face — cause I konw I'm ug — ly — ly
D
[베이스 Out]
보컬과 코러스의 호흡이 중요한 부분이며 악기들은
사운드를 풀어주면서 보컬 파트들을 살려줍니다.
보컬은 싱코페이션
악기 56마디정박
싱코페이션
& 섹션
기타 2만 마디를 채워
음을 끌어줍니다.
코러스(all a lone
코러스가 음을
차고 들어갑니다.
59
AbM7
Eb
따 뜻 함
— — I'm all a lone — all a lone — — I'm all a lone —)
63
Fm7
Db
Ebsus4
Eb
— 이 란 — 없 어 — 곁 엔 아 — 무 도 — 없 어 —
(all a lone
[베이스 in] 최대한 다이나믹을 줄여서 들어옵니다.
67
AbM7
Eb
I'm al ways all — a — lone — —
따 뜻 함
— — I'm all a lone — all a lone — — I'm all a lone —)
71
Fm7
Db
Eb
— 이 란 — 없 어 — 곁 엔 그 — 누 구 — 도 — 날 안 아 줄 사 람 없 어
싱코페이션
& 섹션
한 박의 음 길이를
잘 지켜야 합니다.
1.원곡처럼 보컬이 박자를 세고 들어가는 방법.
2.박자와 상관없이 분위기를 봐서 보컬이 들어가는 방법.
3.드럼이 카운트 세면서 보컬이 박자에 맞춰 들어가는 방법.
75
Eb
Eb
77마디)싱코페이션으로 들어온 보컬과
악기들이 마디를 다 채워서 (음 길이를
지켜) 끝내도록 합니다.
I think I'm ug — ly Fine
D.S. al Coda

UGLY (Vocal Score)

테디 작사, 테디/Lynia Paek 작곡, 2NE1 노래

Play Tip
보컬과 코러스 파트를 정확히 배분하여야하며 보컬은 음정 도약과 그루브에 주의하여 부릅니다. 싱코페이션이 많아 빨라지기 쉬우므로 악기 소리를 잘 듣고 템포를 지키면서 노래합니다.

보컬이 치고 나가는
부분이므로 박자를
지켜 노래를 부릅니다.

38 Fm   Db   Eb
— 만 싶어 벗어나 — 고 싶어 이세상 — 은 거 — 짓 말 — — — — I think I'm ug
— 고 싶어 소리치 — 고 싶어 이세상 — 은 거 — 짓 말 — — — — I think I'm ug

C 힘있게 부르며 악기와의 싱코페이션 섹션에 주의하여 정확한 발음을 냅니다.
42마디는 보컬은 싱코페이션 / 악기는 정박에 들어갑니다.

42 Ab   Eb
— ly   and no bo — dy want — to love — me   just like her — I wan — na be pre

46 Fm   섹션   Db   섹션 Eb
— tty I wan na be pre — tty don't lie to my face — tell in me I'm pre — tty I think I'm ug

50 Ab   Eb
— ly   and no bo — dy want — to love — me   just like her — I wan — na be pre

To Coda
54 Fm   섹션   Db   섹션 1. Eb   2. Eb
— tty I wan na be pre — tty don't lie to my face — cause I konw I'm ug — ly   — ly

코러스 (all a lone

D 보컬과 코러스가 정확히 나눠서 불러야 하며 박자와 음정이 매우 중요함 부분입니다.

59 AbM7   Eb
                                                                        따 뜻 함
— — I'm all   a lone — all a lone — — I'm all   a lone —)

63 Fm7   Db   Eb
— 이 란 — 없 어 — 곁엔 아 — 무 도 — 없 어 —
                                                                        (all a lone

67 AbM7   Eb
           I'm al ways all — a — lone — —   따 뜻 함
— — I'm all   a lone — all a lone — — I'm all   a lone —)

71 Fm7   Db   Eb
— 이 란 — 없 어 — 곁엔 그 — 누 구 도 날 안 아 줄 사 람 없 어

중요한 부분입니다. 가이드 악보에 3가지 방법을 제시해
놓았으니 맴버들과 상의 후 결정하여 보컬이 들어갑니다.

여운을
남깁니다.

75 Eb   Eb
I think I'm ug — ly
                                    Fine
        D.S. al Coda

UGLY (Chorus Score)

테디 작사, 테디/Lynia Paek 작곡, 2NE1 노래

♩ = 128 드럼의 카운트 후 시작합니다.

Play Tip
2명 이상의 보컬이 필요하기 때문에 본인 파트가 아닌 부분은 함께 코러스를 부를 수 있도록 합니다. (악보에 표시된 부분 외에도 불러도 좋습니다.) 여러 음역의 코러스가 나오므로 자신이 어느 음역, 몇마디에서 코러스를 부르는지 충분히 숙지하여 부르도록 합니다.

A
A♭M7   E♭
밝 게 웃 어 — 보 지 만 —   내 맘 에 들 — 지 않 아 —   난 예

Fm7   D♭   E♭
쁘 지 않 아 — 아 름 답 지 않 아 — oh — oh oh — oh — oh oh —

A♭M7   E♭
노 랠 불 러 — 보 지 만 —   아 무 도 듣 — 지 않 아 —   난 예

Fm7   D♭   E♭
쁘 지 않 아 — 아 름 답 지 않 아 — oh — oh oh — oh — oh oh oh —

A' 앞의 보컬 설명을 참고하여 엇박자(싱코페이션)을 보컬과 함께 정확히 부릅니다.

A♭   E♭
난 왜 이 — 렇 게 못 난 — 걸 까 —   어 떡 — 하 면 — 나 도
날 쉽 게 이 — 해 한 다 고 하 지 마 —   못 생 — 기 고 — 삐 뚤

Fm 유니즌으로 채워주듯 부릅니다.   D♭   E♭
— 너 처 — 럼 환 — 하 게 웃 어 — 볼 수 있 을 까 —   또 화 — 가 나
— 어 진 — 내 마 — 음 이 — 널 원 — 망 할 지 — 도 몰 라 —   말 시 키 지 마

A♭   E♭
— — 왜 늘 — 완 벽 하 지 — 못 해 —   이 깨 — 진 거 — 울 — 속
— — 난 너 — 와 어 울 리 지 못 해 —   그 잘 — 난 눈 — 빛 — 속

Fm   D♭   E♭
— 못 — 난 — 모 — 습 — 을 행 — 해 탓 — 하 기 — 만 해 —   쳐 다 보 지
— 차 가 — 운 가 — 식 이 — 날 숨 — 막 히 — 게 해 —   다 가 오 지

B 3도 위의 코러스가 나옵니다. 가성으로 높은음을 내다보면 호흡이 부족해질 수 있으므로 쉬어주는 부분에서 깊은 호흡을 하도록 합니다.

A♭   E♭
마 지 금 이 — 느 낌 이 싫 어 난 —   어 디 — 론 가 슴 고
마 너 의 관 — 심 조 차 싫 어 난 —   어 디 — 론 가 — 떠 나

낮은 음역대의 코러스(원음에서 한 옥타브 아래)로 보컬소리를 안정감 있게 채워줄 수 있도록 합니다.
보컬과 크러스가 주고 받는 형식으므로 코러스 중의 한명이 보컬과 같은 음량으로 부릅니다.
그리고 all alone 부분을 원음으로 리드하는 코러스의 역할이 중요합니다.
(음정과 박자에 주의합니다.)
(음정과 박자에 주의합니다.)
보컬은 싱코페이션으로 부르므로 박자에 주의합니다.
(보컬 음은 생략합니다.)
만 싶어 벗어나 고 싶어 이 세 상 은 거 짓 말 I think I'm ug
고 싶어 소리치 고 싶어 이 세 상 은 거 짓 말 I think I'm ug
ly and no bo dy want to love me just like her I wan na be pre
tty I wan na be pre tty don't lie to my face tell in me I'm pre tty I think I'm ug
ly and no bo dy want to love me just like her I wan na be pre
tty I wan na be pre tty don't lie to my face cause I konwl I'm ug ly
ly 코러스 (all a lone
I'm all a lone all a lone I'm all a lone 따 뜻 함
이 란 없 어 곁엔 아 무 도 없 어 (all a lone
I'm al ways all a lone all a lone I'm all a lone 따 뜻 함
I'm all a lone 곁엔 그 누 구 도 날 안 아 줄 사 람 없 어
이 란 없 어
I think I'm ug ly
C
D
To Coda
1.
2.
Fine
D.S. al Coda

UGLY (Synth Score)

테디 작사, 테디/Lynia Paek 작곡, 2NE1 노래

Sound Tip
1.Pad : Analog Pad, Organ Pad
2.String : Synth String, Enwemble String(싱코페이션 연주를 위해 음이 빨리 끊어지는 음색을 찾습니다.)

Play Tip
원곡과 다르게 편곡되어 있습니다. A와 B파트에서 볼륨 주법으로 원곡의 느낌만 잘 살린다면 어렵지 않은 곡입니다.

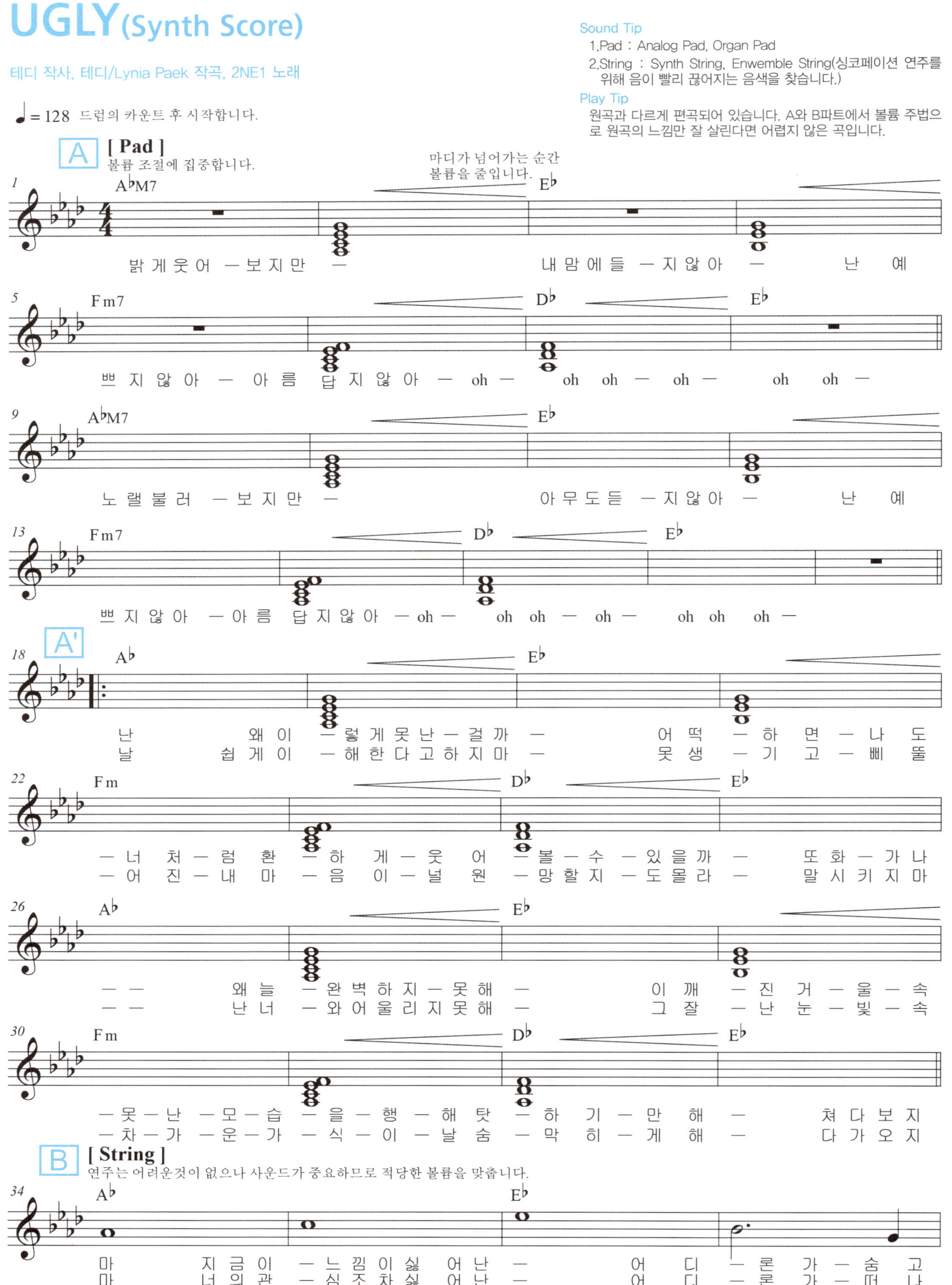

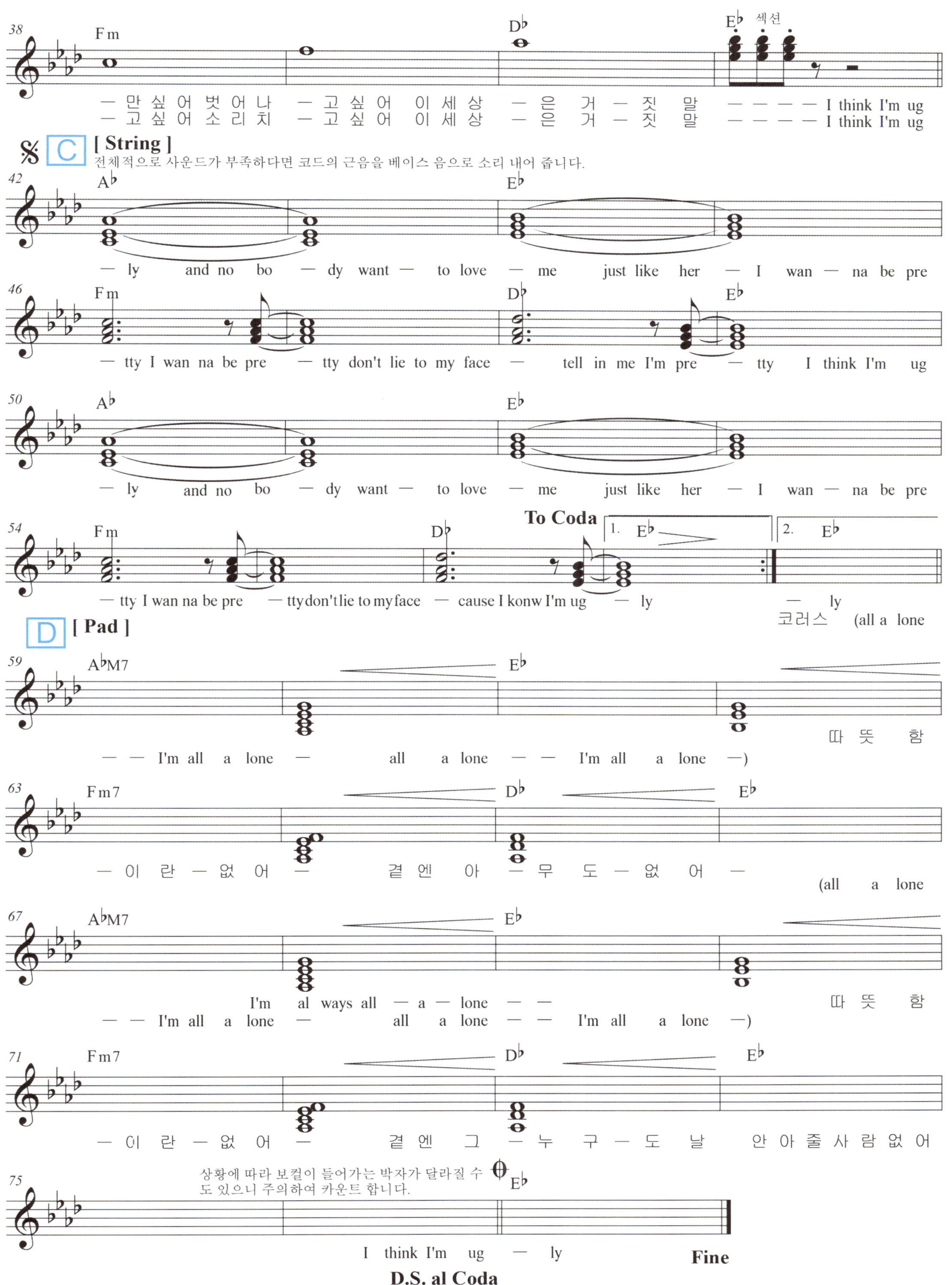
38
Fm
Db
Eb 섹션
― 만 싶어 벗어나 ― 고 싶어 이 세 상 ― 은 거 ― 짓 말 ― ― ― ― ― I think I'm ug
― 고 싶어 소리치 ― 고 싶어 이 세 상 ― 은 거 ― 짓 말 ― ― ― ― ― I think I'm ug
C
[String]
전체적으로 사운드가 부족하다면 코드의 근음을 베이스 음으로 소리 내어 줍니다.
42
Ab
Eb
― ly and no bo ― dy want ― to love ― me just like her ― I wan ― na be pre
46
Fm
Db
Eb
― tty I wan na be pre ― tty don't lie to my face ― tell in me I'm pre ― tty I think I'm ug
50
Ab
Eb
― ly and no bo ― dy want ― to love ― me just like her ― I wan ― na be pre
54
Fm
Db
To Coda
1. Eb
2. Eb
― tty I wan na be pre ― ttydon'tlie to myface ― cause I konw I'm ug ― ly ― ly
D
[Pad]
코러스 (all a lone
59
AbM7
Eb
― ― I'm all a lone ― all a lone ― ― I'm all a lone ―)
따 뜻 함
63
Fm7
Db
Eb
― 이 란 ― 없 어 ― 곁 엔 아 ― 무 도 ― 없 어 ―
(all a lone
67
AbM7
Eb
I'm al ways all ― a ― lone ― ―
― ― I'm all a lone ― all a lone ― ― I'm all a lone ―)
따 뜻 함
71
Fm7
Db
Eb
― 이 란 ― 없 어 ― 곁 엔 그 ― 누 구 ― 도 날 안 아 줄 사 람 없 어
75
상황에 따라 보컬이 들어가는 박자가 달라질 수
도 있으니 주의하여 카운트 합니다.
Eb
I think I'm ug ― ly
Fine
D.S. al Coda

UGLY (1st Guitar Score)

테디 작사, 테디/Lynia Paek 작곡, 2NE1 노래

♩ = 128 드럼의 카운트 후 시작합니다.

Capo : 1 fret

Sound Tip
1.Reverb : 이펙트의 양은 30~40% 정도가 적당합니다.
2.Distortion : Dist의 양은 50% 정도에 EQ는 중저음을 높여 무게감을 실어줍니다.
Play Tip
통기타의 연주와 일렉기타의 연주가 겹쳐 있으므로 악기 선택시 이펙트도 선택하며 톤 조절에도 신경씁니다.(통기타일때 Distortion은 배제함) 시작 부분은 보컬의 감정이 흐트러지지 않도록 템포를 잘 조절하면서 느려지거나 빨라지지 않도록 합니다.

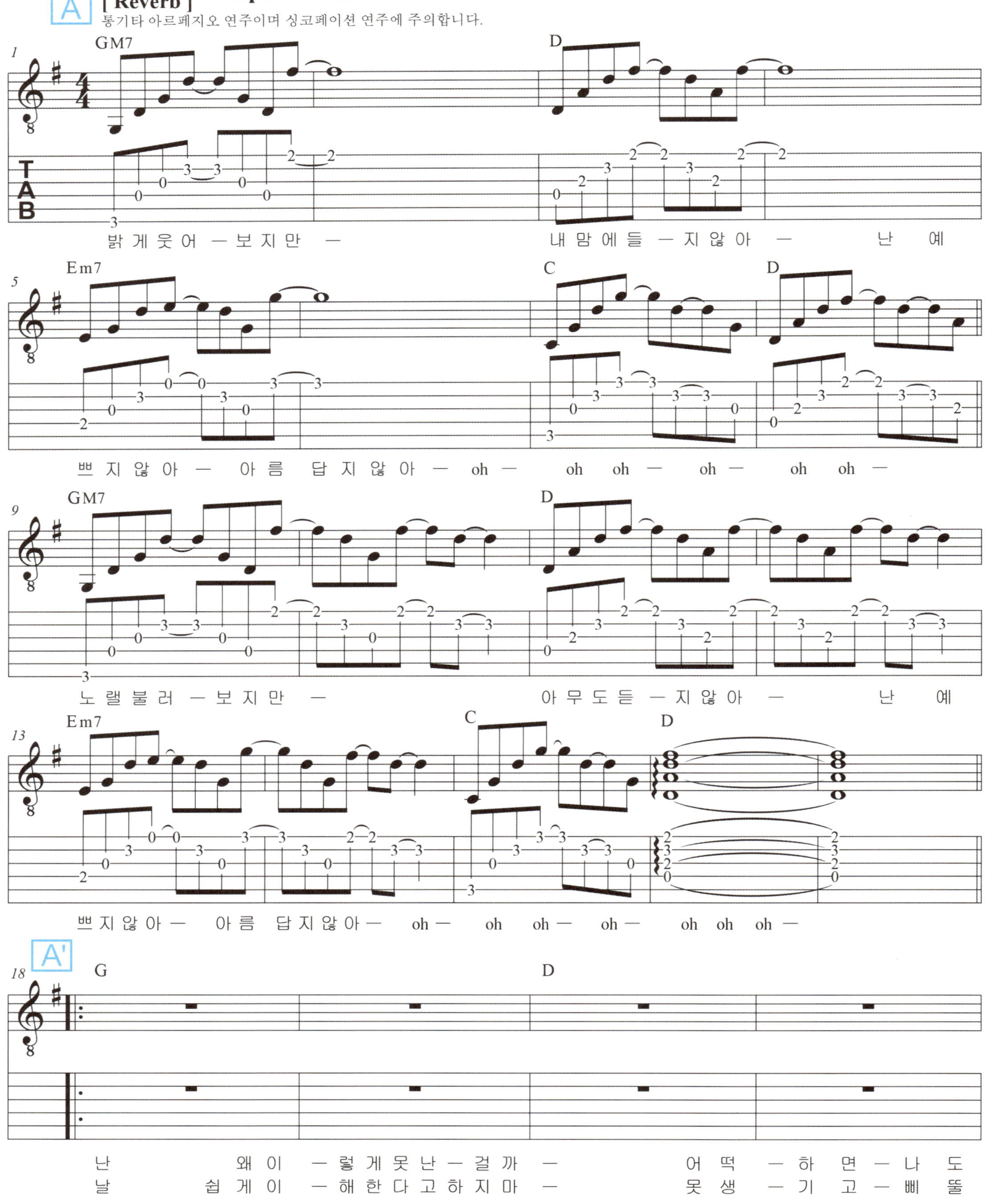

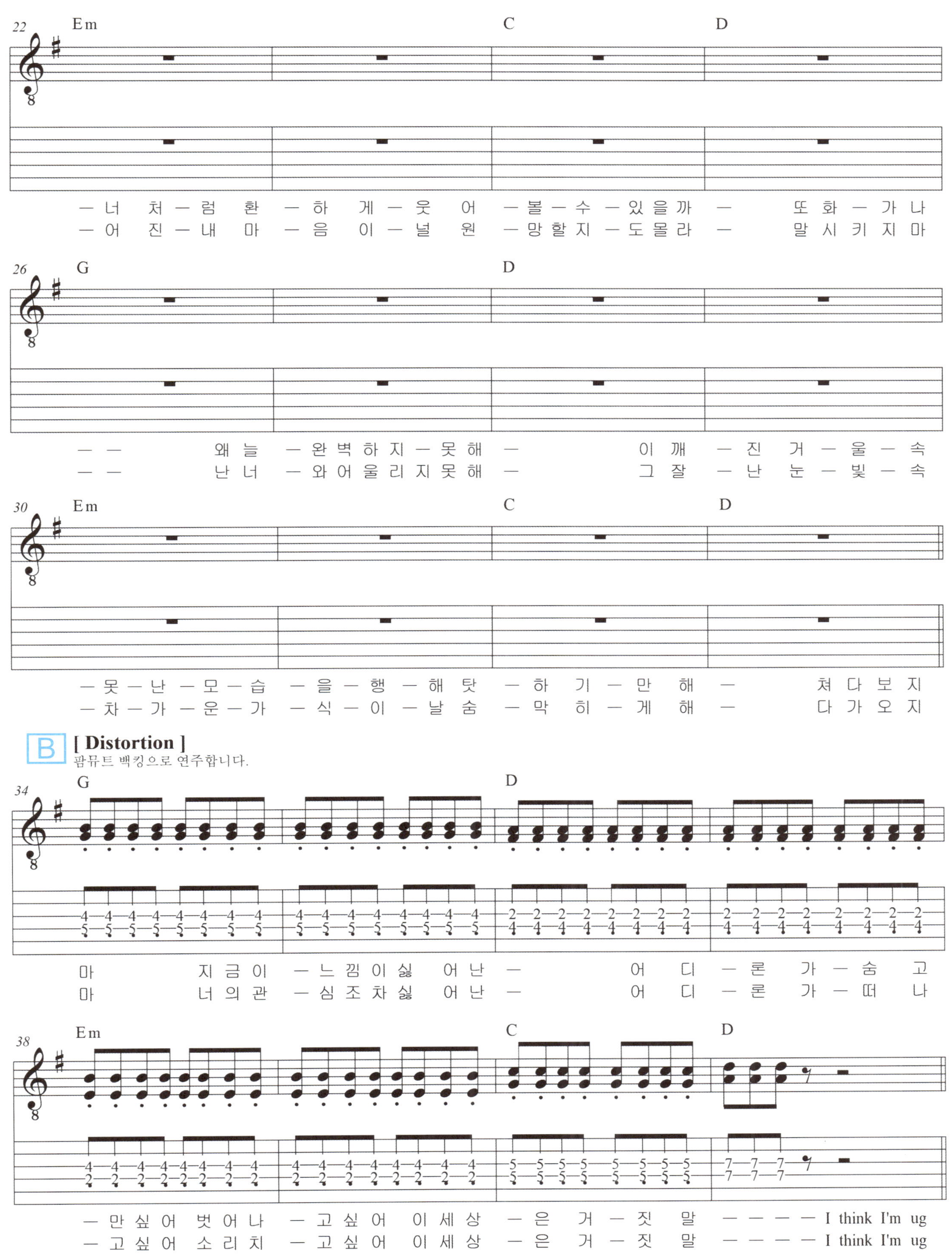

22 Em   C   D
— 너 처 — 럼 환 — 하 게 — 웃 어 — 볼 — 수 — 있 을 까 —   또 화 — 가 나
— 어 진 — 내 마 — 음 이 — 널 원 — 망 할 지 — 도 몰 라 —   말 시 키 지 마

26 G   D
— —   왜 늘 — 완 벽 하 지 — 못 해 —   이 깨 — 진 거 — 울 — 속
— —   난 너 — 와 어 울 리 지 못 해 —   그 잘 — 난 눈 — 빛 — 속

30 Em   C   D
— 못 — 난 — 모 — 습 — 을 — 행 — 해 탓 — 하 기 — 만 해 —   쳐 다 보 지
— 차 가 — 운 — 가 — 식 — 이 — 날 숨 — 막 히 — 게 해 —   다 가 오 지

B [Distortion]
팜뮤트 백킹으로 연주합니다.

34 G   D
마   지 금 이 — 느 낌 이 싫 어 난 —   어 디 — 론 가 — 숨 고
마   너 의 관 — 심 조 차 싫 어 난 —   어 디 — 론 가 — 떠 나

38 Em   C   D
— 만 싶 어 벗 어 나 — 고 싶 어 이 세 상 — 은 거 — 짓 말 — — — — — I think I'm ug
— 고 싶 어 소 리 치 — 고 싶 어 이 세 상 — 은 거 — 짓 말 — — — — — I think I'm ug

C
[Distortion]
옥타브 주법을 이용한 연주이며 싱코페이션에 주의 합니다.
— ly   and no bo — dy want — to love — me   just like her — I   wan — na be pre
— tty   I wan na be pre — tty   don'tlie to my face —   tell in me I'm pre — tty   I think I'm   ug
— ly   and no bo — dy want— to love — me   just like her — I   wan — na be pre
To Coda
2. D
한 마디의 음 길이를
정확히 지켜야 합니다.
— tty   I wanna be pre —tty don'tie to my face —   cause I konw I'm ug — ly   — ly
코러스   (all a lone
D
[Clean] Distortion Off
A부분과 같은 연주입니다.
GM7
D
따 뜻 함
— — I'm all   a lone —   all   a lone — — I'm all   a lone —)

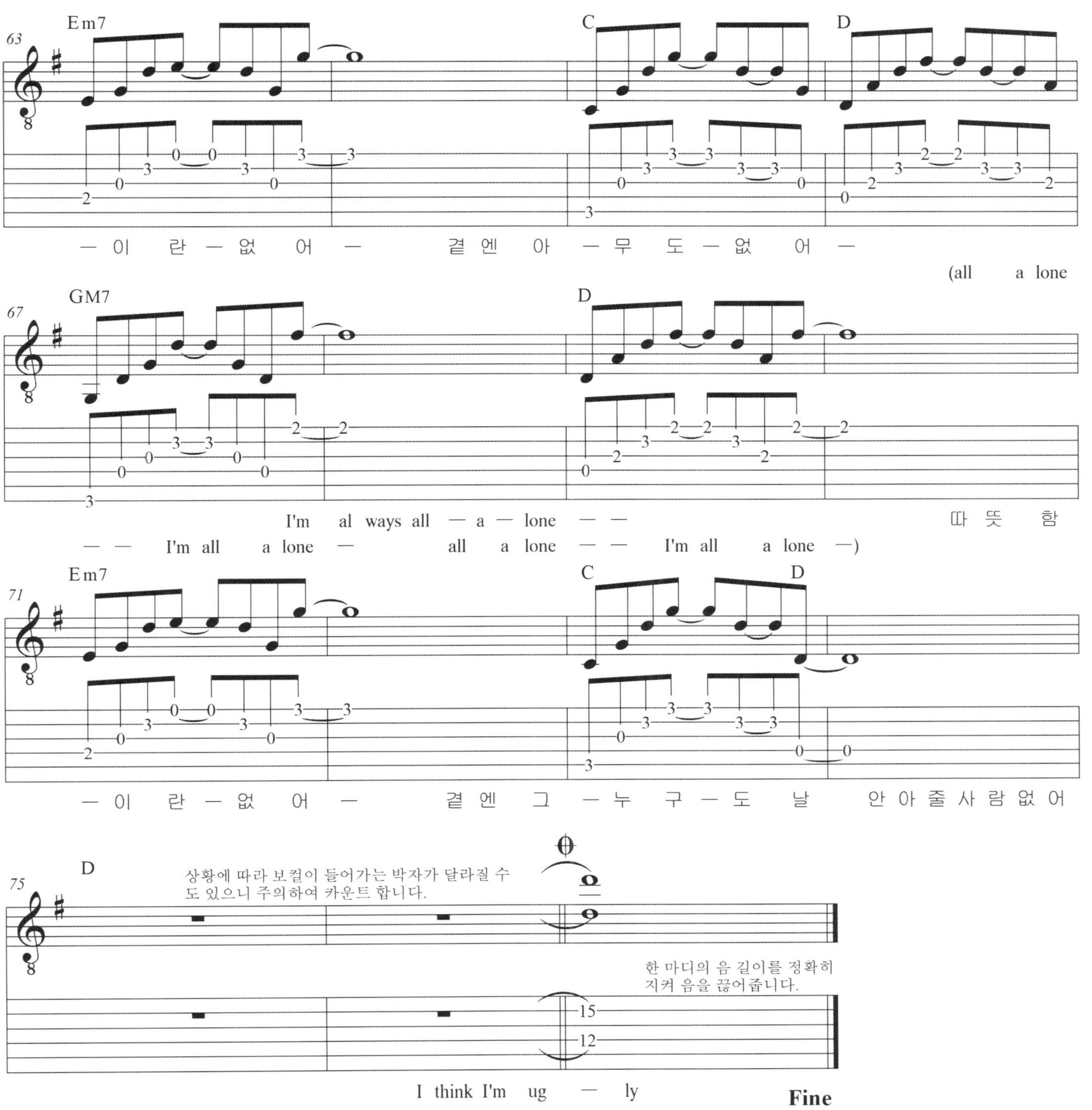
Em7
C
D
GM7
D
Em7
C
D
D
─ 이 란 ─ 없 어 ─   곁 엔 아 ─ 무 도 ─ 없 어 ─
(all   a lone
I'm   al ways all ─ a ─ lone ─ ─
─ ─ I'm all   a lone ─ ─   all   a lone ─ ─   I'm all   a lone ─)
따 뜻 함
─ 이 란 ─ 없 어 ─   곁 엔 그 ─ 누 구 ─ 도 날   안 아 줄 사 람 없 어
상황에 따라 보컬이 들어가는 박자가 달라질 수
도 있으니 주의하여 카운트 합니다.
한 마디의 음 길이를 정확히
지켜 음을 끊어줍니다.
I think I'm ug ─ ly
Fine
D.S. al Coda

UGLY(2nd Guitar Score)

테디 작사, 테디/Lynia Paek 작곡, 2NE1 노래

♩ = 128 드럼의 카운트 후 시작합니다.

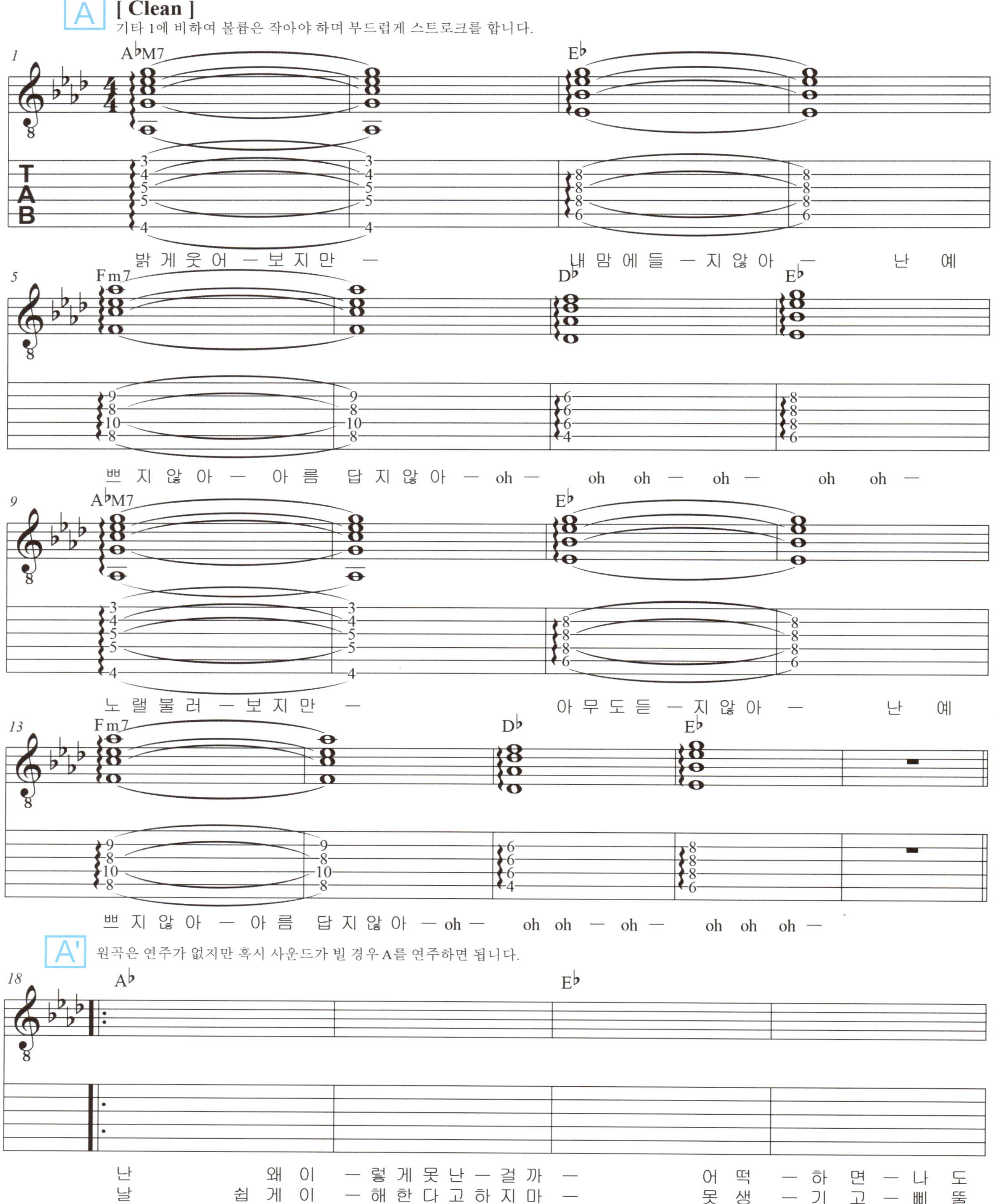

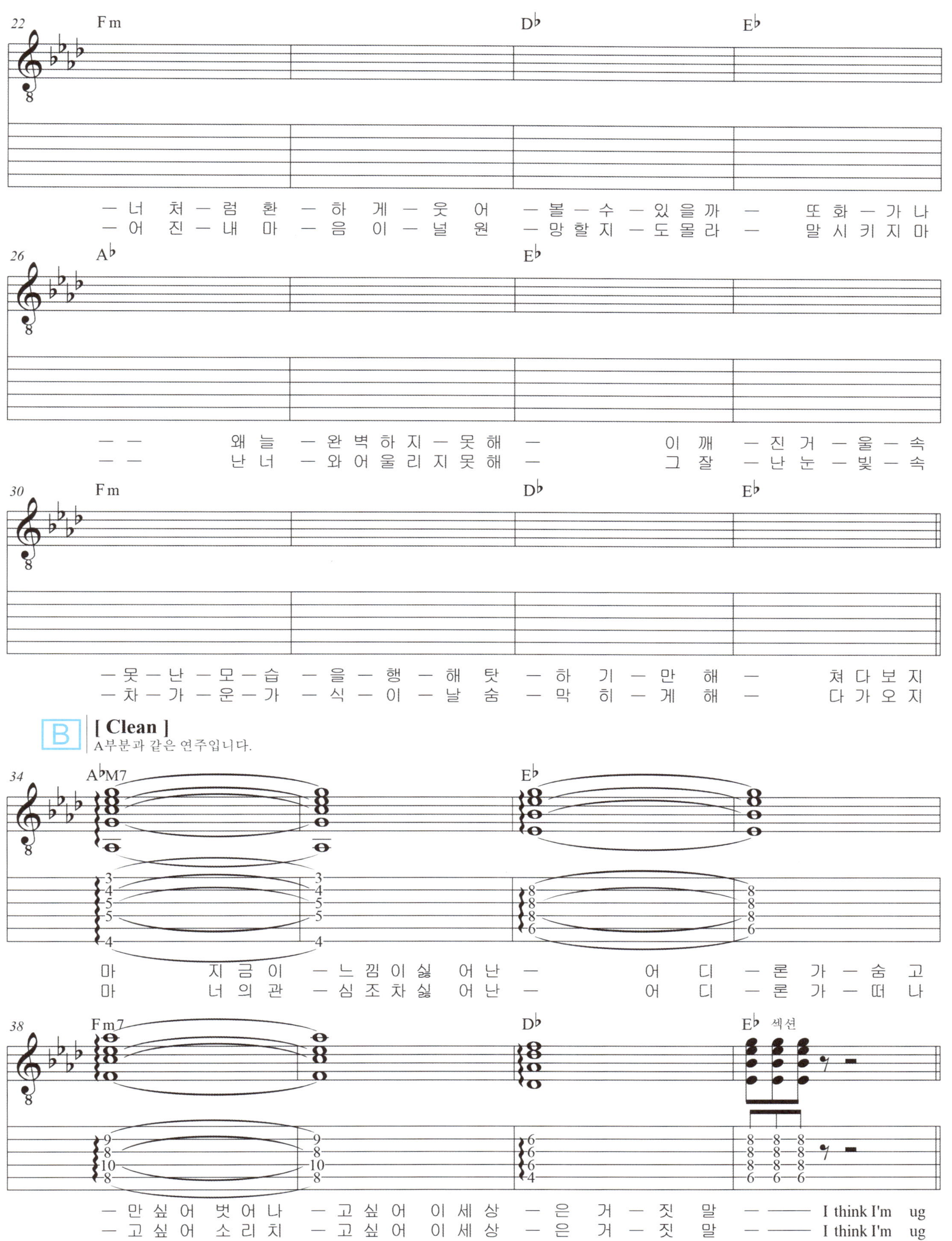
22
Fm
D♭
E♭
ー너 처ー럼 환ー하 게ー웃 어ー볼ー수ー있 을 까ー 또 화ー가 나
ー어 진ー내 마ー음 이ー널 원ー망 할 지ー도 몰 라ー 말 시 키 지 마
26
A♭
E♭
ーー 왜 늘ー완 벽 하 지ー못 해ー 이 깨ー진 거ー울ー속
ーー 난 너ー와 어 울 리 지 못 해ー 그 잘ー난 눈ー빛ー속
30
Fm
D♭
E♭
ー못ー난ー모ー습ー을ー행ー해 탓ー하 기ー만 해ー 쳐 다 보 지
ー차ー가ー운ー가ー식ー이ー날 숨ー막 히ー게 해ー 다 가 오 지
B [Clean]
A부분과 같은 연주입니다.
34
A♭M7
E♭
마 지 금 이ー느 낌 이 싫 어 난ー 어 디ー론 가ー숨 고
마 너 의 관ー심 조 차 싫 어 난ー 어 디ー론 가ー떠 나
38
Fm7
D♭
E♭ 섹션
ー만 싶 어 벗 어 나ー고 싶 어 이 세 상ー은 거ー짓 말ーーー I think I'm ug
ー고 싶 어 소 리 치ー고 싶 어 이 세 상ー은 거ー짓 말ーーー I think I'm ug

C [Distortion]
보컬의 싱코페이션을 따라가지 않도록 주의하며 정박과 싱코페이션에 주의하며 힘 있게 연주합니다.
— ly   and no   bo — dy want — to love — me   justlike her — I   wan — na be pre
— tty   I wan na be pre — tty   don'tlie to my face —   tell in me I'm pre — tty   I thinkI'm   ug
싱코페이션 & 섹션
— ly   and no   bo — dy want — to love — me   just like   her — I   wan — na be pre
To Coda
— tty   I wan na be pre — tty   don't lie to my face —   cause I konw I'm ug — ly   — ly
싱코페이션 & 섹션
1.
2.
싱코페이션 한 마디의 음 길이를 & 섹션 정확히 지켜야 합니다.
코러스 (all a lone
D [Clean]
공간계 이펙트를 있다면 사용하여도 좋습니다.
— — I'm all   a lone —   all   a lone — — I'm all   a lone —)
따뜻 함

[Distortion]
싱코페이션 & 섹션
Gliss.
베이스와 같이 음길이를 지켜서 글리산도 합니다.
상황에 따라 보컬이 들어가는 박자가 달라질 수도 있으니 주의하여 카운트 합니다.
한 마디의 음 길이를 정확히 지켜 음을 끊어줍니다.
— 이 란 — 없 어 — 곁 엔 아 — 무 도 — 없 어 —
(all   a lone
I'm   al ways all — a — lone — —
따 뜻 함
— — I'm all   a lone —   all a lone — — I'm all   a lone —)
— 이 란 — 없 어 — 곁 엔 그 — 누 구 — 도 날 안 아 줄 사 람 없 어
I think I'm ug — ly
Fine
D.S. al Coda

UGLY(Bass Score)

테디 작사, 테디/Lynia Paek 작곡, 2NE1 노래

♩ = 128　드럼의 카운트 후 시작합니다.

Sound Tip
전체적으로 풍성하면서도 선명한 톤이 필요하므로 EQ에서 저음과 고음을 약간 높여주고 중음을 내려주면 곡에 어울리는 사운드를 만들 수 있습니다.

Play Tip
18마디부터 시작되는 형식 A, B의 연주는 운지가 상당히 어려운 부분이므로 미리 곡 설명을 참고하여 운지를 정리하여 연습후에 합주를 해야합니다. 후렴 C부터는 최대한 세기를 살려 파워풀한 8비트 스트레이트 연주를 하며 싱코페이션에 주의합니다.

— 너 처 — 럼 환 — 하 게 — 웃 어 — 볼 — 수 — 있 을 까 — 또 화 — 가 나
— 어 진 — 내 마 — 음 이 — 널 원 — 망 할 지 — 도 몰 라 — 말 시 키 지 마
— — 속 왜 늘 — 완 벽 하 지 — 못 해 — 이 깨 — 진 거 — 울 — 속
— — 속 난 너 — 와 어 울 리 지 못 해 — 그 잘 — 난 눈 — 빛 — 속
— 못 — 난 — 모 — 습 — 을 — 행 — 해 탓 — 하 기 — 만 해 — 쳐 다 보 지
— 차 — 가 — 운 — 가 — 식 — 이 — 날 숨 — 막 히 — 게 해 — 다 가 오 지
마 지 금 이 — 느 낌 이 싫 어 난 — 어 디 — 론 가 — 숨 고
마 너 의 관 — 심 조 차 싫 어 난 — 어 디 — 론 가 — 떠 나
— 만 싫 어 벗 어 나 — 고 싶 어 이 세 상 — 은 거 — 짓 말 — — — — I think I'm ug
— 고 싶 어 소 리 치 — 고 싶 어 이 세 상 — 은 거 — 짓 말 — — — — I think I'm ug

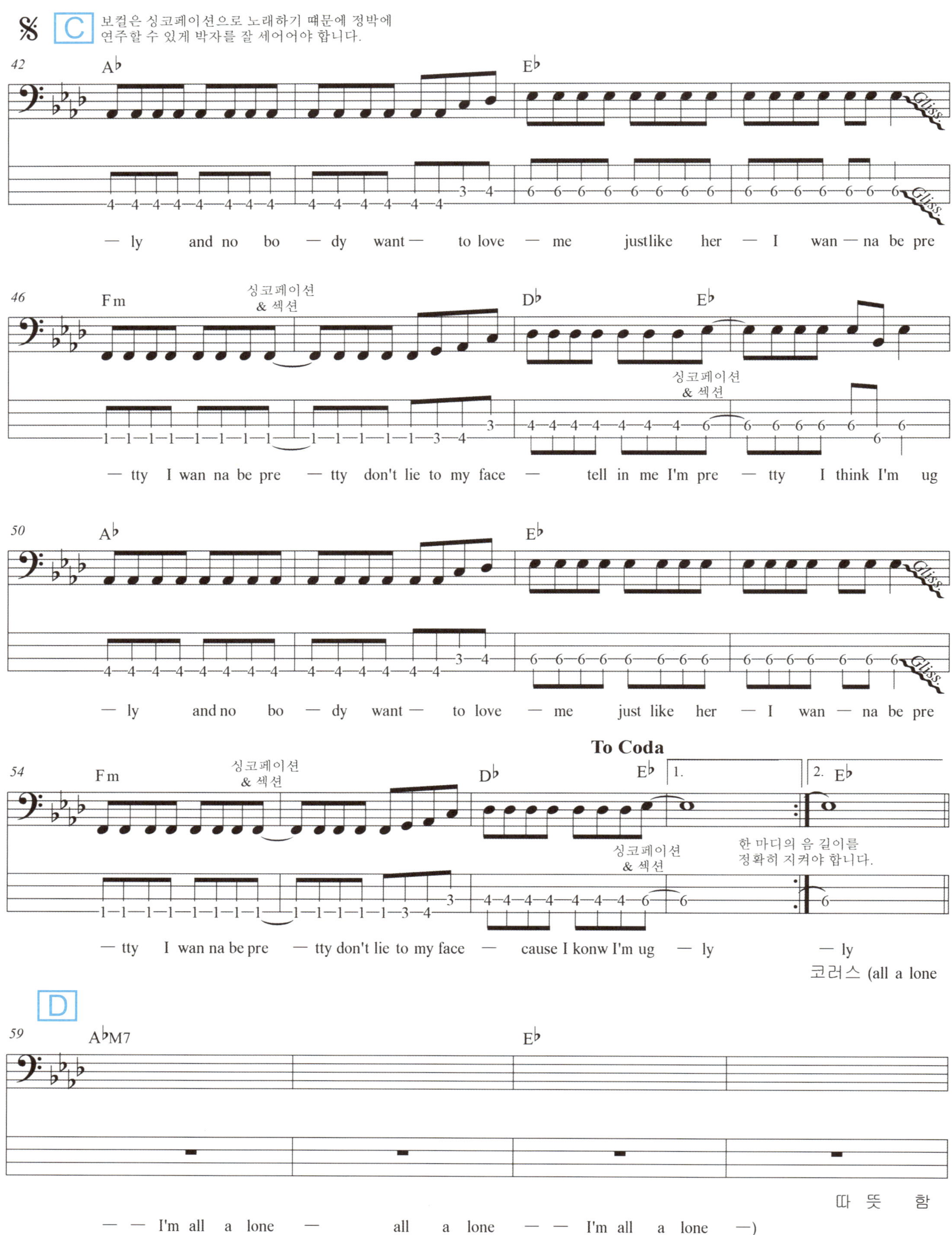
보컬은 싱코페이션으로 노래하기 때문에 정박에
연주할 수 있게 박자를 잘 세어어야 합니다.
C
A♭
E♭
Gliss.
Gliss.
— ly   and no bo — dy want — to love — me   just like her — I wan — na be pre
F m
싱코페이션
& 섹션
D♭
E♭
싱코페이션
& 섹션
— tty I wan na be pre — tty don't lie to my face — tell in me I'm pre — tty   I think I'm ug
A♭
E♭
Gliss.
Gliss.
— ly   and no bo — dy want — to love — me   just like her — I wan — na be pre
To Coda
F m
싱코페이션
& 섹션
D♭
E♭
1.
2. E♭
싱코페이션
& 섹션
한 마디의 음 길이를
정확히 지켜야 합니다.
— tty I wan na be pre — tty don't lie to my face — cause I konw I'm ug — ly   — ly
코러스 (all a lone
D
A♭M7
E♭
따 뜻 함
— — I'm all a lone —   all a lone — — I'm all a lone —)

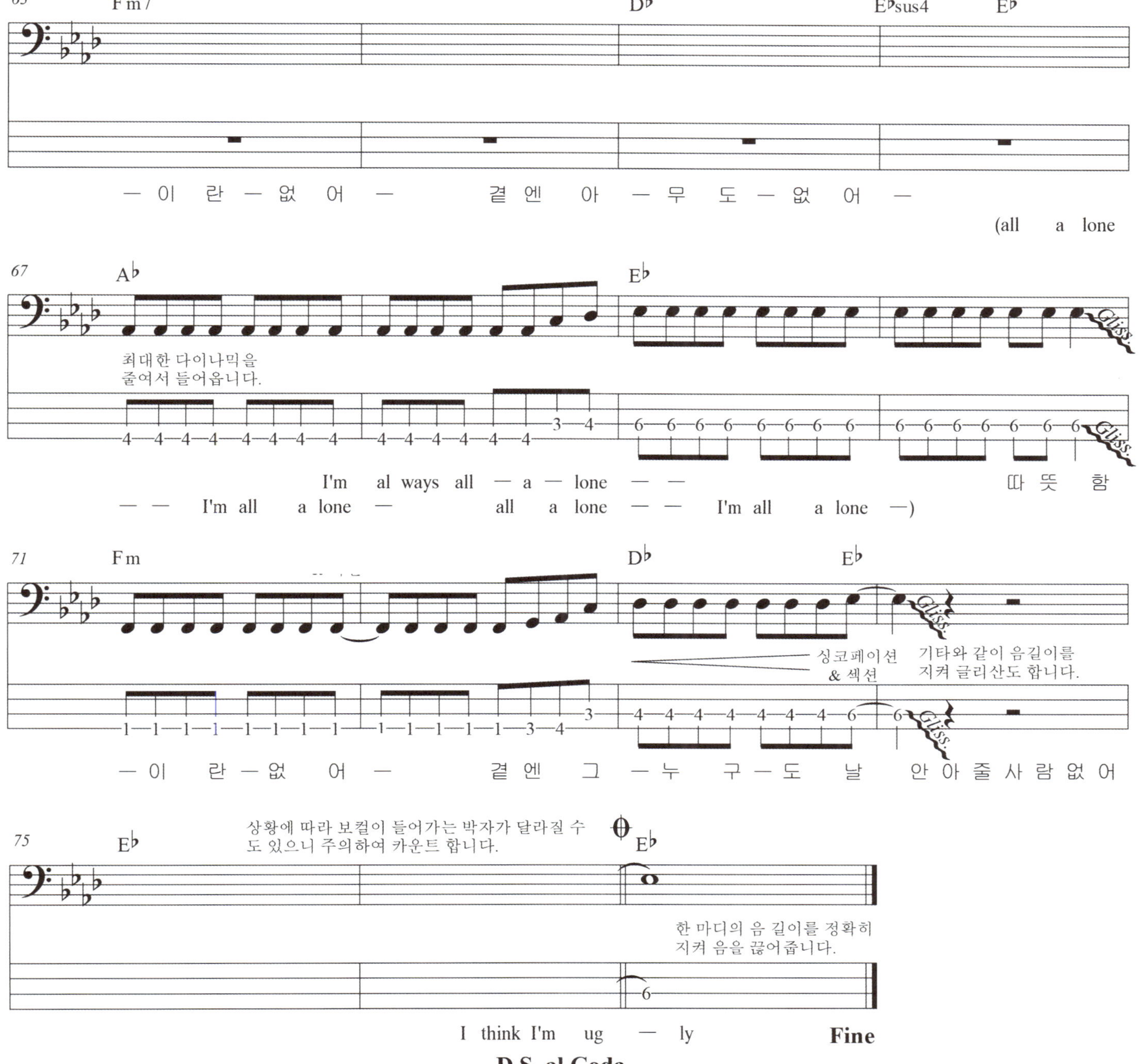
63
Fm7
D♭
E♭sus4
E♭
— 이 란 — 없 어 — 곁 엔 아 — 무 도 — 없 어 —
(all a lone
67
A♭
E♭
최대한 다이나믹을
줄여서 들어옵니다.
4—4—4—4—4—4—4—4 4—4—4—4—4—4 3—4 6—6—6—6 6—6—6—6 6—6—6—6 6—6—6—6
Gliss
Gliss
따 뜻 함
I'm al ways all — a — lone — —
— — I'm all a lone — all a lone — — I'm all a lone —)
71
Fm
D♭
E♭
싱코페이션
& 섹션
기타와 같이 음길이를
지켜 글리산도 합니다.
1—1—1—1—1—1—1—1 1—1—1—1—1—3—4 3 4—4—4—4—4—4—6 6
Gliss
Gliss
— 이 란 없 어 — 곁 엔 그 — 누 구 도 날 안 아 줄 사 람 없 어
75
E♭
상황에 따라 보컬이 들어가는 박자가 달라질 수
도 있으니 주의하여 카운트 합니다.
E♭
한 마디의 음 길이를 정확히
지켜 음을 끊어줍니다.
6
I think I'm ug — ly
Fine
D.S. al Coda

UGLY (Drum Score)

테디 작사, 테디/Lynia Paek 작곡, 2NE1 노래

♩ = 128　드럼이 카운트 후에 합주가 시작되므로
보컬과 기타의 준비를 확인한 다음에 카운트를 줍니다.

Set Tip
기본 드럼세트(5기통)에 크래쉬, 라이드 심벌 각 1장이면 연주
가능합니다.
Play Tip
각 파트마다 리듬의 변화가 뚜렷하므로, 각 파트의 리듬의 정확
하게 숙지하여야 하며 리듬체인지 후의 템포가 변하지 않도록
주의합니다. A(26마디), B파트의 페이스 노트에 주의하며 C파트
는 빨라지지 않으면서 댄서블한 느낌이 강조되도록 다이나믹을
살려줍니다.

B 원곡에서는 2,4박에 스네어와 비슷한 FX(박수소리)가 있습니다.
34
마   지 금 이 ― 느 낌 이 싫 어 난 ―   어 디 ― 론 가 ― 숨 고
마   너 의 관 ― 심 조 차 싫 어 난 ―   어 디 ― 론 가 ― 떠 나
38
― 만 싫 어 벗 어 나 ― 고 싶 어 이 세 상 ― 은 거 ― 짓 말 ― ― ― ― ― I think I'm ug
― 고 싶 어 소 리 치 ― 고 싶 어 이 세 상 ― 은 거 ― 짓 말 ― ― ― ― ― I think I'm ug
C 2,4박에 킥과 스네어가 어긋나지 않도록 주의합니다.
D.S Time은 Outro이므로 다이나믹을 살려 힘 있게 연주합니다.
42
― ly   and no bo ― dy want ― to love ― me   just like her ― I wan ― na be pre
46
― tty   I wan na be pre ― tty don't lie to my face ―   tell in me I'm pre ― tty   I think I'm ug
50
― ly   and no bo ― dy want ― to love ― me   just like her ― I wan ― na be pre
To Coda
54
1.   2.
― tty   I wan na be pre ― tty don't lie to my face ―   cause I konw I'm ug ― ly   ― ly
코러스 (all a lone
D 심벌(특히 라이드심벌)등을 이용하여 분위기를 맞춰서 소리를 내어줍니다.
59
따 뜻 함
― ― I'm all a lone ―   all a lone ― ― I'm all a lone ―)
63
약하게 타격합니다.
― 이 란 ― 없 어 ―   곁 엔 아 무 도 ― 없 어
(all   a lone

2박 반에 보컬이 들어갑니다. 보컬의 싱코페이션에
흔들리지않으며 D.S Time 때에 정박에 들어갑니다.

버스커 버스커의 2012년도 "버스커 버스커 1집" 앨범에 수록된 곡으로 첫사랑의 애절함을 노래한 곡입니다. 8비트, 16비트, 디스코의 다양한 리듬이 섞여있으며 복고풍의 음색과 심플한 악기의 연주가 특색인 곡입니다.

파트 구성

보컬(남), 건반, 기타1, 베이스, 드럼의 일반적인 5인조 밴드로 구성되어진 곡입니다.

PLAY POINT!

"첫사랑"은 전반부에는 약간 비어있는 느낌의 사운드로 들리지만 실제 합주에는 사운드가 잘 나옵니다. 또 각 파트마다 개인적인 솔로 연주를 포함하고 있어 합주곡으로 추천합니다.

①INTRO 기타와 베이스의 연주타이밍 맞추기
②8비트 리듬 읽기와 연주하기
③디스코 리듬와 펑키리듬 연주하기
④싱코페이션에 주의하기

파트 설명

보컬

중저음으로 부드럽게 말하듯 부를 수 있도록 합니다. 이때 저음이라고 무조건 힘없이 부르는 것이 아니라 전달력을 좋게 하기 위해 발음에 신경 쓰며 호흡을 입김 불어넣듯 뱉는 연습을 합니다. 그리고 Ⓒ, Ⓓ 파트에서는 끝 음에 바이브레이션을 내보도록 합니다.

1.정확한 음정 부르기

음을 끌면서 올라가지 않고 음을 정확히 찍으면서 올라갑니다. 마치 에스컬레이터를 타는 것이 아니라 계단을 올라갔다 내려오듯 음을 냅니다.

고음보다 중저음이 음과 음정 잡기가 힘들기 때문에 멜로디 악기를 이용하여 정확한 음정연습이 필요합니다.

▲ 첫사랑 보컬 악보 "8마디~11마디"

2.이음줄의 발음

음 뒤로 이음줄이 붙어 있으면서 가사에 '—'가 붙어 있는 경우를 자주 보게 되는데 이럴 경우에는 앞 가사에서 자음을 빼고 소리를 내는 경우가 일반적입니다.

ⓐ13마디~14마디   ⓑ42마디

위의 악보 ⓐ처럼 '마'는 'ㅁ'이 빠진 '아'로 소리 내며 ⓑ의 '름'은 'ㄹ'이 빠진 '음', '다'는 'ㄷ'이 빠진 '아'로 소리 내는 것이 일반적입니다. 일반적이 않을 경우는 19와 21마디의 '며'처럼 '어'로 이음줄을 부르는 경우도 있습니다. 위와 같은 경우 외에도 많은 단어와 이음줄 표현이 있으므로 원곡의 발음을 잘 듣고 따라하면 됩니다.

POINT!

ⓐ악보처럼 '마-다' 사이에 임의로 '아'를 만들어 정확한 음을 찍듯이 정확한 음정으로 부르는 연습을 많이 하여야 합니다.

3.진성과 가성

①진성

성대가 음에 맞는 적당한 긴장감을 가지고 진동해 나는 소리로 진동(떨림)이 있는 것을 말합니다.

②가성

가성은 성대가 벌어진 채로 호흡이 새면서 나는 소리로 진동(떨림)이 약한 것을 말합니다.

③진성과 가성의 연결

가성과 진성은 음을 내는 성질이 다르기 때문에 연결될 수 없지만 많은 반복 연습으로 일반적으로 듣기에 어색하지 않도록 살짝 끊어 주면서 부드럽게 연결되듯이 노래합니다.

Ⓒ 파트에서 진성에서 가성으로 변하는 부분이 많이 나옵니다. 가성으로 변할 때 자신 없는 소리를 내면 음정이 불안하게 되므로 과감하게 소리를 바꿀 수 있도록 합니다. 가성이 잘 안 되는 경우에는 음정도약을 하지 않은 상태에서 같은 단어 "어떡하죠", "이마음이"를 편하게 진성으로 부르고 가성으로 반복해서 연습한 후에 점점 음정 도약을 하면서 원곡에 맞추는 연습을 하여야 합니다. 가성이 잘 나지 않아 막힌 것처럼 소리가 나거나 쇳소리가 나더라도 소리를 뚫는다고 생각하면서 반복적으로 연습합니다.

건반

"첫사랑"은 Organ(오르간) 음색을 이용하여 연주되며 이 오르간 음색의 연주법 중에 가장 많이 사용되는 주법은 "Glissando(글리산도)"입니다. (가끔 꾸밈음 연주로도 나옵니다.)

첫사랑 - 버스커 버스커

1.Glissando(글리산도) *Gliss. Glissando*

"Glissare"의 이탈리아 말로서 "스케이트를 타다."의 뜻입니다. 스케이트를 타듯이 건반에서 미끄러지듯 이동한다는 뜻으로 신디사이저에서는 피아노와 오르간 음색에 많이 사용하는 주법입니다.

①손톱을 이용하기

주로 피아노 건반이나 신디사이저의 해머(목건)건반에 이용되는 주법으로 엄지손톱이 건반을 누르면서 건반을 밀면서 부드럽게 이동하는 것을 말합니다. 오른손은 내려가는 글리산도, 왼손은 올라가는 글리산도를 할 수 있습니다.

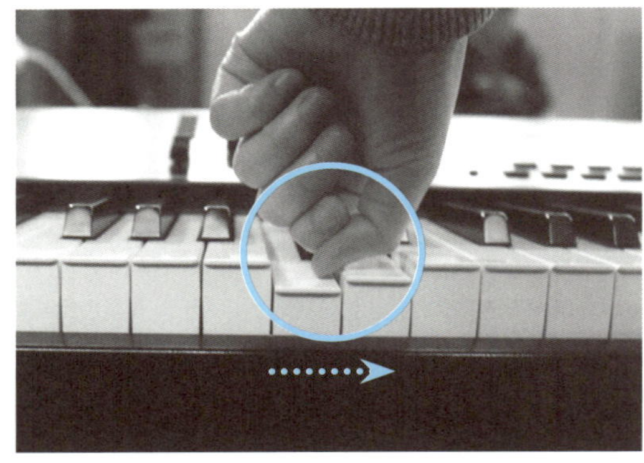

ⓐ왼손의 엄지손톱을 이용한 상행 글리산도

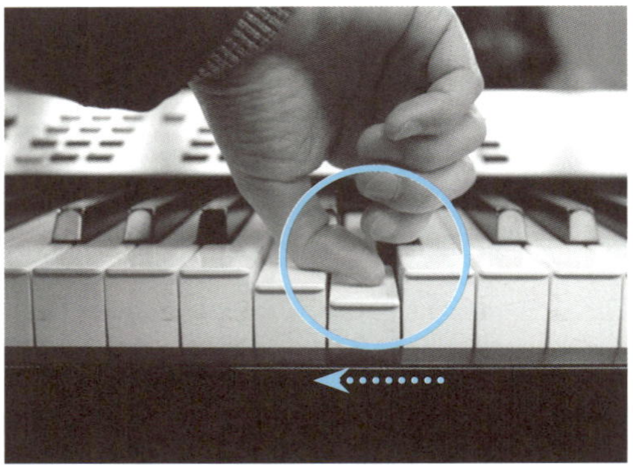

ⓑ오른손의 엄지손톱을 이용한 하행 글리산도

②손바닥을 이용하기

주로 신디사이저 중에 소프트(플라스틱)건반에 이용되는 주법으로 손바닥으로 건반을 누름과 동시에 부드럽게 밀면서 이동하는 것을 말합니다. 손톱을 이용한 연주와 마찬가지로 오른손은 내려가는 글리산도, 왼손은 올라가는 글리산도를 할 수 있습니다.

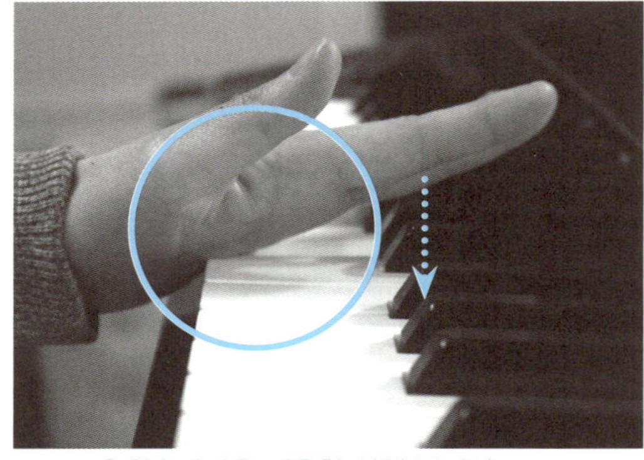

ⓐ왼손바닥을 이용한 상행 글리산도

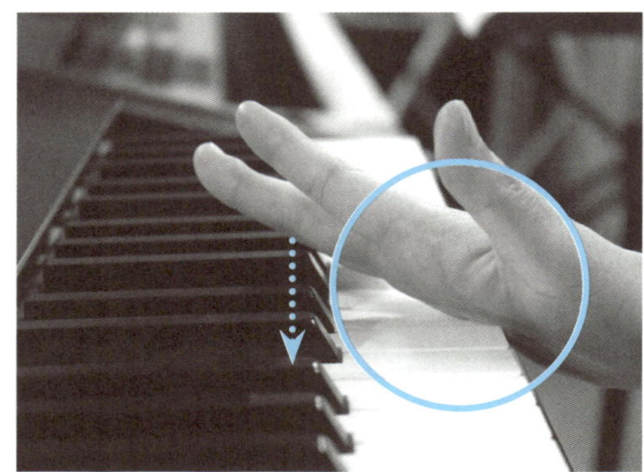

ⓑ오른손바닥을 이용한 하행 글리산도

기타

1.Mute(뮤트)

이번에 설명할 뮤트는 줄을 막아서 소리가 나지 않게 하는 것을 말하며 악보에 "X"로 표기되는 뮤트, PM(팜뮤트)주법의 개념과는 다릅니다.(=쉼표의 개념)

"첫사랑"의 형식 Ⓐ처럼 밑의 줄로만 연주를 해야 할 경우 뮤트에 신경을 써야 좋은 연주를 할 수가 있기 때문에 왼손과 오른손의 폼에 유의합니다.

①왼손 뮤트

(1)줄을 누르고 있는 손가락을 밀어올 리고 엄지손가락을 넥 뒤로 넘겨 뮤 트합니다.

소리가 나지 않게 4, 5, 6번 줄을 뮤트합니다.

▲ 9마디 악보

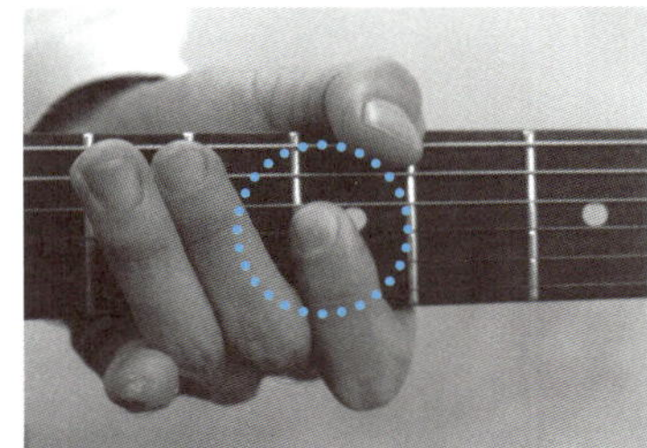

ⓑ1번 손가락을 밀어 올려 대어준다

(2)운지하지 않은 손가락을 이용하며 (1)과 같이 엄지손가락도 같이 사용 하여 뮤트합니다.

소리가 나지 않게 4, 5, 6번 줄을 뮤트합니다.

▲ 9마디 악보

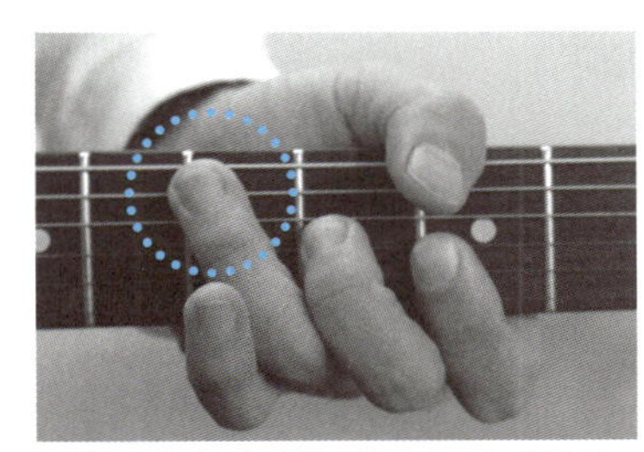

ⓑ3번 손가락을 윗줄에 대어준다

(3)운지하지 않은 손가락을 이용하는 다른 예

23,24마디 보면 운지하지 않은 검지손가 락을 이용하여 줄 전체를 뮤트하는 방법입 니다.

오른쪽 사진처럼 검지의 뮤트가 잘 되어 있어야 스트로크를 편하고 힘 있게 할 수 있습니다.

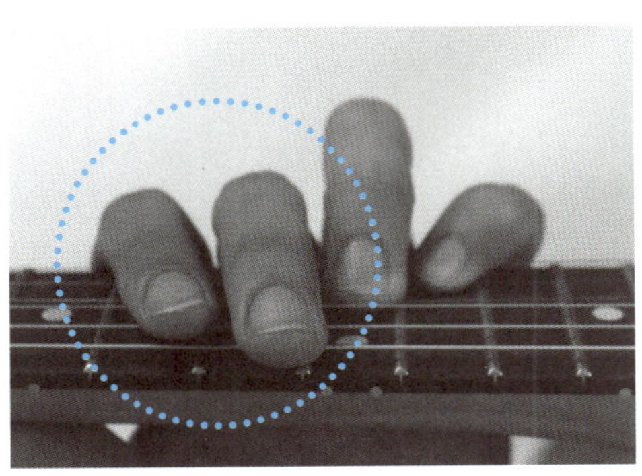

검지손가락을 이용한 줄 전체 뮤트 ▶

첫사랑 - 버스커 버스커

②오른손 뮤트

  (1)손바닥을 5,6번 줄에 대고 연주합니다. 이 때 너무 힘주어 누르면 연주에 방해 되며 상황에 따라 손바닥을 때어도 좋습니다.

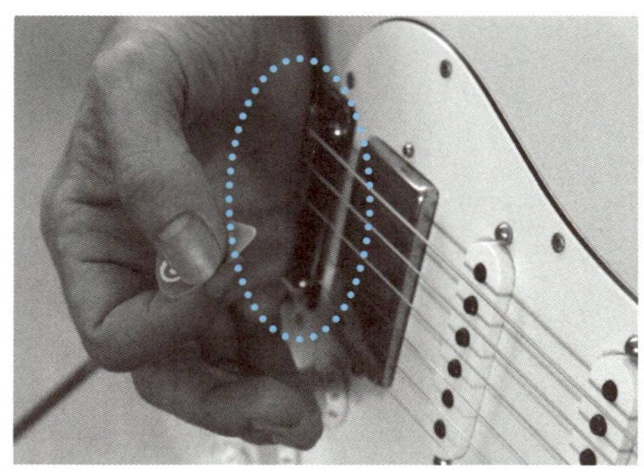

팜 뮤트(Palm Mute)를 이용합니다 ▶

POINT!

뮤트를 이용한 깔끔한 연주음과 다양하면서도 정확한 리듬의 표현이 중요한 부분입니다. 충분히 연습하여 박자를 놓치지 않게 연주합니다.

베이스

"첫사랑"의 후렴 ⓒ에 나오는 리듬은 디스코 리듬으로 일반적으로 댄스, 하우스장르에 많이 쓰입니다. 연주주법으로는 옥타브 음을 이용한 8비트 리듬입니다.

1.Octave(옥타브)주법

①옥타브 음의 위치

  베이스 지판에서의 옥타브 음이란 근음에서 두 줄 밑에 두 프렛 높은 음을 말합니다.

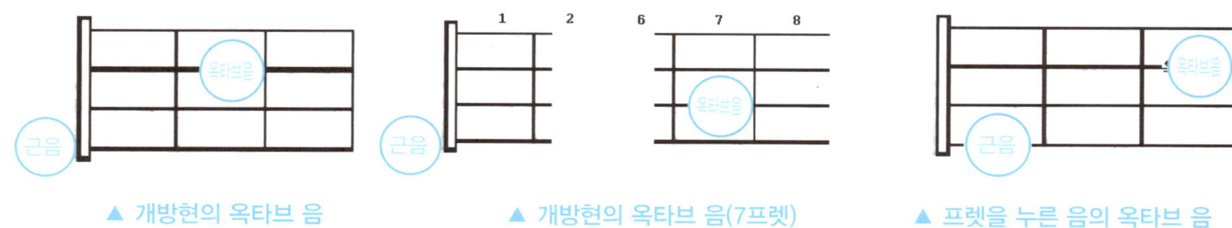

▲ 개방현의 옥타브 음   ▲ 개방현의 옥타브 음(7프렛)   ▲ 프렛을 누른 음의 옥타브 음

②피킹의 방법

  *Index(인덱스) : (i) 검지손가락 / Middle(미들) : (m) 중지손가락

  (i)는 위의 줄(저음)만 연주하고 (m)은 밑에 줄(고음)만 연주하는 주법으로 사진처럼 일반적인 손의 위치보다 약간 밑으로 내려가서 피킹하여야 합니다.

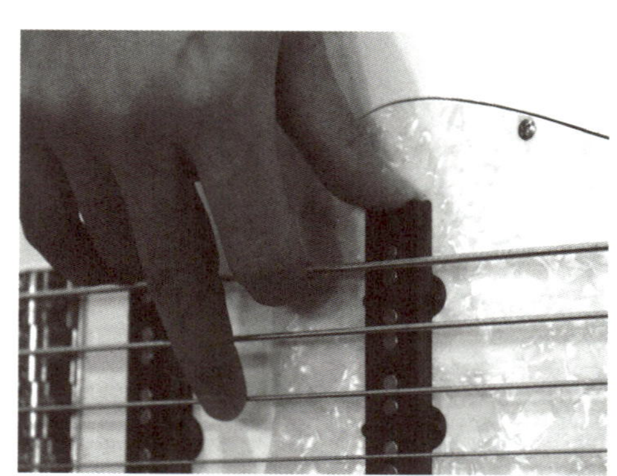

오른손 피킹 폼 ▶

③쉼표에 주의합니다.

특히 옥타브 주법은 쉼표를 표현하는 것이 중요합니다. 그렇지 않으면 두음이 겹쳐서 소리가 나오기 때문에 전체적인 앙상블에 방해 됩니다.

(1)왼손가락으로 쉼표 주기

일반적인 쉼표는 음이 낸 후 손가락을 살짝 들어주어 쉼표를 표현합니다. 옥타브 주법의 왼손가락도 마찬가지로 근음과 옥타브 음을 누른 손가락을 살짝 들어서(줄에서 떨어지면 안 됨) 쉼표를 주면 됩니다. 하지만 남은 손가락을 이용하여 쉼표를 명확하게 하기 위해 사진처럼 옥타브 음을 누를 때 근음 줄에 대어주면 좋습니다.

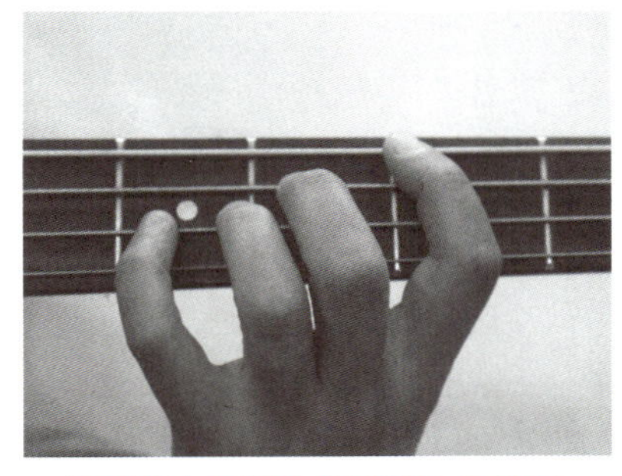

@옥타브 주법의 일반적인 운지 폼

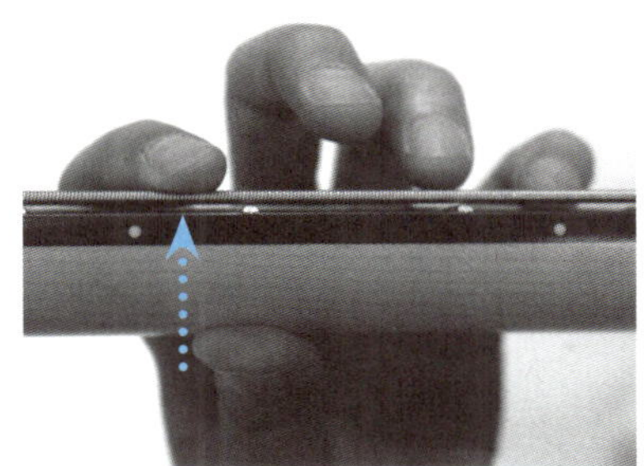

ⓑ근음의 쉼표

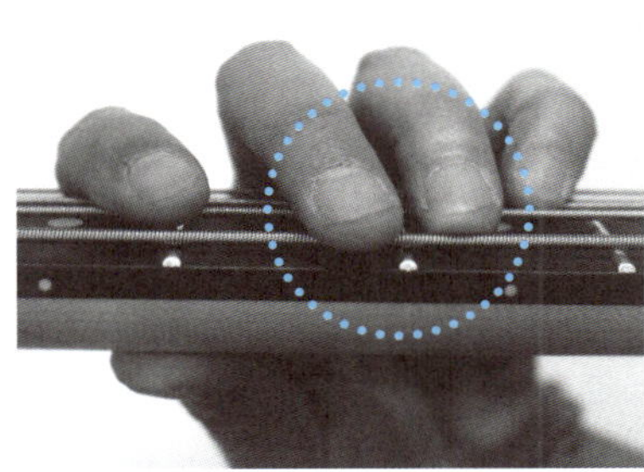

ⓒ옥타브 음을 누를 때 나머지 손가락으로 근음 뮤트

(2)오른손가락으로 쉼표 주기

픽업에 얹어 있는 엄지손가락(T)를 옥타브 음의 줄을 피킹할 때 내려서 근음의 현에 쉼표를 줍니다.

▲ 2, 4현의 피킹할때

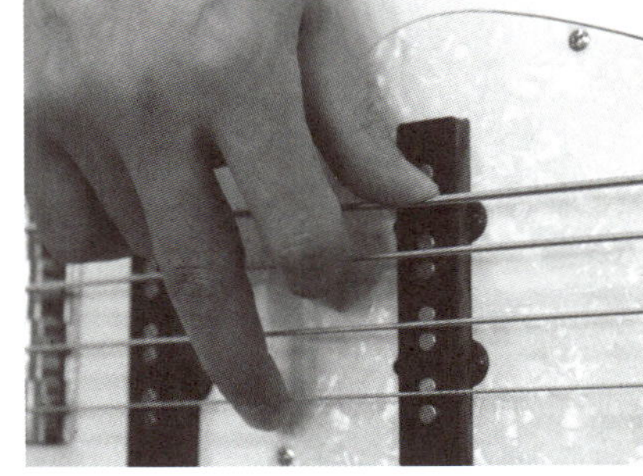

▲ 1, 3현을 피킹할때

2.Disco(디스코) 리듬

디스코 리듬이란 악보의 표기하고 다르게 옥타브 음을 약하게 스타카토, 즉 음을 빨리 끊어주어여 합니다.

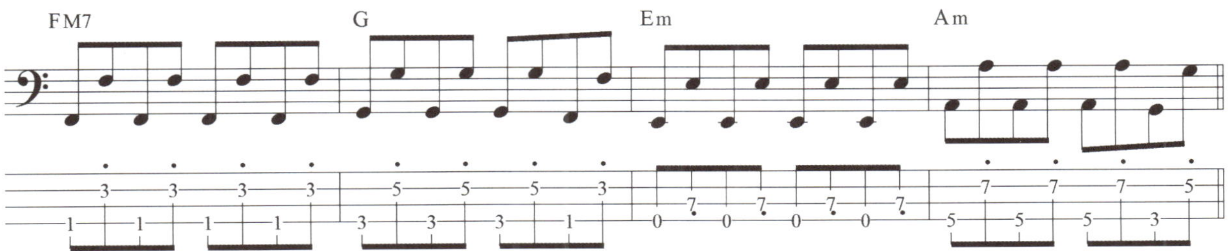

▲ 후렴구의 베이스 악보

첫사랑 - 버스커 버스커

"첫사랑"의 드럼 연주에 필요한 Ride Cymbal(라이드 심벌)과 Hi-Hat(하이햇)에 대하여 알아봅니다.

1.Ride Cymbal(라이드 심벌)의 연주

①심벌의 부위별 명칭과 소리

⑴Edge(엣지)

심벌의 바깥쪽으로 소리가 넓고 부드럽습니다.

⑵Bow(보우)

심벌의 중간부분으로 소리의 울림이 크고 길게 납니다.

⑶Cup(컵)

심벌의 중심부로 불록 튀어 나온 부분으로 고음의 맑고 딱 딱한 소리로 짧게 소리 납니다.

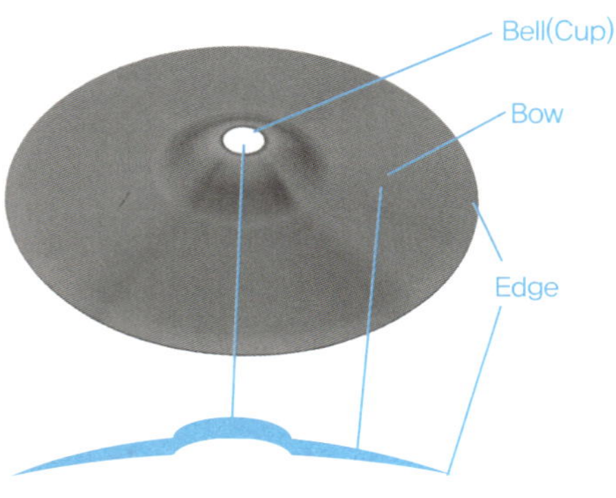

▲ 심벌의 부위별 명칭

②라이드 심벌 Cup(컵) 소리내기

⑴밑의 사진처럼 스틱의 숄더 부분을 이용하여 라이드 심벌의 Cup부분을 때리는 것으로 "탱탱~"의 아 주 청명하고 맑은 소리가 나는 것이 특징입니다.

ⓐ스틱의 숄더 부분으로 라이드의 컵 부분을 타격함

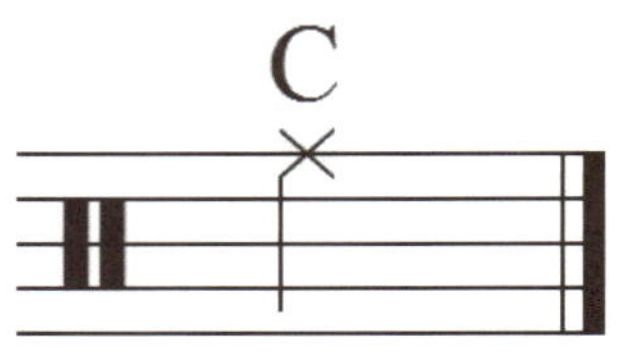

ⓑ라이드 심벌 컵의 악보 표기

③"첫사랑"의 형식B의 연주하기

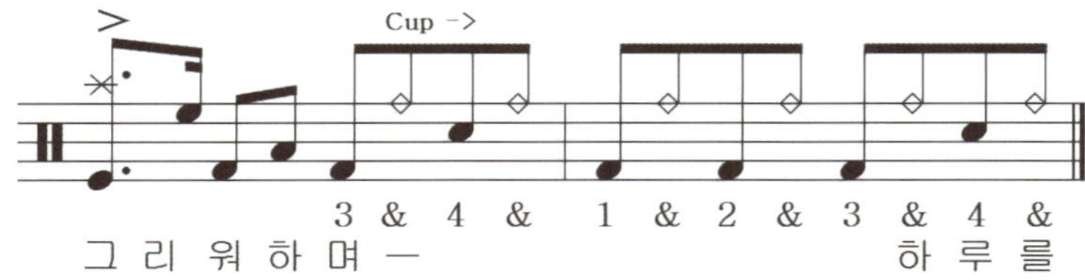

◀ 형식B의 2마디

먼저 플로어 탐을 살짝 겹치면서 라이드 심벌을 뒤에 두는 것으로 세팅하여 2&의 플로어 탐을 때린 후에 빠르게 라이드 심벌 컵으로 스틱을 빠르게 이동할 수 있도록 합니다. 그런 후 악보의 밑에 표기처럼 비트 를 계속 읽어야 합니다. 1~2&까지의 연주 후에 정확한 비트를 유지하며 &비트(엇박)에 라이드 컵을 때 립니다.

2.Hi-Hat Open/Close(하이햇 오픈/클로즈)

하이햇은 Top Cymbal(탑 심벌, 위의 심벌)과 Bottom Cymbal(바텀 심벌, 아래 심벌)로 이루어 졌으며 이것을 조절하는 것이 Foot Pedal(풋 페달)입니다.

①풋 페달에서 발의 위치와 동작

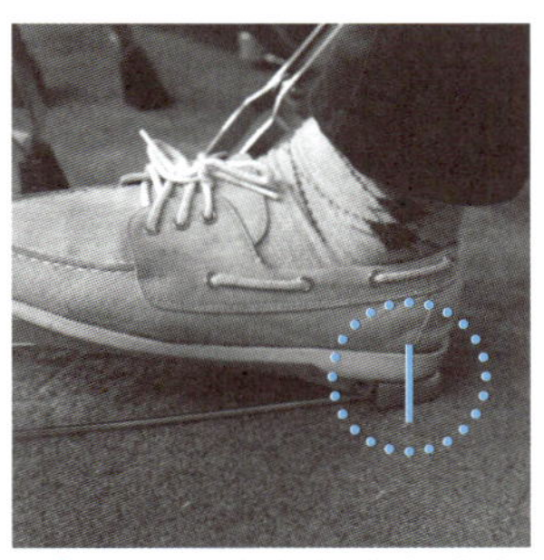

발의 뒤꿈치 끝부분과 페달의 끝 부분이 동일선에 둡니다. (발사이즈가 작을 경우 조금 앞으로 이동)

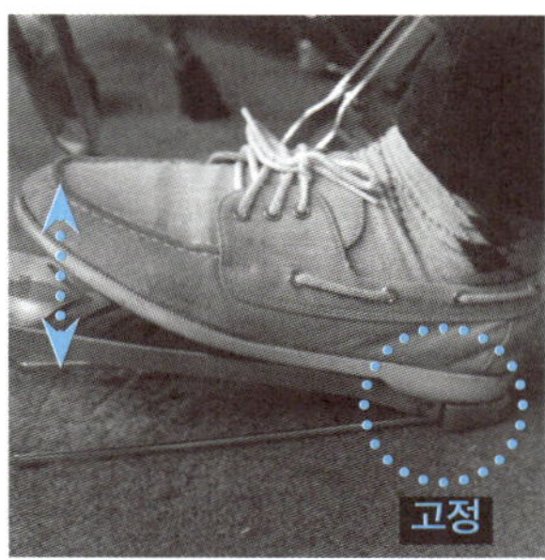

뒤꿈치를 기준으로 발목으로만 움직여 오픈과 클로즈를 합니다.

ⓐ풋 페달에서의 발의 위치

ⓑ풋 페달에서의 발의 동작

②하이햇 오픈과 클로즈 설명

하이햇이 열려 있거나 닫혀 있는 상태에서 때리는 것이 아닙니다. 오픈은 "때리는 순간에 발을 떼는 것"을 말하고 클로즈는 "닫히는 순간에 때리는 것"입니다. 그러므로 왼발의 움직임과 스틱의 타격이 정확해야 합니다.

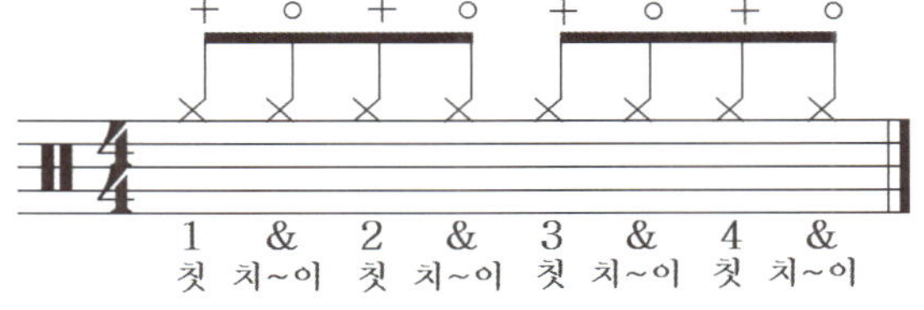

ⓐ8비트 엇 박의 하이햇 오픈 연습

ⓑ8비트의 하이햇 클로즈/오픈 연습

위의 악보처럼 입으로 소리의 느낌을 말하면서 연습하면 좋습니다.

*가끔 하이햇 페달의 상태가 좋지 않은 경우가 있으니 합주 전에 점검합니다.

③"첫사랑"의 형식ⓒ 연주하기

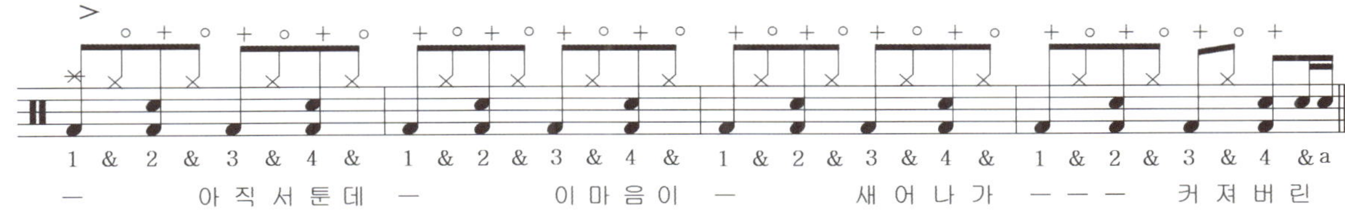

▲ ⓒ파트 25마디~29마디의 악보

쉽게 박자에 빗대어 말하면 정(숫자) 박자에 닫아주고 엇(&) 박자에 열어주는 것을 말합니다. 첫 박자에 심벌을 때린 후에 스틱으로 하이햇의 때리면서 동시에 오픈 그리고 다시 스네어를 때리면서 닫아주고 다시 하이햇을 오픈, 베이스 드럼을 밟으면서 하이햇 닫고, 이렇게 계속 반복하면 됩니다.

주의할 점은 8비트는 일정해야하기 때문에 정확한 하이햇 조절이 필요하며 메트로놈을 이용하여 속도별로 연습하여야 합니다.

첫사랑(Guide Score)

장기준/장범준 작사, 장범준 작곡, 버스커버스커 노래

Sound Tip
전체적으로 복고풍 사운드라고 할 수 있는데 빈티지한 오르간 소리에 약한 드라이브의 기타 소리, 통통튀는 베이스와 무게있는 드럼 소리가 중요합니다.

Play Tip
각 파트(형식) 마다 연주 스타일의 변화가 큰 곡입니다. 각 파트 마다의 연주 패턴을 충분히 숙지하여야 하며 큰 사운드를 내기보다 원곡의 사운드에 충실하며 서로 잘 어울러지는 사운드를 추구하는 것이 좋습니다. 보컬은 시작부분의 저음부와 후렴구의 고음부와 가성의 연결에 신경쓰며 악기들은 정확한 8비트를 연주하도록 합니다.

♩ = 120 드럼 카운트 후 시작합니다.

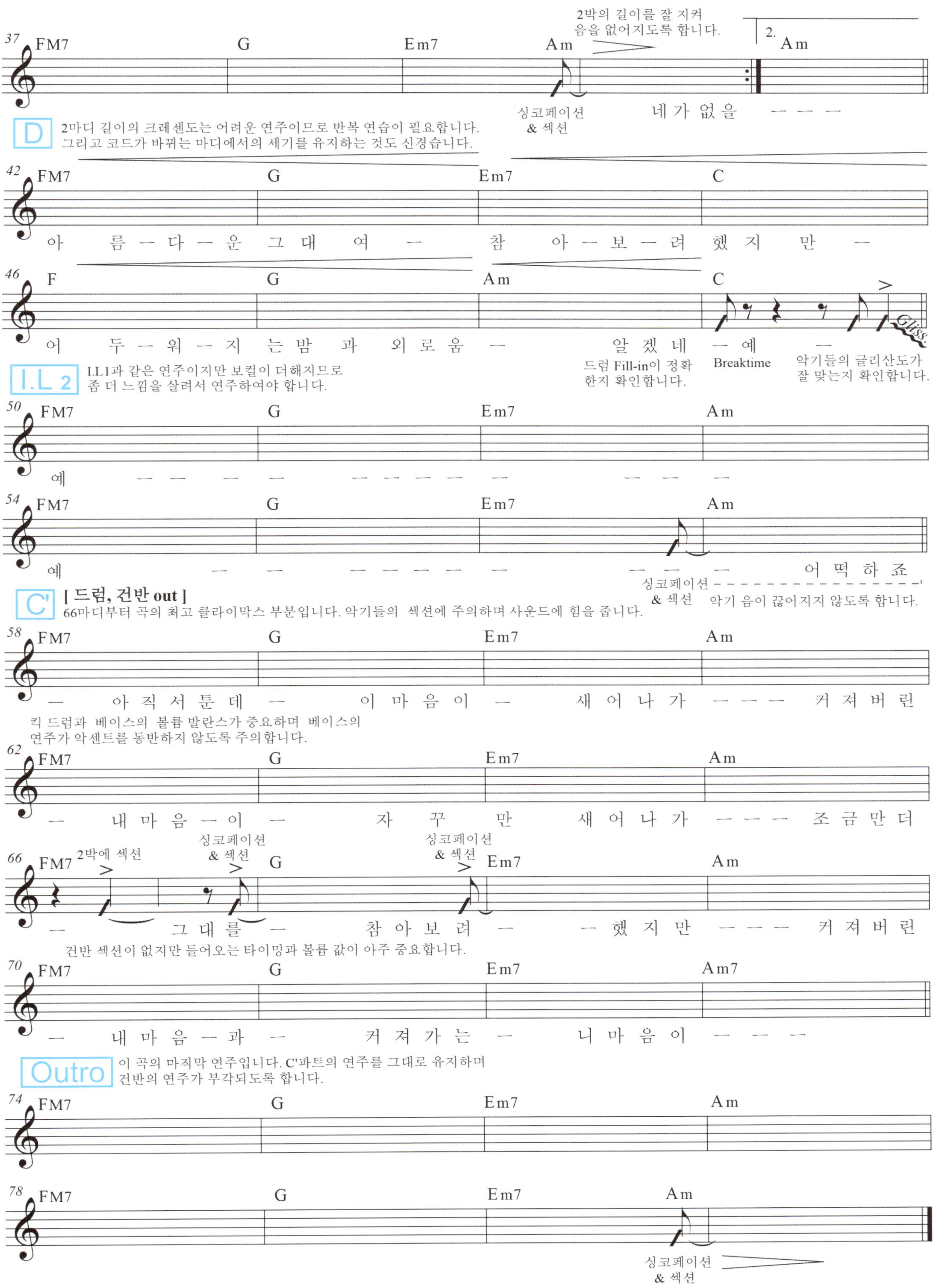
2박의 길이를 잘 지켜
음을 없어지도록 합니다.
37 FM7   G   Em7   Am   2. Am
싱코페이션
& 섹션
네 가 없 을
D 2마디 길이의 크레센도는 어려운 연주이므로 반복 연습이 필요합니다.
그리고 코드가 바뀌는 마디에서의 세기를 유지하는 것도 신경씁니다.
42 FM7   G   Em7   C
아 름 다 운 그대여 참 아 보 려 했 지 만
46 F   G   Am   C   >
Gliss
어 두 워 지 는밤 과 외로움 알 겠 네 예
드럼 Fill-in이 정확   Breaktime   악기들의 글리산도가
한지 확인합니다.   잘 맞는지 확인합니다.
I.L 2 I.L1과 같은 연주이지만 보컬이 더해지므로
좀 더 느낌을 살려서 연주하여야 합니다.
50 FM7   G   Em7   Am
예
54 FM7   G   Em7   Am
예 어 떻 하 죠
싱코페이션
& 섹션   악기 음이 끊어지지 않도록 합니다.
C' [드럼, 건반 out]
66마디부터 곡의 최고 클라이막스 부분입니다. 악기들의 섹션에 주의하며 사운드에 힘을 줍니다.
58 FM7   G   Em7   Am
아 직 서툰 데 이 마 음 이 새 어 나 가 커 져 버 린
킥 드럼과 베이스의 볼륨 발란스가 중요하며 베이스의
연주가 악센트를 동반하지 않도록 주의합니다.
62 FM7   G   Em7   Am
내 마 음 이 자 꾸 만 새 어 나 가 조 금 만 더
66 FM7 2박에 섹션 싱코페이션 G 싱코페이션 Em7 Am
& 섹션   & 섹션
그 대 를 참 아 보 려 했 지 만 커 져 버 린
건반 섹션이 없지만 들어오는 타이밍과 볼륨 값이 아주 중요합니다.
70 FM7   G   Em7   Am7
내 마 음 과 커 져 가 는 니 마 음 이
Outro 이 곡의 마지막 연주입니다. C'파트의 연주를 그대로 유지하며
건반의 연주가 부각되도록 합니다.
74 FM7   G   Em7   Am
78 FM7   G   Em7   Am
싱코페이션
& 섹션

첫사랑(Vocal Score)

장기준/장범준 작사, 장범준 작곡, 버스커버스커 노래

Play Tip

중저음의 톤에 말하듯이 노래를 부르기 때문에 듣는 이들은 쉽게 들을 수 있어도 부르는 사람은 어렵습니다. 또 진성과 가성으로 변하는 부분이 많아서 목소리가 갈라질 수 있으니 주의합니다. 중저음의 톤은 목소리가 안 선명하여 가사 전달이 어려울 수 있으므로 배의 힘(발성)을 잘 유지하면서 발음에 신경씁니다.

♩= 120 드럼 카운트 후 시작합니다.

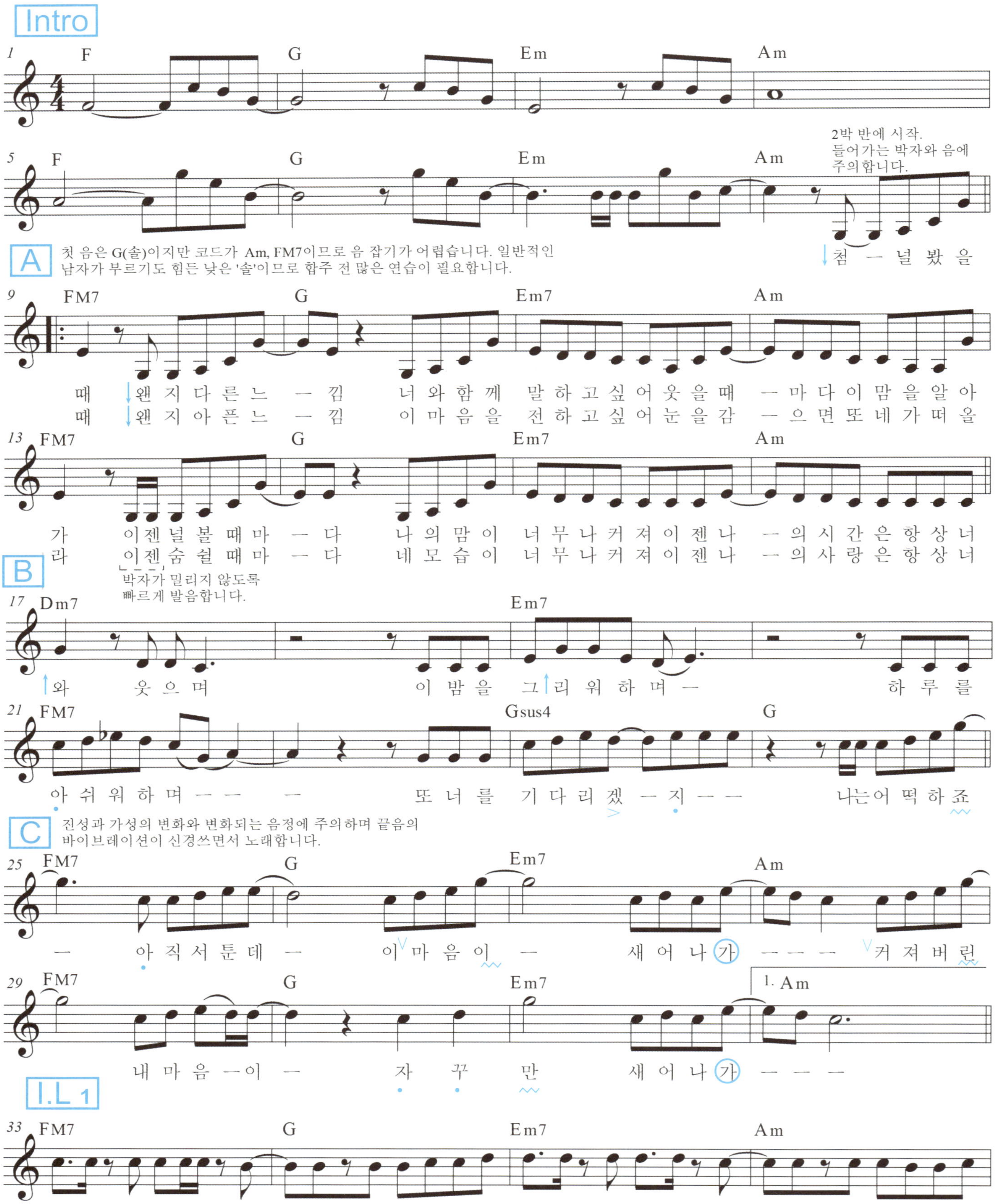

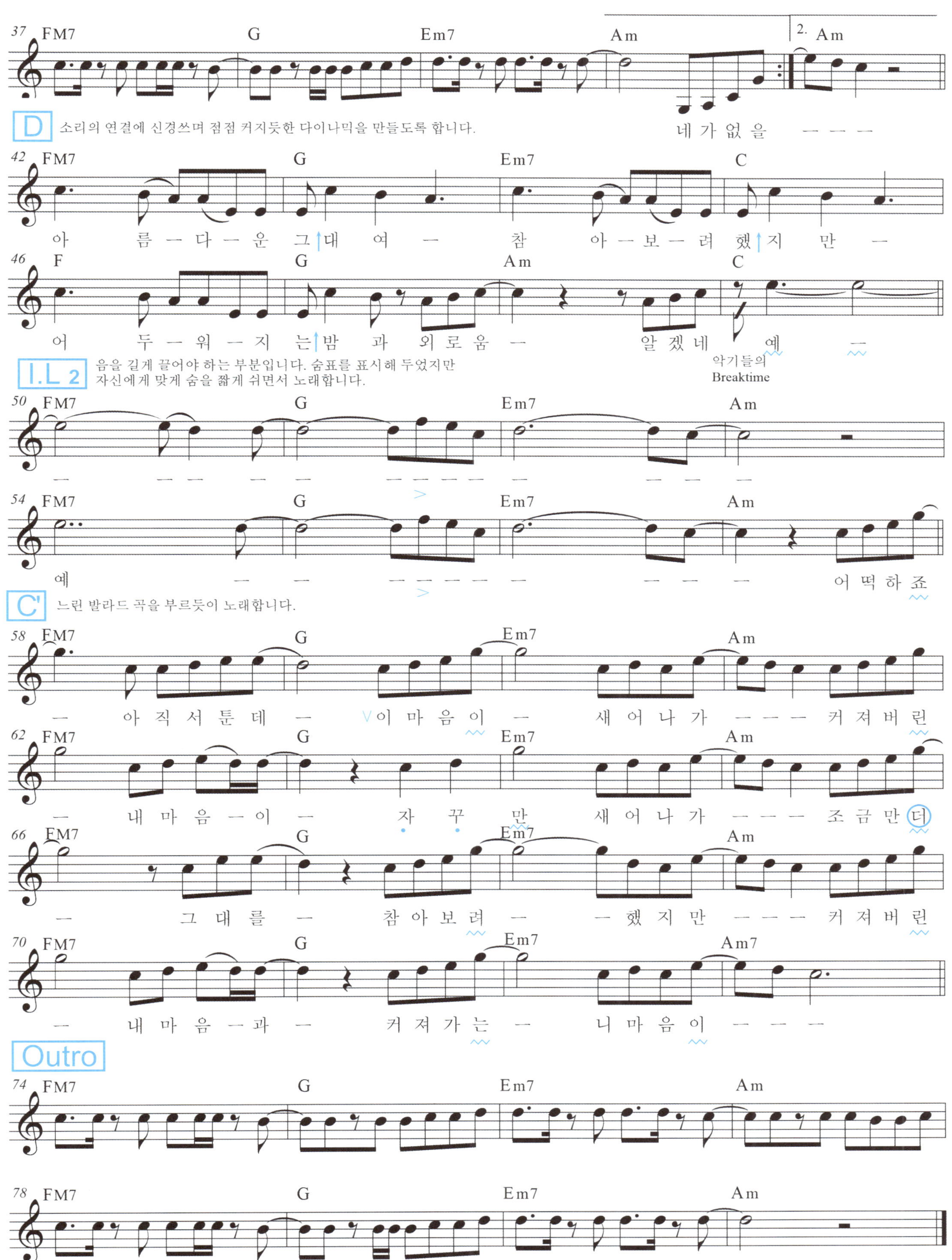
37 FM7 G Em7 Am 2. Am
D 소리의 연결에 신경쓰며 점점 커지듯한 다이나믹을 만들도록 합니다.
네 가 없 을
42 FM7 G Em7 C
아 름 다 운 그 대 여 참 아 보 려 했 지 만
46 F G Am C
어 두 워 지 는 밤 과 외로움 알 겠 네 예
I.L 2 음을 길게 끌어야 하는 부분입니다. 숨표를 표시해 두었지만
자신에게 맞게 숨을 짧게 쉬면서 노래합니다.
악기들의
Breaktime
50 FM7 G Em7 Am
54 FM7 G Em7 Am
예 어 떡 하 죠
C' 느린 발라드 곡을 부르듯이 노래합니다.
58 FM7 G Em7 Am
아 직 서 툰 데 이 마 음 이 새 어 나 가 커 져 버 린
62 FM7 G Em7 Am
내 마 음 이 자 꾸 만 새 어 나 가 조 금 만 더
66 FM7 G Em7 Am
그 대 를 참 아 보 려 했 지 만 커 져 버 린
70 FM7 G Em7 Am7
내 마 음 과 커 져 가 는 니 마 음 이
Outro
74 FM7 G Em7 Am
78 FM7 G Em7 Am

첫사랑(Synth Score)

장기준/장범준 작사, 장범준 작곡, 버스커버스커 노래

♩ = 120　드럼 카운트 후 시작합니다.

Intro

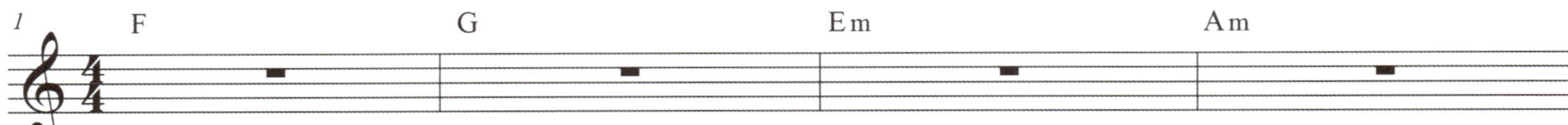

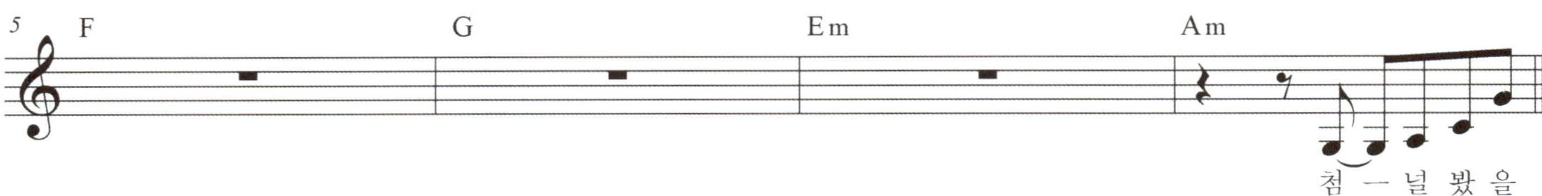

A

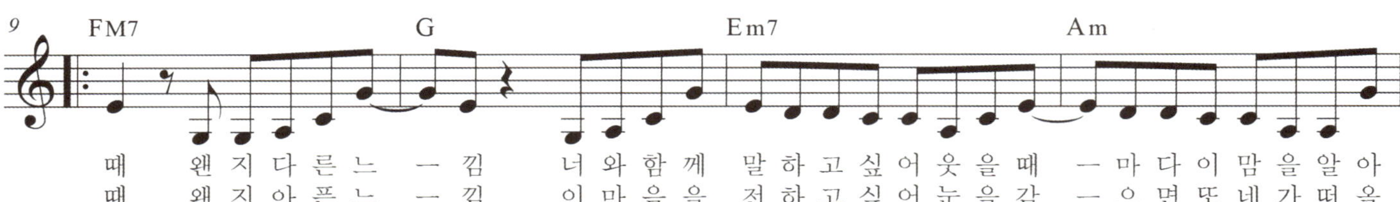

B　**[Organ]**
왼손으로는 볼륨값의 조절합니다.

FM7
Gsus4
G
아 쉬 워 하 며 ― ― ― 또 너 를 기 다 리 겠 ―지 ― ― 나 는 어 떡 하 죠
8vb
8vb
Gliss.
Gliss.
Gliss.
Gliss.
3박 반에 글리산도가
들어갑니다.
C
볼륨을 조금 높여 연주합니다.
FM7
G
Em7
Am
― 아 직 서 툰 데 ― 이 마 음 이 ― 새 어 나 가 ― ― ― 커 져 버 린
FM7
G
Em7
1. Am
― 내 마 음 ―이 ― 자 꾸 만 새 어 나 가 ― ― ―
I.L 1
FM7
G
Em7
Am
FM7
G
Em7
Am
2. Am
'래'음을 계속 유지합니다.
8vb
네 가 없을 ― ― ―
Gliss.
싱코페이션
& 섹션
Gliss.

D
42 FM7   G   Em7   C
아 름―다―운 그대여―참 아―보―려 했지만―
46 F   G   Am   C
어 두―워―지 는밤 과 외로움― 알 겠네 예―
Gliss.
Breaktime
Gliss.
8vb - - -
3박 반에 글리산도가
들어갑니다.
I.L 2
50 FM7   G   Em7   Am
54 FM7   G   Em7   Am
예
어떡하죠
8vb - -
Gliss
Gliss
싱코페이션
& 섹션
C'
연주가 없지만 박자를 계속 세면서 마지막마다(64마디)의
글리산도 들어가는 박자에 주의합니다.
58 FM7   G   Em7   Am
― 아 직서툰데 ― 이 마음이 ― 새 어나가 ――― 커 져버린

다른 악기와 섹션은 같으나 연주는 틀립니다. 앞 마디부터
물고 들어오는 글리산도에 2박에 섹션 코드를 정확하게 누릅니다.

Outro 이 곡의 마지막 연주이므로 볼륨값을 조금 더 높여 주고 싱코페이션에
악센트를 주어 박진감 있는 OUTRO를 연주합니다.

다른 악기들의 소리를
들으며 볼륨을 줄입니다.

글리산도의 시작과 싱코페이션
섹션에 박자를 잘 세어야 합니다.

첫사랑(Guitar Score)

장기준/장범준 작사, 장범준 작곡, 버스커버스커 노래

Sound Tip
1. Overdrive : Drive의 양은 25~35% 정도로 하여 약한 드라이브 톤을 만들거나 Chunch(클런치) 이펙터가 있으면 사용하면 됩니다.
2. Reverb : B와 C파트의 아르페지오 연주에 사용합니다.

Play Tip
A, C파트에서 소리낼 줄에 주의하여 피킹하며 헤머링, 풀링, 슬라이드, 글리산도(가장 돋보이는 연주 테크닉) 주법을 익숙하게 연습하여야 합니다. 리듬에 엇 박이 많아 빨라지는 것에 주의하며 싱코페이션 후의 박자 카운팅에 집중합니다.

♩ = 120

[Overdrive]

Intro — 슬라이드 주법에 주의하며 혼자 연주하는 부분이므로 박자에 주의하며 끝음 처리를 잘 해야 합니다.

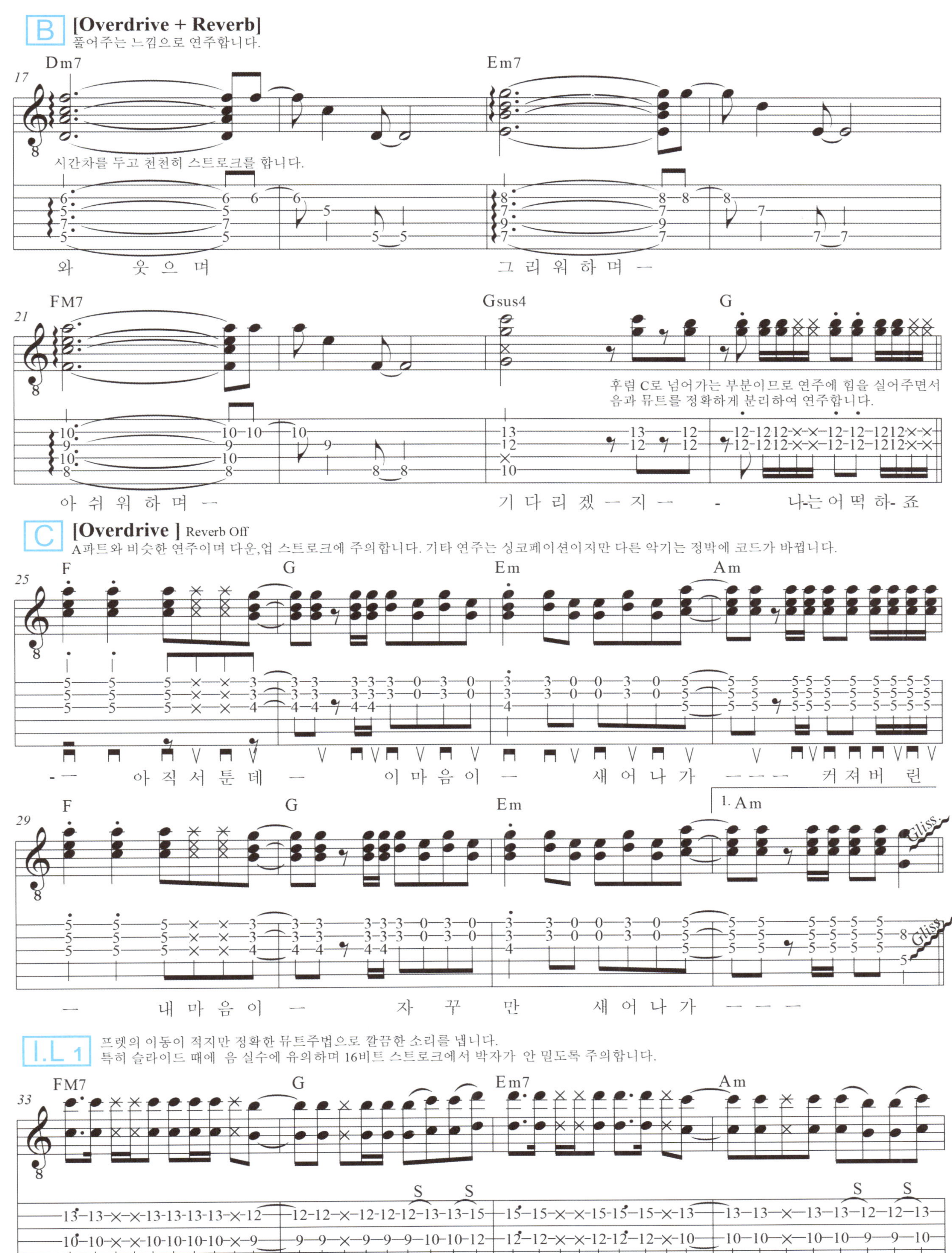첫사랑 Guitar / 2
B [Overdrive + Reverb]
풀어주는 느낌으로 연주합니다.
Dm7
Em7
시간차를 두고 천천히 스트로크를 합니다.
와 웃으며
그리워하며 —
FM7
Gsus4
G
후렴 C로 넘어가는 부분이므로 연주에 힘을 실어주면서
음과 뮤트를 정확하게 분리하여 연주합니다.
아쉬워하며 —
기다리겠 — 지 — - 나는 어떡하- 죠
C [Overdrive] Reverb Off
A파트와 비슷한 연주이며 다운,업 스트로크에 주의합니다. 기타 연주는 싱코페이션이지만 다른 악기는 정박에 코드가 바뀝니다.
F
G
Em
Am
— 아직서툰데 — 이마음이 — 새어나가 — — — 커져버린
F
G
Em
1. Am
Gliss.
— 내마음이 — 자꾸만 새어나가 — — —
I.L 1
프렛의 이동이 적지만 정확한 뮤트주법으로 깔끔한 소리를 냅니다.
특히 슬라이드 때에 음 실수에 유의하며 16비트 스트로크에서 박자가 안 밀도록 주의합니다.
FM7
G
Em7
Am
S S
S S

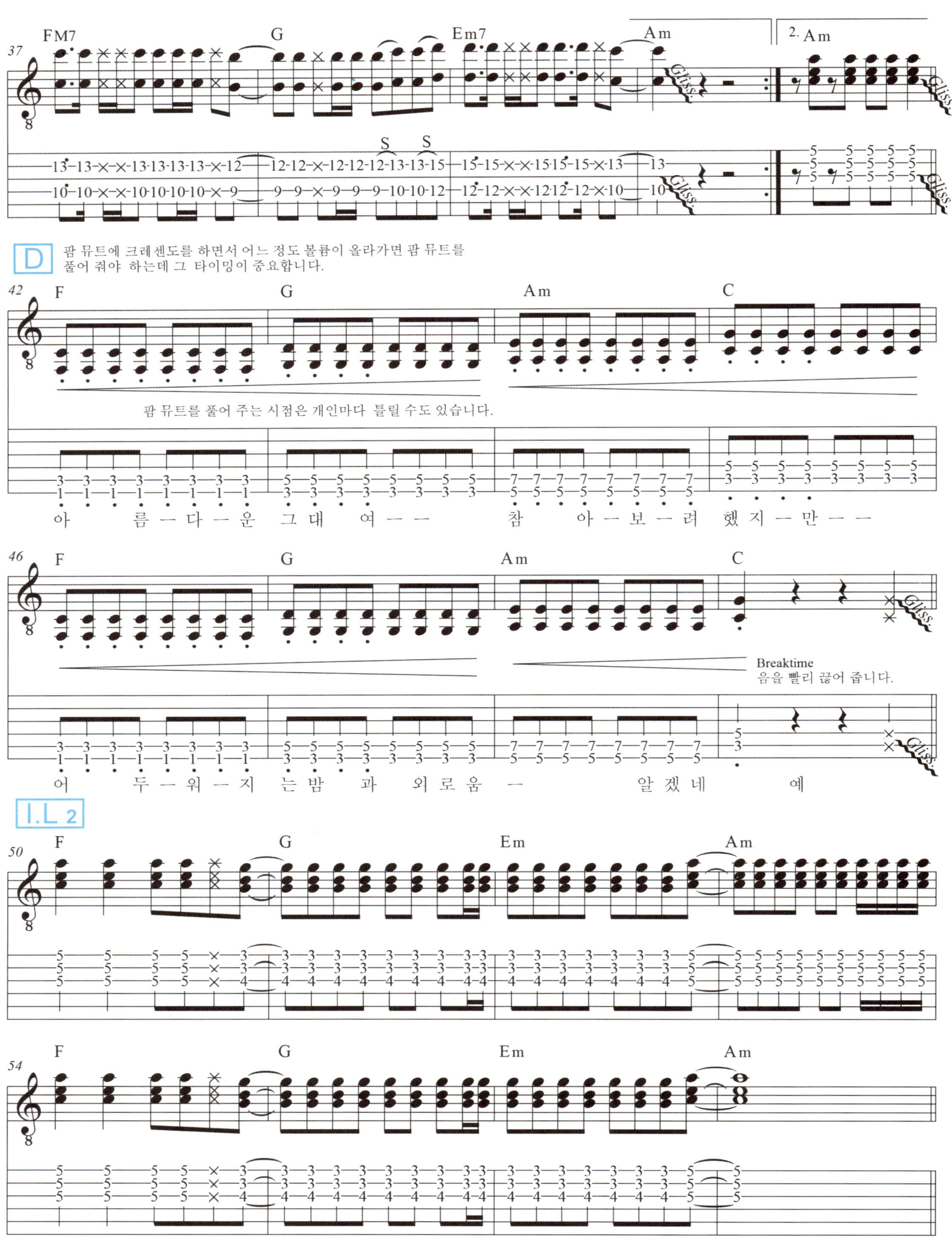
D 팜 뮤트에 크레셴도를 하면서 어느 정도 볼륨이 올라가면 팜 뮤트를
풀어 줘야 하는데 그 타이밍이 중요합니다.
팜 뮤트를 풀어 주는 시점은 개인마다 틀릴 수도 있습니다.
아 름 다 운 그대 여 참 아 보려 했지만
Breaktime
음을 빨리 끊어 줍니다.
어 두 워 지 는 밤 과 외로움 알겠네 예
I.L 2
어 떡 하 죠

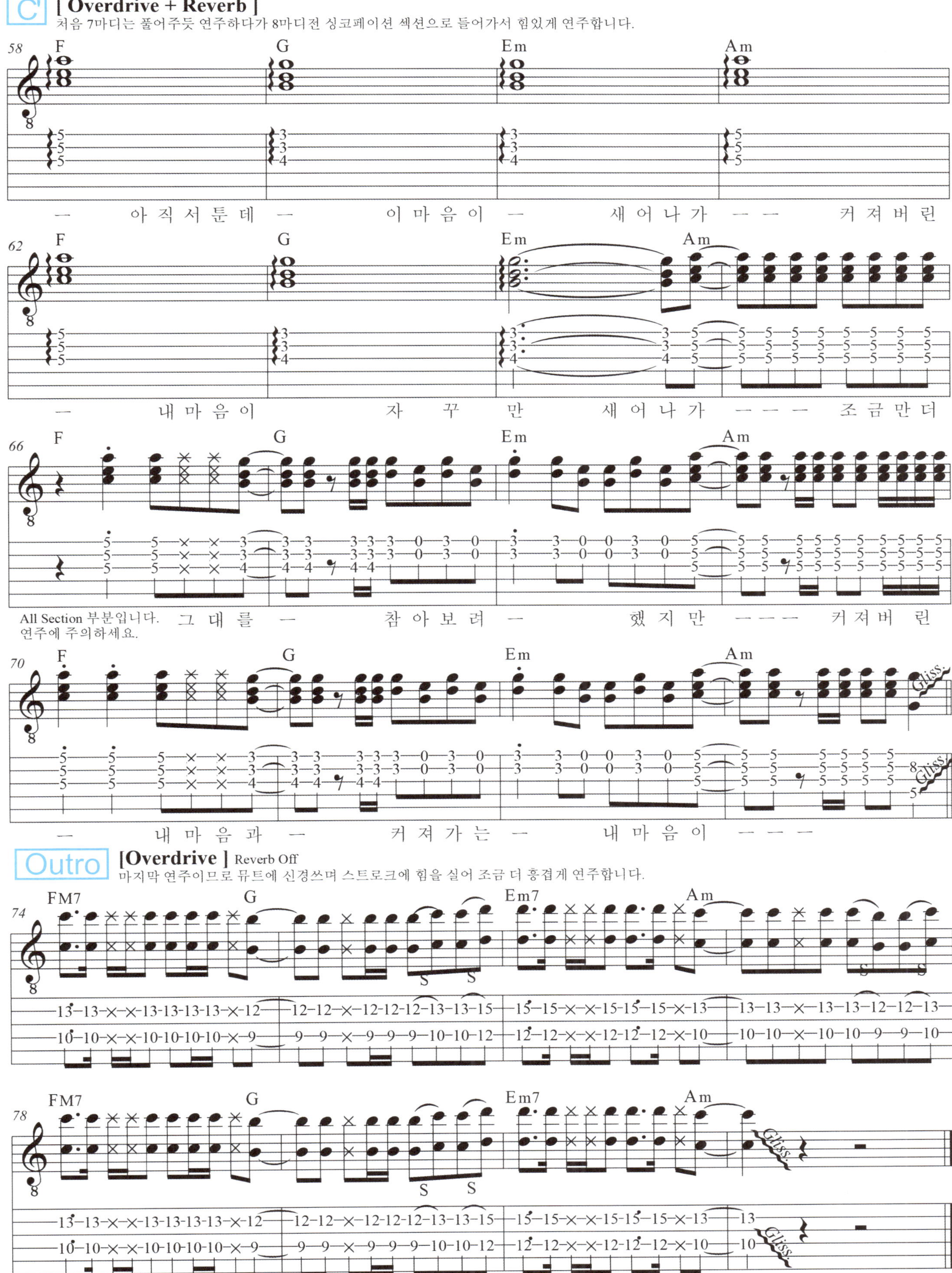

C'
[Overdrive + Reverb]
처음 7마디는 풀어주듯 연주하다가 8마디전 싱코페이션 섹션으로 들어가서 힘있게 연주합니다.
아 직 서 툰 데 — 이 마 음 이 — 새 어 나 가 — 커 져 버 린
내 마 음 이 자 꾸 만 새 어 나 가 — 조 금 만 더
All Section 부분입니다.
연주에 주의하세요. 그 대 를 — 참 아 보 려 — 했 지 만 — 커 져 버 린
Outro
[Overdrive] Reverb Off
마지막 연주이므로 뮤트에 신경쓰며 스트로크에 힘을 실어 조금 더 흥겹게 연주합니다.
내 마 음 과 — 커 져 가 는 — 내 마 음 이 —

첫사랑(Bass Score)

장기준/장범준 작사, 장범준 작곡, 버스커버스커 노래

♩ = 120 드럼 카운트 후 시작합니다.

Sound Tip

Intro 파트는 약간의 드라이브(기타 이펙트 참조)가 걸려있는 소리입니다. 실제 합주에서는 베이스 드라이브를 사용하기 힘든 경우가 많습니다. 전체적으로 선명한 톤과 타이트한 중음의 사운드가 요구되므로 EQ에서 미들과 하이를 높여줍니다.

Play Tip

각 형식마다의 연주스타일이 많이 틀리므로 파트별 연습을 충분히 하며 음악을 많이 들어서 베이스 음을 외우는 것이 연주에 많은 도움이 됩니다. 특히 이 곡은 D파트의 두 마디 크레센도의 표현이 어려운 곡이므로 합주 전 미리 다른 악기와 연습을 하도록 합니다.

Intro 기타와 유니즌 부분이므로 베이스 드럼의 소리에 맞춰 정확한 음을 연주합니다.

앞의 3마디는 기타와 유니즌이지만 4마디부터는 기타와 다르므로 주의하세요.

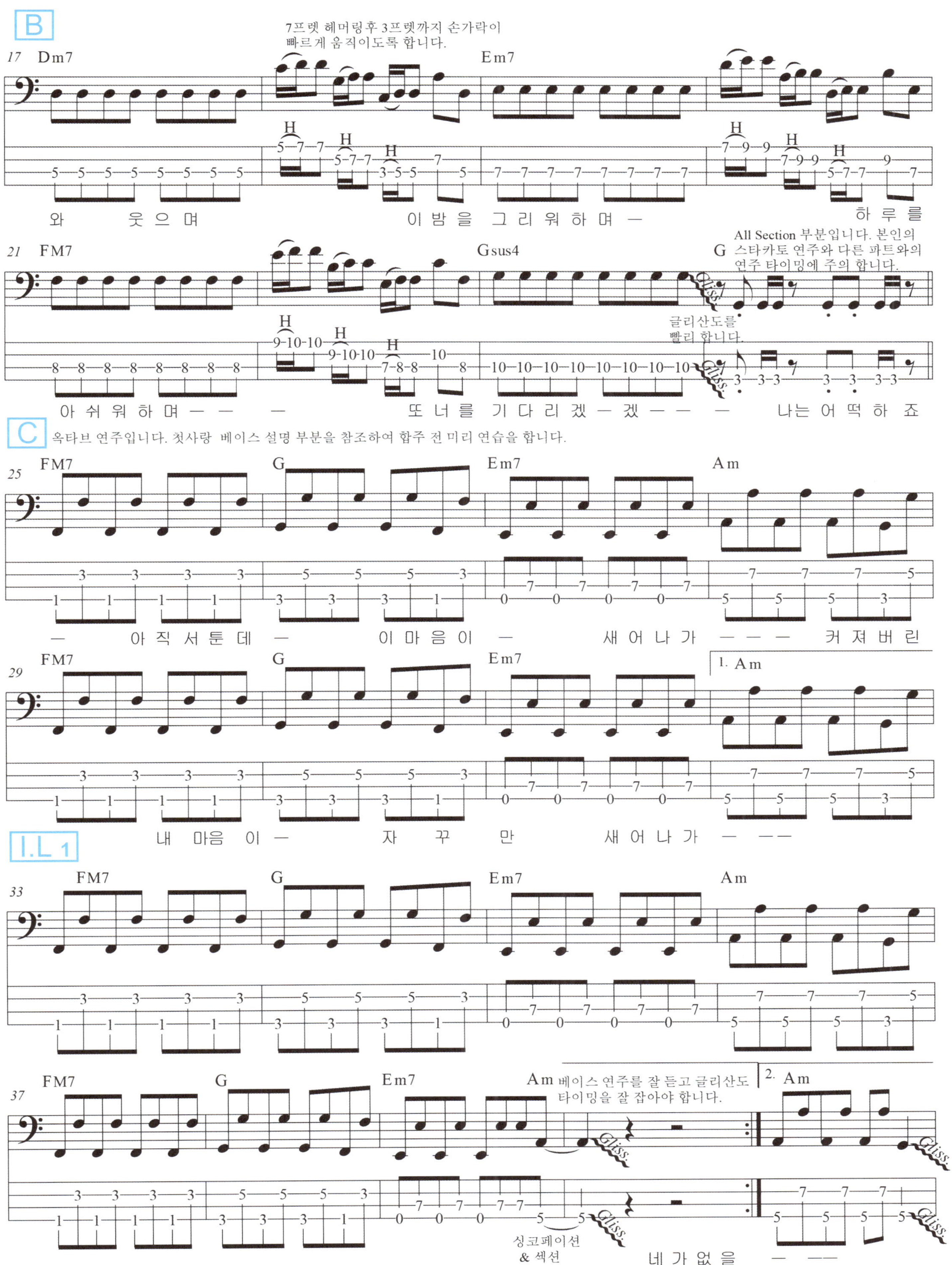
B
17 Dm7
7프렛 헤머링후 3프렛까지 손가락이
빠르게 움직이도록 합니다.
Em7
와 웃으며 이밤을 그리워하며 — 하 루 를
21 FM7
Gsus4
G
All Section 부분입니다. 본인의
스타카토 연주와 다른 파트와의
연주 타이밍에 주의 합니다.
글리산도를
빨리 합니다.
아 쉬 워 하 며 — — — 또 너 를 기 다 리 겠 — 겠 — — — 나 는 어 떡 하 죠
C 옥타브 연주입니다. 첫사랑 베이스 설명 부분을 참조하여 합주 전 미리 연습을 합니다.
25 FM7
G
Em7
Am
— 아 직 서 툰 데 — 이 마 음 이 — 새 어 나 가 — — — 커 져 버 린
29 FM7
G
Em7
1. Am
내 마 음 이 — 자 꾸 만 새 어 나 가 — — —
I.L 1
33 FM7
G
Em7
Am
37 FM7
G
Em7
Am 베이스 연주를 잘 듣고 글리산도
타이밍을 잘 잡아야 합니다.
2. Am
Gliss
Gliss
싱코페이션
& 섹션
네 가 없 을 — — —

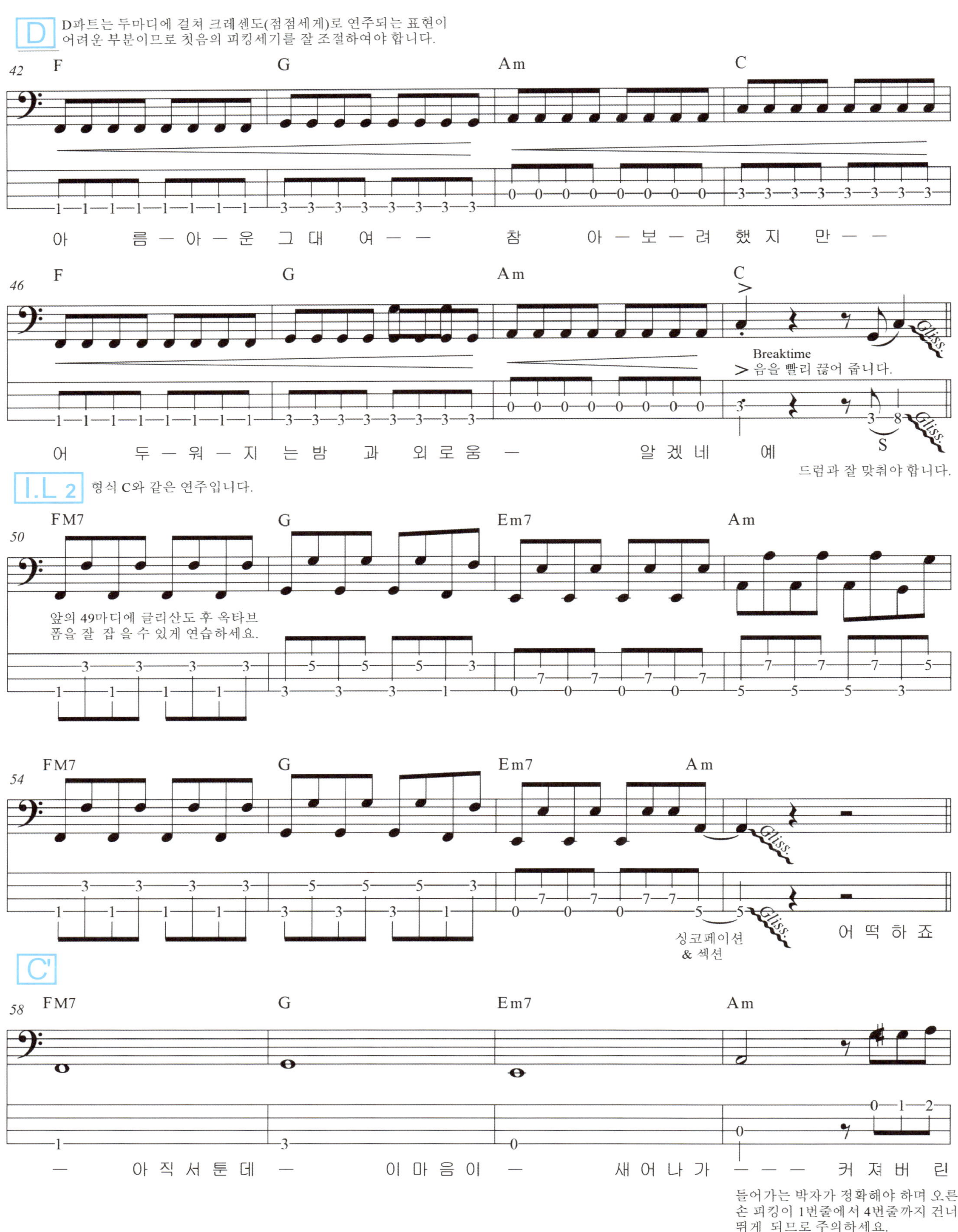

D파트는 두마디에 걸쳐 크레센도(점점세게)로 연주되는 표현이
어려운 부분이므로 첫음의 피킹세기를 잘 조절하여야 합니다.
42
F
G
Am
C
아 름—아—운 그대 여—— 참 아—보—려 했지 만——
46
F
G
Am
C
Breaktime
음을 빨리 끊어 줍니다.
Gliss.
Gliss.
어 두—워—지 는밤 과 외로움 — 알 겠네 예
S
드럼과 잘 맞춰야 합니다.
I.L 2
형식 C와 같은 연주입니다.
FM7
G
Em7
Am
50
앞의 49마디에 글리산도 후 옥타브
폼을 잘 잡을 수 있게 연습하세요.
FM7
G
Em7
Am
54
Gliss.
Gliss.
싱코페이션
& 섹션
어 떡하죠
C'
FM7
G
Em7
Am
58
— 아 직서툰데 — 이마음이 — 새 어나가 — — — 커 져버린
들어가는 박자가 정확해야 하며 오른
손 피킹이 1번줄에서 4번줄까지 건너
뛰게 되므로 주의하세요.

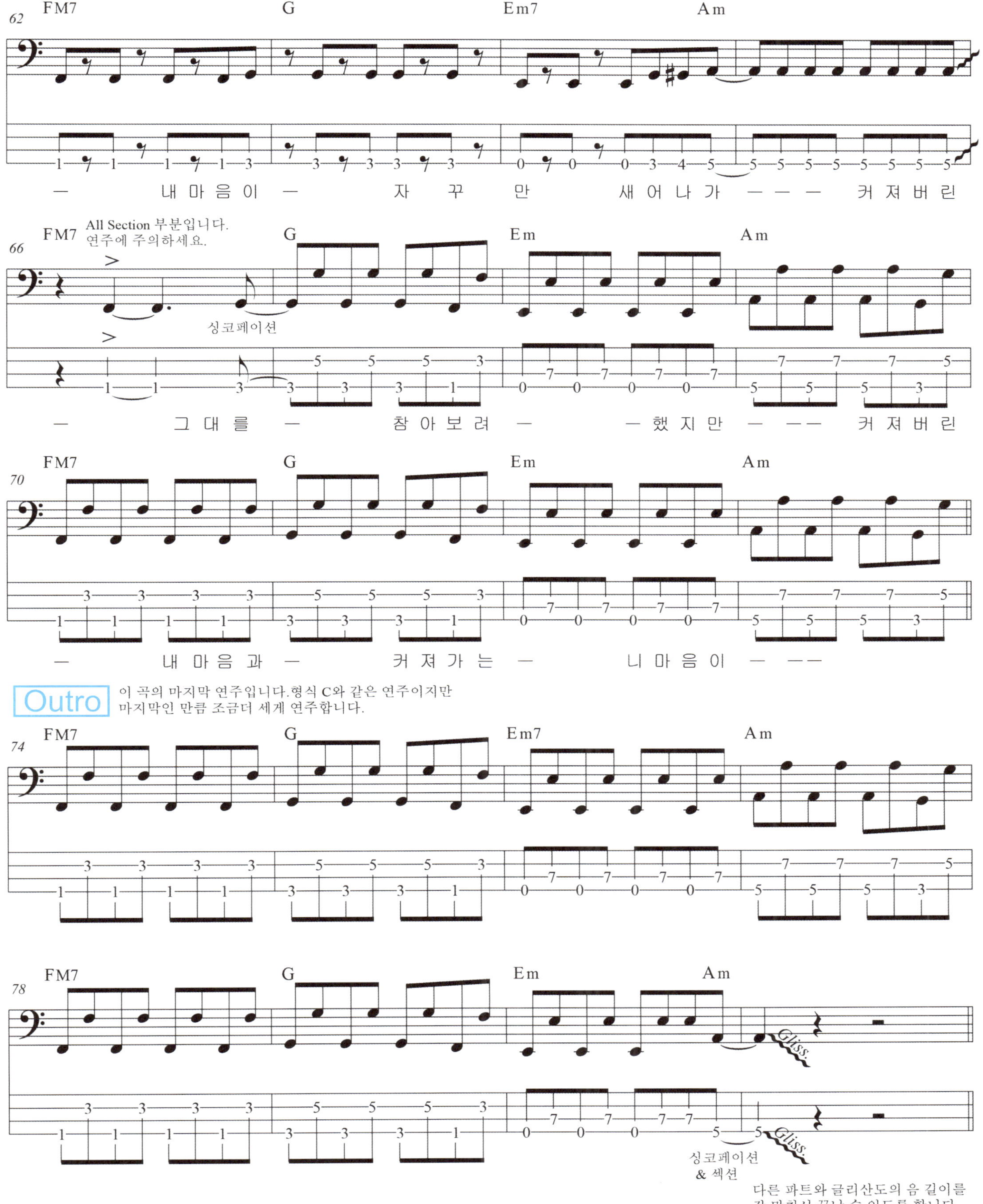
62
FM7   G   Em7   Am
— 내 마 음 이 —   자 꾸 만   새 어 나 가 — — —   커 져 버 린
66
FM7   All Section 부분입니다.   G   Em   Am
연주에 주의하세요..
싱코페이션
— 그 대 를 —   참 아 보 려 —   — 했 지 만 — — —   커 져 버 린
70
FM7   G   Em   Am
— 내 마 음 과 —   커 져 가 는 —   니 마 음 이 — — —
Outro   이 곡의 마지막 연주입니다. 형식 C와 같은 연주이지만
마지막인 만큼 조금더 세게 연주합니다.
74
FM7   G   Em7   Am
78
FM7   G   Em   Am
Gliss.
Gliss.
싱코페이션
& 섹션
다른 파트와 글리산도의 음 길이를
잘 맞춰서 끝날 수 있도록 합니다.

첫사랑(Drum Score)

장기준/장범준 작사, 장범준 작곡, 버스커버스커 노래

Set Tip
기본 드럼세트(5기통)에 심벌, 라이드 각각 한 장이면 연주가 가능합니다.

Play Tip
8비트, 16비트, 싱코페이션의 리듬적인 부분과 하이햇의 조절, 라이드 심벌의 연주 등 조금은 까다로운 곡이지만 각 형식마다 리듬 반복이 많아서 형식별 리듬만 잘 연습한다면 합주는 어렵지 않습니다.

♩=120 드럼 카운트 후에 합주가 시작되므로 기타와 베이스의 준비를 확인한 다음 카운트를 줍니다.

Intro 킥 드럼의 강,약 조절에 주의하며 다른 악기보다 소리가 크지 않도록 연주합니다.

A 하이햇의 16비트 연주 중에 R,L이 엉기지 않도록 주의합니다.

만약 9마디 들어갈 때 다른 악기들이 박자를 놓쳤다면 하이햇을 세겨줍니다.

B 라이드 심벌 컵의 연주 시 정확한 비트, 깔끔한 소리에 신경씁니다.

라이드 심벌에 타점을 일정하게 유지합니다.

첫 박에 점8분음표 길이의 연주가 힘들면 반박에 R을 치면 됩니다.

C 왼발의 동작(세기)이 일정할 수 있게 주의합니다.

29
내 마 음—이 — 자 꾸 만 새 어 나 가 —— —
1.
I.L 1 킥과 스네어의 세기는 C파트의 연주를 유지하면서 하이햇은 라이드로 바꿔줍니다.
33
37
싱코페이션 & 섹션 네 가 없 을 — — —
2.
D 크레센도 연주를 위한 힘의 적당한 배분이 중요합니다.
42
아 름—다—운 그대 여 — 참 아—보—려 했지 만 —
46
R L R L R K (K)는 킥드럼입니다.
어 두—워—지 는밤 과 외로움 — 알 겠 네 예 —
Breaktime
I.L 2
50
— — — — — — — — — —
54
예 — — — — — — — — — 어 떡 하 죠
싱코페이션 & 섹션
C'
58
— 아 직 서 툰 데 — 이 마 음 이 — 새 어 나 가 ——— 커 져 버 린

Outro 이 곡의 마지막 연주이므로 다이나믹을 조금 더 주어 흥겹게 연주하도록 합니다.

T_{his} Love - 빅뱅

이 곡은 2006년도에 발매된 빅뱅1집 "Bigbang First Single" 앨범에 수록된 곡이며 한 앨범에 "This Love(G-Dragon Solo)"버전도 있습니다. 2006년도 발매 이후 라이브 앨범에도 담겨지듯 꾸준히 인기 있는 곡입니다. 한 여자를 짝사랑하는 남자에 대한 이야기를 자기 자신인 1인칭 시점으로 가사를 만들었으며 원곡은 Maroon5의 "This Love"로 연주는 원곡과 같으며 가사만 한국어로 G-Dragon이 만들었습니다. 원작자 : Adam Levine(아담 리바인), Jesse Carmicheal(제스 카마이클)

파트 구성

보컬은 랩퍼와 메인보컬/코러스가 필요하며 연주자는 기타2명, 베이스, 드럼 그리고 건반이 필요합니다.

PLAY POINT!

연주자체가 섹션의 연속입니다. 여러 개의 악기가 마치 한 악기인 듯 정확한 연주타이밍이 필요로 하므로 각자가 연주하는 음의 세기와 음길이(비트)를 정확히 알아야 하며 베이스음 라인과 코드 변화가 다르므로 정확하게 코드를 숙지한 후에 연습하여야 좋은 합주를 할 수 있습니다.

① 16비트 리듬 읽기와 리듬감 내기
② 분수코드의 이해와 연주
③ 정확한 섹션 연주
④ 스타카토의 표현
⑤ 정확한 발음으로 노래(랩)하기

파트 설명

보컬(랩퍼)

이 곡은 노래와 랩이 같이 있는 곡으로 최소 2명의 보컬이 필요로 하며 보컬과 랩퍼로 각자의 파트를 정하고 랩퍼는 Ⓐ를 보컬은 Ⓒ, Ⓓ를 맡으면 됩니다. 랩을 부를 때는 본인의 스타일대로 목소리 톤이나 음정을 잡아도 좋지만 랩이 어색할 경우 최대한 원곡의 느낌을 살려서 부를 수 있도록 들으면서 따라 부르는 연습을 많이 합니다.

1.16Beat Rhythm(16비트 리듬)

노래와 랩, 둘 다 16비트(16분 음표)이기 때문에 리듬감(그루브)을 내면서 부르기 힘든 곡입니다. 비트를 맞춰서 못 부르면 악기와의 합주는 물론이고 혼자 부르는 것조차 어색하므로 정확한 음 길이와 리듬 타는 연습을 많이 하여야 합니다.

◀ 17마디~ Ⓒ의 보컬
(카피기호 참조)

위의 악보에서 보듯이 8분음표 이상은 '강하게 밀어주듯' 발음하고 16분 음표는 '짧게 당기듯' 입을 빠르게 움직여 발음합니다.

◀ 37마디~ D의 보컬

위의 악보에서 보듯이 정박에 노래를 부르는 부분은 37마디 2박과 38마디 2박, 단 두 군데뿐입니다. 그래서 나머지 음들은 전부 엇 박에 불러야 하기 때문에 박자에 맞추기 어려울 뿐만 아니라 그루브를 살리는 것도 어렵기 때문에 느린 속도로 많은 연습이 필요합니다.

2.Rap(랩)

랩에 대하여 알아보겠습니다.

①박자

드럼 소리를 알고 체크해 두어 박자(리듬)를 타도록 합니다. 드럼의 킥(베이스 드럼)의 "쿵"과 스네어의 "빡" 소리에 나오는 가사를 체크해 두고 강·약·호흡을 맞춘다면 빨라지거나 느려지지 않습니다.

②발음

일반적으로 랩은 노래보다 더 많은 가사가 나오며 빠르게 얘기해야하므로 전달력을 키울수 있도록 신경쓰며 연습합니다.

(1)느리게 또박또박 발음하며 연습하기

메트로놈이나 리듬머신을 느린 BPM(속도를 나타내는 수치)에 맞춘 후에 한마디나 특정 부분을 집중적으로 반복 연습합니다.

(2)볼펜을 입에 물고 연습하기

우리는 가끔 방송에서 볼펜을 물고 연습하는 것을 보게 되는데 이는 볼펜을 물고 연습하면 입안에 공간이 만들어져 뒤로 가는 소리(먹는 소리)를 막아 정확한 발음 표현에 도움을 주기 때문입니다.

③Rhyme&Flow(라임&플로우)

(1)라임

우리말로 운율 같은 부분으로 비슷한 어감의 단어들을 나열한 가사부분을 말합니다.

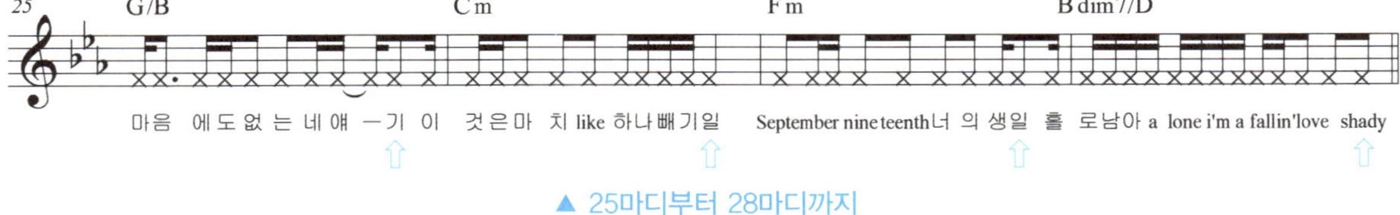

▲ 25마디부터 28마디까지

모음이 모두 "ㅣ"로 끝나며 강조되는 것을 알 수 있습니다.

This Love - 빅뱅

(2) 플로우

사전적 의미로 "흐르다"의 뜻이지만 힙합 랩퍼의 경우 음정, 톤, 발음, 그루브 등 여러 요소에 의해 생기는 랩퍼의 고유한 스타일을 말합니다.

랩에 있어 플로우는 중요한 요소이므로 자신만의 플로우를 갖도록 노력해야 하며 자신의 플로우가 없거나 살리기 힘든 경우에는 원곡의 랩핑이나 유명 랩퍼의 스타일을 흉내 내며 연습하여 느낌(플로우)를 익힐 수 있도록 합니다.

코러스

최소 2명의 남자 보컬이 필요한 곡입니다. 그럼 랩이 나올 때에는 보컬이 코러스 역할을 하고 보컬이 나올 경우에는 랩퍼가 코러스 역할을 도우며 부를 수 있도록 합니다. 추임새 같이 치고 나오는 부분을 서로 잘 정리하여 부르도록 합니다.

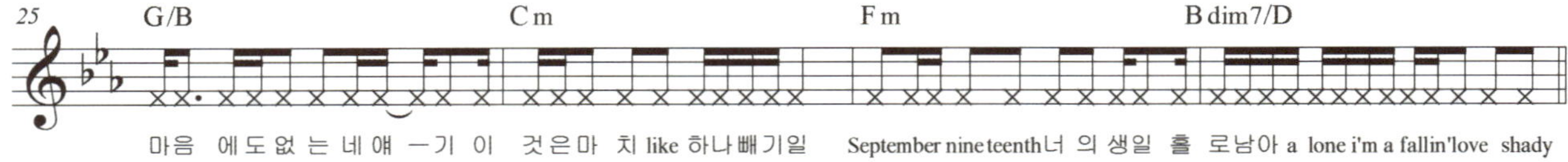

▲ 25마디부터 28마디까지

랩퍼보다 높은 음정이나 3도 위의 음정으로 불러야 합니다. 그러나 랩퍼같은 경우 멜로디에 비하여 음정 잡기가 힘들기 때문에 랩퍼와 다른 톤의 소리로 부르면 됩니다.

위의 부분 외에도 많은 부분에서 랩에 코러스 랩이 들어가므로 코러스 맡은 사람은 랩퍼와 같은 라임과 플로우를 구사할 수 있도록 연습합니다.

건반

이 곡은 전주부분(Intro)에 나오는 피아노 연주가 주가 되는 곡으로 듣기에는 리드미컬하여 많은 연주자들이 좋아 하지만 연주가 까다롭습니다.

언뜻 듣기에는 정 박에만 악센트가 들어가서 4비트인 듯 들리지만 엇 박에 약한 하프 스타카토 연주가 있어서 8비트 연주입니다. 그리고 왼손 저음부 연주는 16분 음표를 연주하기 때문에 원곡의 연주를 표현하려면 느린 속도로 많은 연습이 필요합니다.

1.Staccato(스타카토)와 Half Staccato(하프 스타카토)

스타카토는 "음을 강하고 짧게 소리 낸다."는 뜻으로 음표의 위나 아래에 "."을 찍어 표시하며 손목의 Snap(스냅, 손목을 이용하여 움직이는 동작)을 이용하면 건반의 찍어 누르는 것을 얘기하며 하프 스타카토는 "음은 짧게 끊어 주지만 세게 연주하지 않는다."의 뜻으로 음표의 위나 아래에 "⋅-"찍어 표시합니다.

2.Accent(악센트)

손목의 힘을 뺀 상태에서 팔과 몸을 이용하여 살짝 밀어주듯이 강하게 연주하는 것을 말합니다. (일반적으로 스타카토는 악센트를 동반합니다.)

3.4비트로 연주하기

8비트의 리듬에서 원곡의 연주가 어려울 수 있으므로 4비트로도 바꿔 연주가 가능합니다.

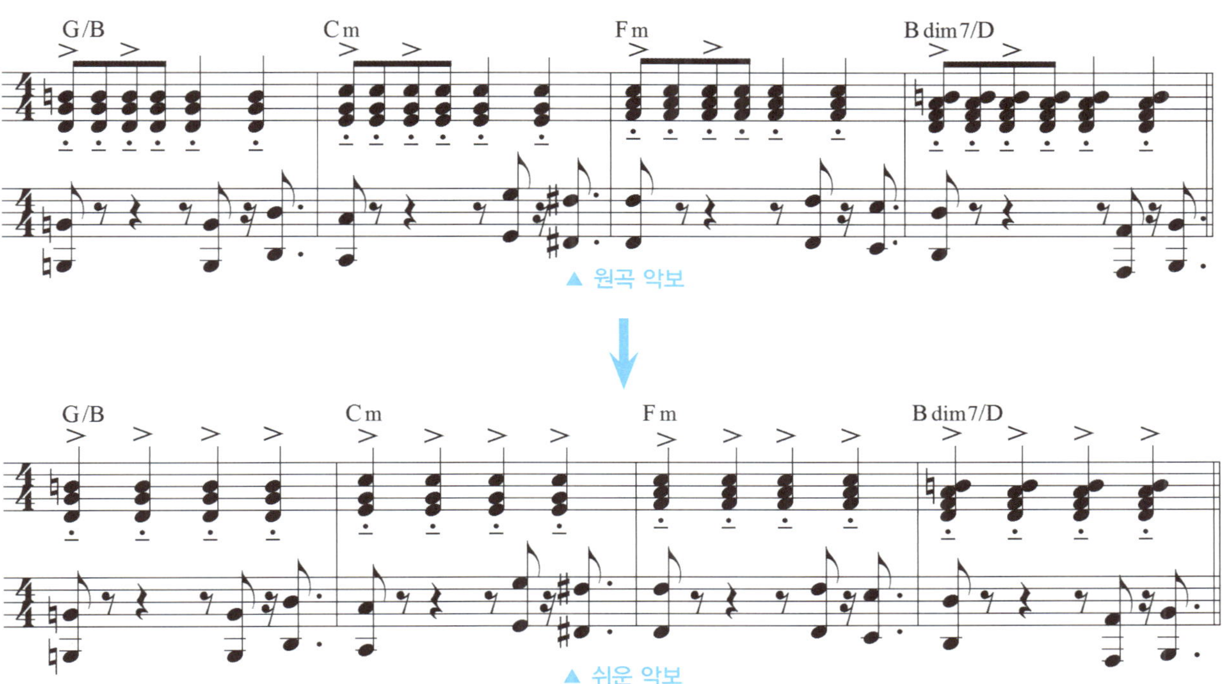

쉬운 악보에서 4분 음표의 연주는 누구나 쉽게 할 수 있지만 뉘앙스에 주의하여 최대한 리듬감을 살려 연주하여야 합니다.

기타

1.Rhythm Stroke(리듬 스트로크)

리듬이란 음의 장단(길고 짧음)과 강약이 반복되는 규칙적인 흐름을 말하며 스트로크는 왕복운동을 뜻합니다. 즉, 리듬을 만들기 위해 기타 줄을 소리 내며 위, 아래로 움직이는 동작(연주)을 "리듬 스트로크"라 하며 기타에서 많이 쓰이는 주법입니다.

①Note(노트, 음)과 Mute(뮤트, 음이 아닌 음)를 이용

기본적으로 알고 있듯이 현악기에서 멜로디를 만들 수 있는 음높이(Pitch,피치)를 가진 음을 "음"이라고 하며 '음이 아닌 음' 으로 연주에서는 리듬적인 효과를 주는 소리를 "뮤트"라고 합니다.

T_{his} Love - 빅뱅

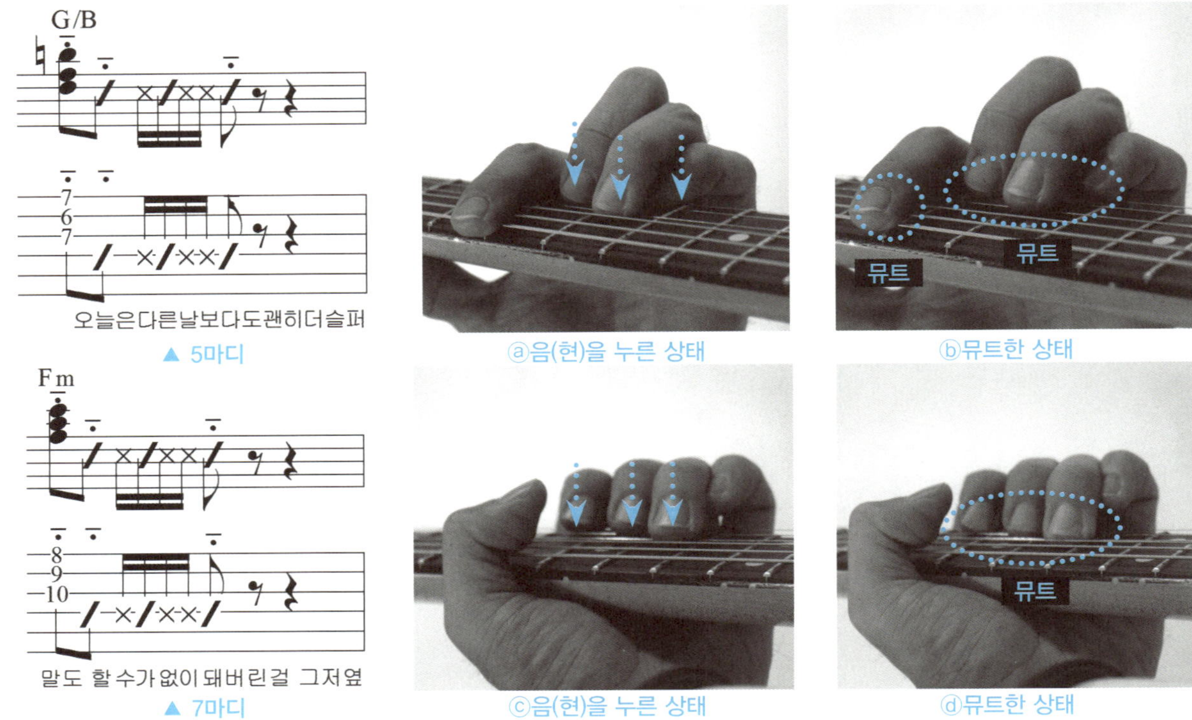

POINT!

세워져 있는 검지는 다른 줄의 뮤트를 위한 것이므로 스트로크 할 때 다른 줄이 소리가 않도록 운지 폼에 주의합니다.

②손목을 이용하여 스트로크

팔을 고정한 뒤에 손목의 회전을 이용해서 스트로크를 합니다. 이 때 팔은 스트로크의 강약 조절을 위해 조금만 움직여 주면 되고 무리하게 팔 전체를 움직이는 행동은 나지 말아야 할 음이 나는 지저분한 스트로크를 만들 수 있으니 주의합니다.

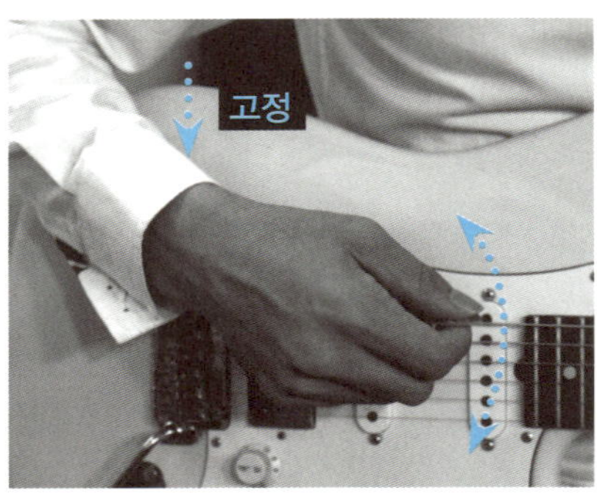

③왼손과 오른손의 연주 타이밍이 중요

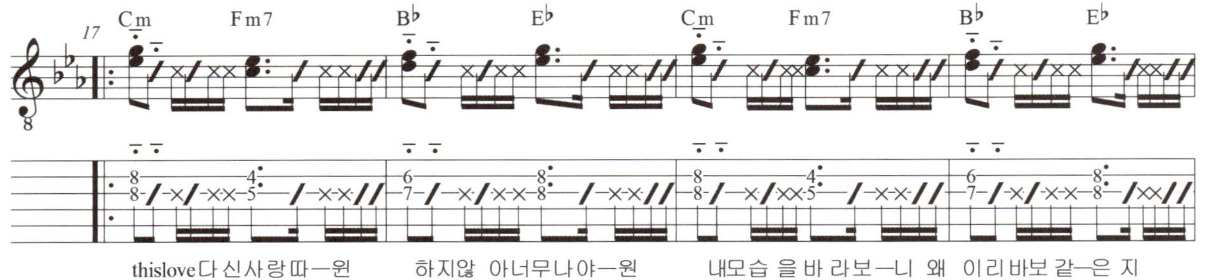

▲ This Love Ⓒ 17마디부터 21마디의 악보

악보에서 보이듯이 음과 뮤트의 조합으로 만들어진 리듬 스트로크입니다. 짧은 순간에 음을 운지한 후 다시 떼어 뮤트를 연주해야 하기 때문에 왼손과 오른손의 연주 타이밍이 중요합니다. 그리고 각 코드마다의 운지 폼도 사진 ⓐ~ⓓ처럼 왼손 검지의 폼을 잘 유지하여 다른 줄을 피킹하더라도 불협화음이 나지 않도록 주의합니다.

(연주자의 손 크기와 실력정도에 따라 뮤트 방법은 조금 바뀌어도 됩니다.)

2.Half Staccato(하프 스타카토)

하프 스타카토는 "음은 짧게 끊어 주지만 세게 연주하지 않는다."의 뜻으로 음표의 위나 아래에 "·"찍어 표시합니다. 기타연주에서는 스트로크의 세기는 그대로 유지하면서 왼손으로만 음을 끊어주면 됩니다.

베이스

앞에서 배웠던 곡들은 8비트 위주의 연주였다면 "This Love"는 16비트의 연주입니다. 단순히 듣고 외워서 연주한다면 쉽게 연주할 수 있지만 16분 음표, 즉 16비트의 리듬을 알고 연주한다면 연주의 큰 성취를 얻을 수 있습니다.

1.Sixteen Beat(16비트)의 이해

4분의 4박자 한 마디 기준으로 16분 음표 16개를 배치하면 길이가 맞습니다. 우리는 이것을 16비트라고 합니다. 즉, 4분의 4박자에선 음표와 비트는 같은 개념입니다. 그러나 비트 뒤에 "리듬"이란 단어가 붙는다면 얘기는 달라집니다.

음표는 하나하나의 음 길이.
16비트는 한마디 안에 존재하는 음을 낼 수 있는 개수.(단음의 리듬 기준)
16비트 리듬은 16비트 안에서 만들어지는 소리의 질서.

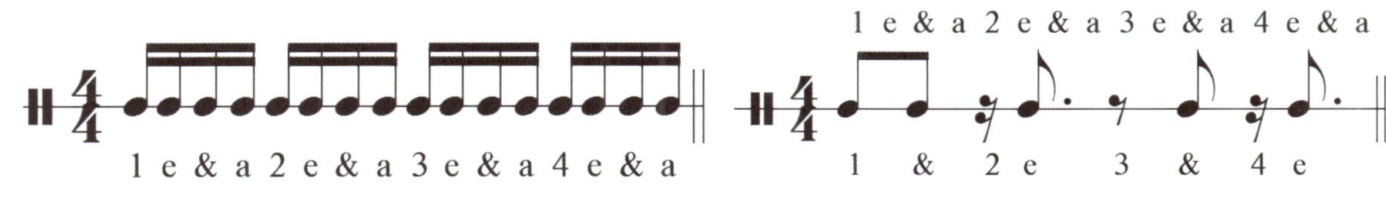

▲ 16분 음표와 16비트　　　　▲ 16비트 리듬의 생성

2.16분음표의 정확한 음길이 연주

16비트 리듬은 16분 음표의 음길이를 지켜야지만 정확한 리듬을 낼 수 있으며 지켜진 음 길이에 강과 약, 느낌이 더해진다면 더 좋은 연주가 됩니다.

This Love - 빅뱅

3.Half Staccato(하프 스타카토)

하프 스타카토는 "음은 짧게 끊어 주지만 세게 연주하지 않는다."의
뜻으로 음표의 위나 아래에 "·"찍어 표시합니다. 베이스기타의 연주
에서는 피킹의 세기는 그대로 유지하면서 왼손으로만 음을 끊어주면
됩니다.
이 때 중요한 것은 왼손가락이 떨어지는 정도인데 베이스 기타는 줄
이 굵기 때문에 운지하지 않은 손가락으로 지판에서 손가락이 떨어
지는 순간에 줄에 데어줘야 합니다.

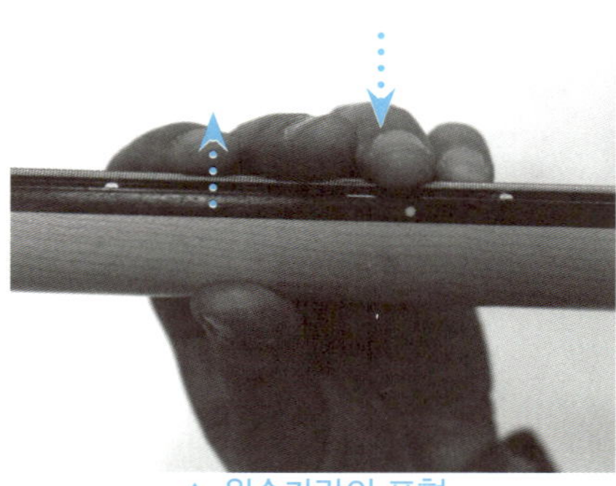

▲ 왼손가락의 표현

드럼

이 곡의 드럼 연주는 정확한 16비트의 표현입니다. 섹션으로 만들어진 음악이므로 드럼의 비트, 즉 음길이가
맞지 않는다면 다른 악기들은 당연히 틀리게 연주하는 것이기에 드럼 연주자는 안정된 리듬연주를 다른 멤버
들에게 들려줘야 합니다.

1.Kick Drum(킥 드럼) (=Bass Drum 베이스 드럼)

이 곡의 연주에서 가장 주의해야 할 점은 킥 드럼의 위치와 더블 스트로크입니다. 16분음표의 노트가 두 개
가 연속되어 있을 경우 페달의 컨트롤이나 발목의 유연함이 없다면 분명 음이 밀리기 때문입니다.

①Kick Drum Pedal(킥 드럼 페달)

킥 드럼은 직접 타격하여 소리를 내는 것이 아니라 하이햇처럼 페달이 있어 페달을 밟아 소리를 냅니다.
다른 말로는 "Foot Pedal(풋페달)"이라고 합니다.

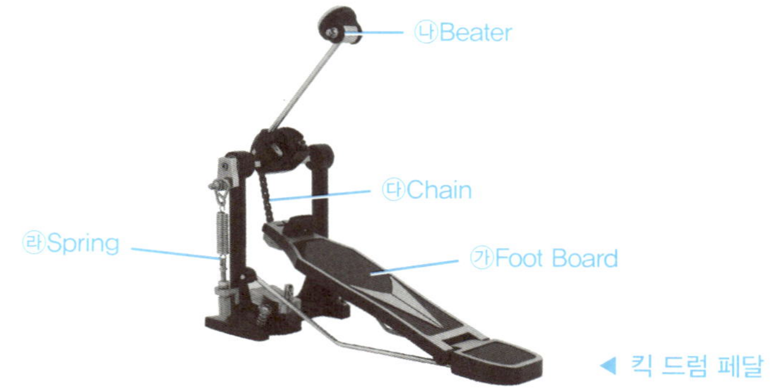

◀ 킥 드럼 페달

㉮Foot Board(풋보드) 발판, 발을 올려 놓는 부분
㉯Beater(비터) 스틱과 같은 역할로 솜이나 플라스틱으로 된 덩어리로 킥 드럼을 타격하는 부분
㉰Chain(체인) 발판과 비터를 연결하는 부분
㉭Spring(스프링) 발판의 강도, 즉 발이 누르는 압력 값을 조절하는 장치

②킥 드럼 페달의 바른 자세

(여러 가지 방법이 있지만 가장 일반적인 방법을 설명합니다.)
먼저 일반 바닥에서 발가락 쪽을 바닥에 붙여 놓고 뒤꿈치만 움직여 다리를 들었다 놓아 봅니다. 작게도 움직여 보고 크게도 움직여 발목의 스냅의 느낌을 기억합니다. (허벅지의 힘으로 발을 들었다 놓았다 하는 것이 아니라 발목의 힘으로 움직이는 것입니다.) 그런 후 그 느낌을 그대로 페달위에 가져 와서 밟으면 됩니다. 주의할 점은 뒤꿈치가 너무 들리면 발목의 스냅을 이용할 수 없으므로 너무 들리지 않도록 주의합니다.

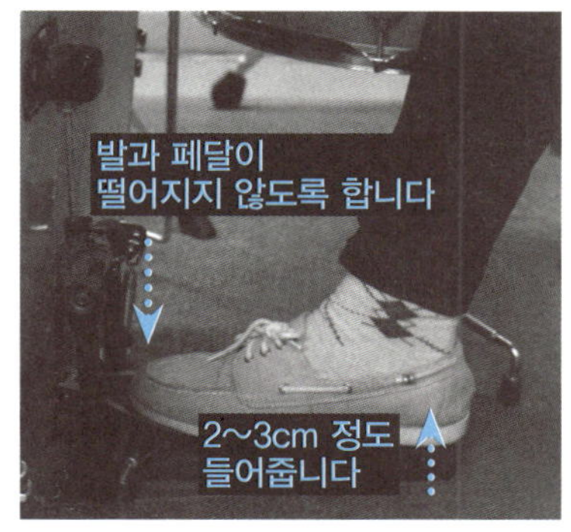

킥 드럼 페달의 바른 자세 ▶

③ "This Love"의 연주

ⓐThis Love 5마디(절부분)

ⓑThis Love 17마디(후렴부분)

위의 그림 ⓐ,ⓑ는 같은 리듬으로 보면 되는데 3박전에 16분음이 하나 더 있어서 더블 스트로크처럼 연속해서 두 번 밟아야 하며 비트, 즉 음길이에 맞춰 연주 할 수 있게 ②의 페달 컨트롤을 잘 익혀두어야 합니다.

④ 잘못된 타격으로 인해 킥 드럼이 밀림 현상

만약 페달을 너무 힘의 주어 밟는다면 킥 드럼이 앞으로 밀려가는 현상이 종종 생깁니다. 즉 잘못된 자세는 베이스 드럼 전체가 앞으로 밀려가는 상황이 생겨 연주가 힘들어지는 경우가 많으므로 주의합니다.

2.Flam(플램)

"꾸밈음"을 말하며 원 음을 연주하기 전에 작은 소리로 음을 한 번 더 내어 '탁' 이 아니 '투닥' 의 소리로 만들어 주는 것입니다.

① 플램 소리내기

타격할 손이 위에 있다면 반대편 손은 원음보다 빨리 소리내기 위해 밑에 있습니다.

ⓐ오른손을 타격할 경우 왼손은 밑에 있음   ⓑ왼손을 타격할 경우 오른손은 밑에 있음

*플램 주법은 실제 합주에서 박자가 뒤로 밀리는 경우를 발생하므로 박자에 주의합니다.

This Love(Guide Score)

A.Levine/J.Carmichael 작곡, G-Dragon 작사, 빅뱅 노래

Sound Tip
다른 곡에 비하여 피아노 소리가 커야하며 베이스는 중/저음을
조금 높여주어 사운드가 꽉 차도록 합니다. 기타1은 공간계 이
펙트를 사용한 효과음적인 사운드가 좋으며 기타2는 힘 있는
디스토션 사운드가 좋습니다.

Play Tip
악기 파트들은 섹션으로 만들어진 연주이므로 정확한 비트의
연주가 무엇보다 중요하며 형식이 바뀌기 전 마디의 을 섹션 부
분에 주의하여 연주합니다.

♩=95

드럼 카운트 후 시작합니다.

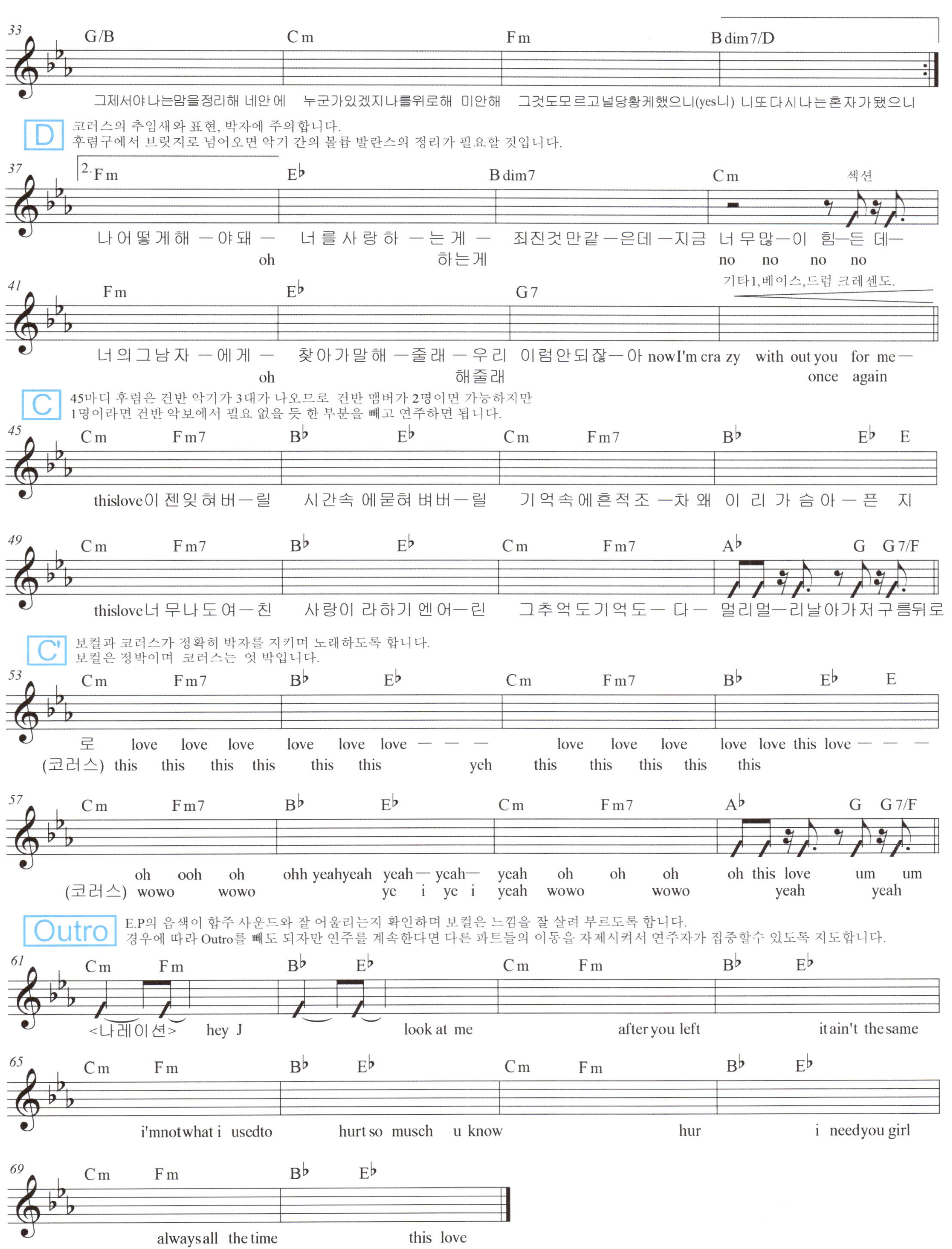
그제서야 나는 맘을 정리해 네 안에 누군가 있겠지 나를 위로해 미안해 그것도 모르고 널 당황케 했으니(yes 니) 니 또 다시 나는 혼자가 됐으니
D 코러스의 추임새와 표현, 박자에 주의합니다.
후렴구에서 브릿지로 넘어가면 악기 간의 볼륨 발란스의 정리가 필요할 것입니다.
나 어떻게 해 야 돼 너를 사랑하 는 게 죄진 것만 같 은데 지금 너 무 많 이 힘 든 데
oh 하는게 no no no no
색션
기타1, 베이스, 드럼 크레센도.
너의 그 남자 에게 찾아가 말해 줄래 우리 이럼 안 되잖 아 now I'm cra zy with out you for me
oh 해줄래 once again
C 45마디 후렴은 건반 악기가 3대가 나오므로 건반 멤버가 2명이면 가능하지만
1명이라면 건반 악보에서 필요 없을 듯 한 부분을 빼고 연주하면 됩니다.
this love 이젠 잊혀 버 릴 시간 속 에 묻혀 벼 버 릴 기억 속에 흔적조 차 왜 이 리 가 슴 아 픈 지
this love 너 무나도 여 친 사랑이 라 하기 엔 어 린 그 추억도 기억도 다 멀리 멀 리 날아가 저 구름 뒤로
C' 보컬과 코러스가 정확히 박자를 지키며 노래하도록 합니다.
보컬은 정박이며 코러스는 엇 박입니다.
로 love love love love love love love love love love love this love
(코러스) this this this this this this yeh this this this this this
oh ooh oh ohh yeah yeah yeah yeah yeah oh oh oh oh this love um um
(코러스) wowo wowo ye i ye i yeah wowo wowo yeah yeah
Outro E.P의 음색이 합주 사운드와 잘 어울리는지 확인하며 보컬은 느낌을 잘 살려 부르도록 합니다.
경우에 따라 Outro를 빼도 되자만 연주를 계속한다면 다른 파트들의 이동을 자제시켜서 연주자가 집중할수 있도록 지도합니다.
<나레이션> hey J look at me after you left it ain't the same
i'm not what i used to hurt so musch u know hur i need you girl
always all the time this love

This Love(Vocal Score) + Rapper

A.Levine/J.Carmichael 작곡, G-Dragon 작사, 빅뱅 노래

Play Tip
보컬은 16분 음표의 밀고 당기는 부분을 이해하고 그루브를 살려 부르도록하며 랩퍼는 랩을 통한 자기 색깔과 가사표현(발음)에 신경쓰도록 합니다. 그리고 보컬과 랩퍼는 들어오고 나감을 정확하게 알고 노래합니다.

♩=95   드럼 카운트 후 시작합니다.

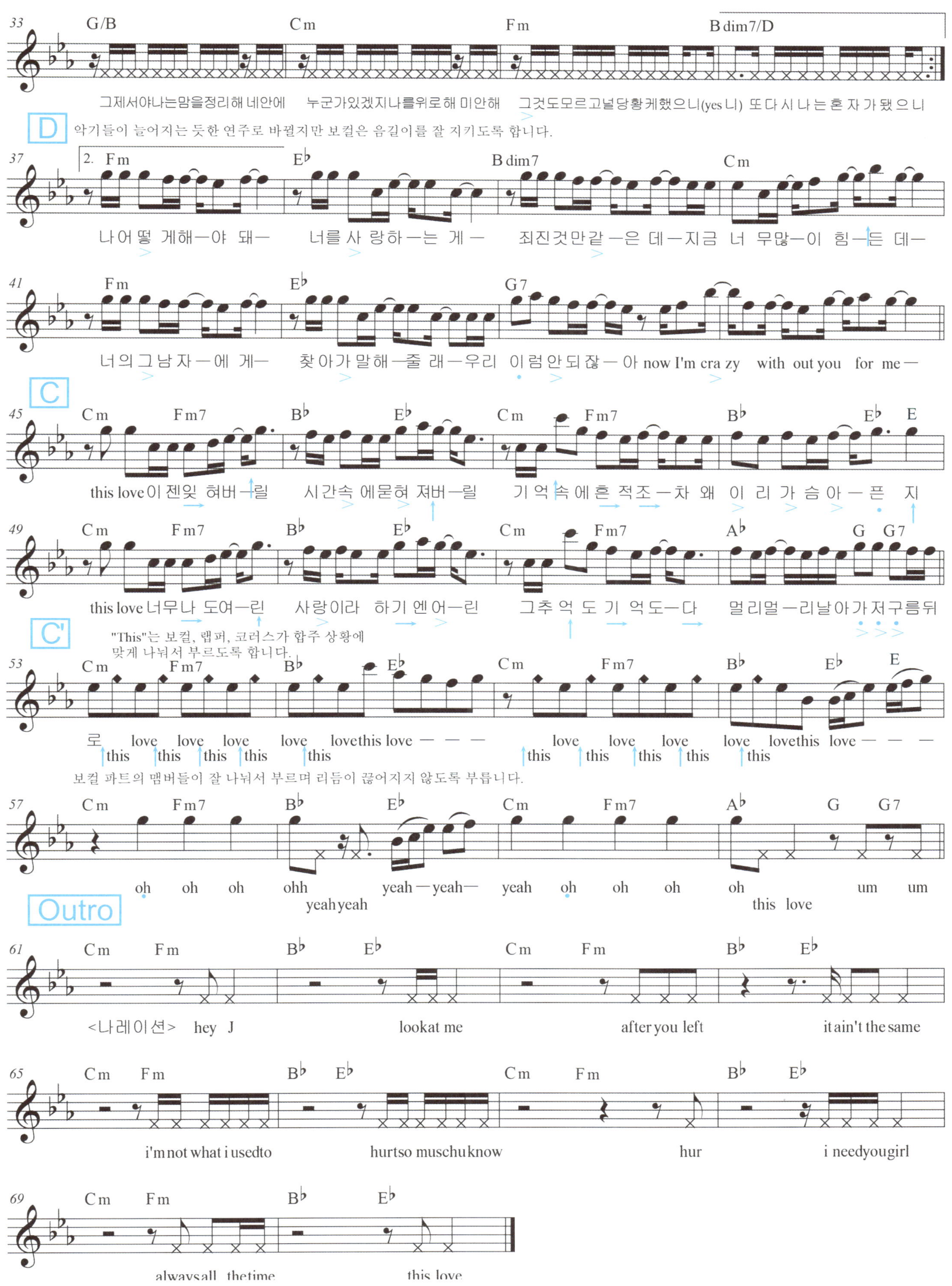
33 G/B Cm Fm Bdim7/D
그제서야나는맘을정리해 네안에 누군가있겠지나를위로해 미안해 그것도모르고널당황케했으니(yes니) 또다시나는혼자가됐으니
D 악기들이 늘어지는 듯한 연주로 바뀔지만 보컬은 음길이를 잘 지키도록 합니다.
37 2. Fm Eb Bdim7 Cm
나어떻게해—야 돼— 너를사 랑하—는 게— 죄진것만같—은 데—지금 너무많—이 힘—든 데—
41 Fm Eb G7
너의그남자—에게— 찾아가말해—줄래—우리 이럼안되잖— 아 now I'm crazy with out you for me—
C Cm Fm7 Bb Eb Cm Fm7 Bb Eb E
this love이젠잊혀버—릴 시간속에묻혀져버—릴 기억속에흔적조—차왜 이리가슴아—픈 지
49 Cm Fm7 Bb Eb Cm Fm7 Ab G G7
this love너무나도여—린 사랑이라 하기엔어—린 그추억도기 억도—다 멀리멀—리날아가저구름뒤
C' "This"는 보컬, 랩퍼, 코러스가 합주 상황에 맞게 나눠서 부르도록 합니다.
53 Cm Fm7 Bb Eb Cm Fm7 Bb Eb E
로 love love love love lovethis love — — — love love love love lovethis love — — —
this this this this this this this this this this
보컬 파트의 맴버들이 잘 나눠서 부르며 리듬이 끊어지지 않도록 부릅니다.
57 Cm Fm7 Bb Eb Cm Fm7 Ab G G7
oh oh oh ohh yeah—yeah— yeah oh oh oh oh um um
yeahyeah this love
Outro
61 Cm Fm Bb Eb Cm Fm Bb Eb
<나레이션> hey J lookat me after you left it ain't the same
65 Cm Fm Bb Eb Cm Fm Bb Eb
i'mnot what i usedto hurtso muschu know hur i needyougirl
69 Cm Fm Bb Eb
alwaysall thetime this love

This Love (Chorus Score)

A.Levine/J.Carmichael 작곡, G-Dragon 작사, 빅뱅 노래

Play Tip
기본적인 코러스의 역할(화음)과 보컬의 노래에 맞는 추임새를 리듬감있게 넣어야 하므로 보컬의 노래까지도 익혀두어야 합니다. 화음 코러스 부분은 보컬보다 약하게 부르며 추임새 부분은 보컬과 같은 볼륨으로 부르도록 합니다.

♩=95 드럼 카운트 후 시작합니다.

Intro 추임새가 있는 부분입니다. 박자와 리듬감 그리고 보컬과의 느낌을 살려 부릅니다.

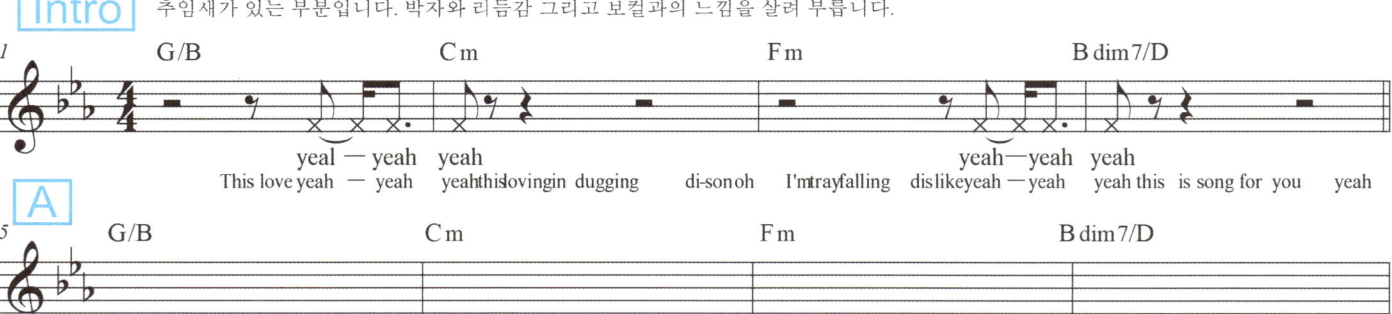

A

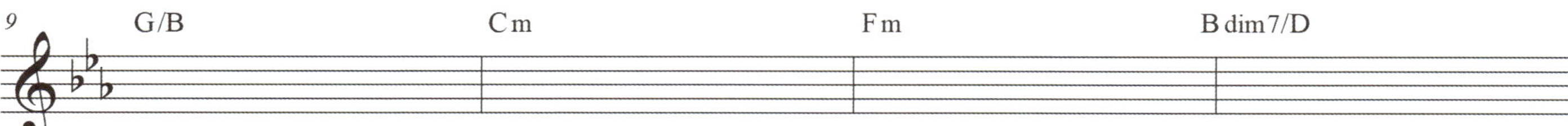

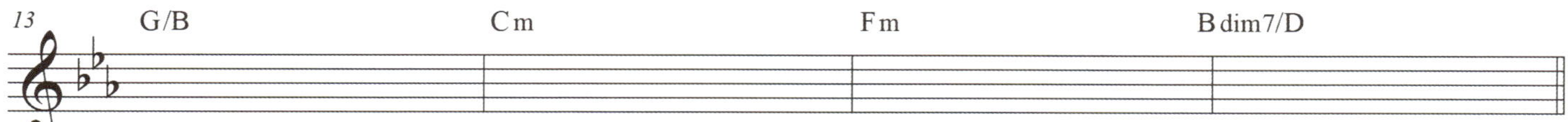

C 보컬보다 한옥타브 낮은 음으로 부릅니다.

A 랩퍼보다 3도 높은음 또는 높은(하이)톤으로 부릅니다.

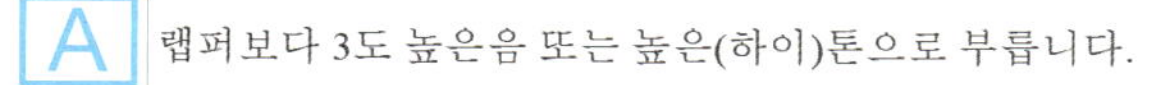

1.
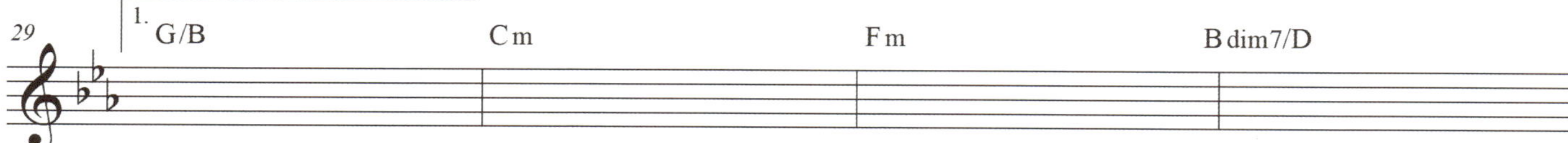

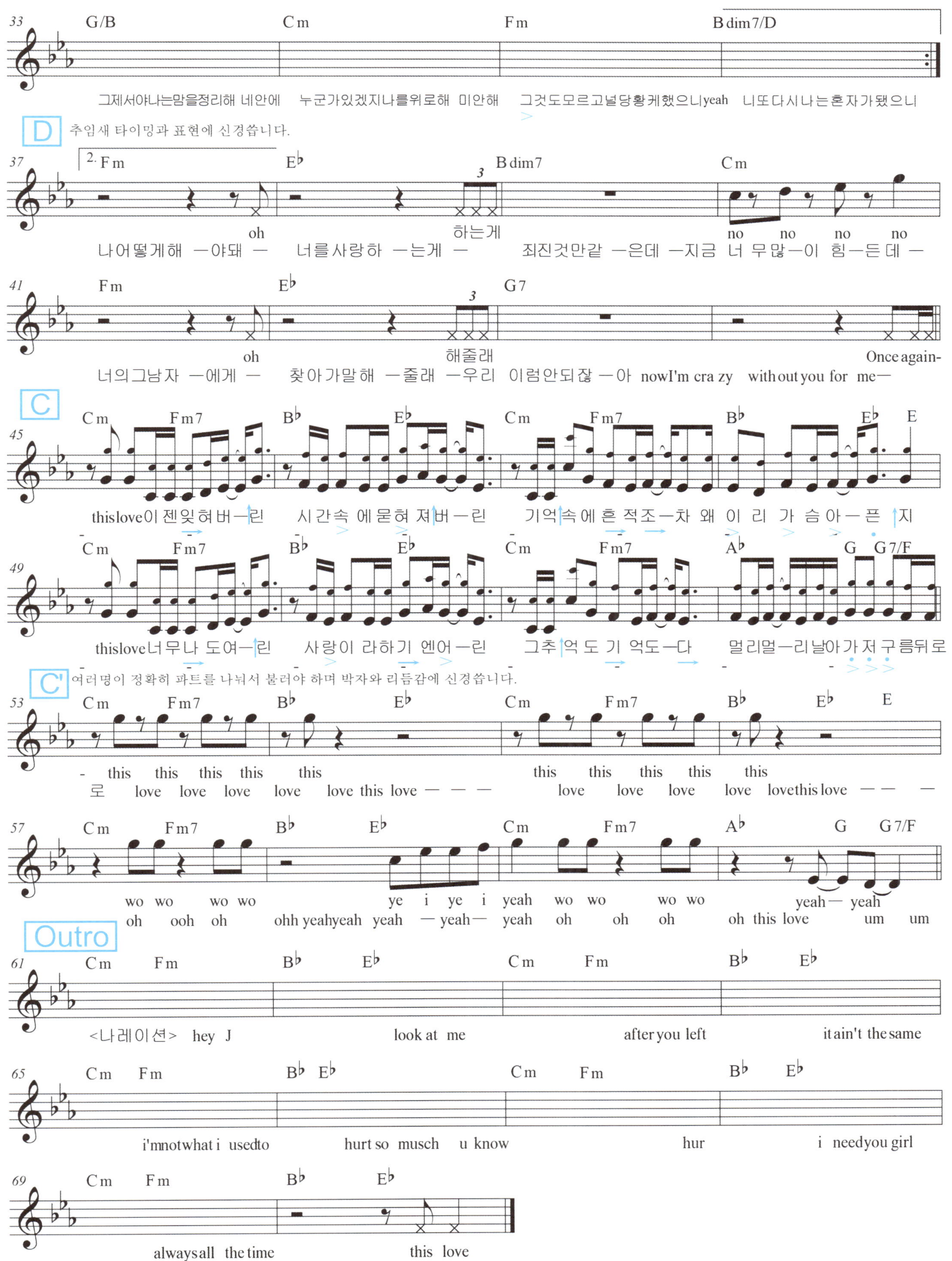
33 G/B Cm Fm Bdim7/D
그제서야나는맘을정리해 네안에 누군가있겠지나를위로해 미안해 그것도모르고널당황케했으니yeah 니또다시나는혼자가됐으니
D 추임새 타이밍과 표현에 신경씁니다.
37 2. Fm E♭ Bdim7 Cm
oh 하는게 no no no no
나어떻게해 야돼 너를사랑하 는게 죄진것만같 은데 지금 너 무많 이 힘 든 데
41 Fm E♭ G7
oh 해줄래 Once again
너의그남자 에게 찾아가말해 줄래 우리 이럼안되잖 아 now I'm cra zy with out you for me
C Cm Fm7 B♭ E♭ Cm Fm7 B♭ E♭ E
this love이 젠잊혀버 린 시 간속 에묻혀 져버 린 기억속에혼 적조 차 왜 이 리 가 슴아 픈 지
49 Cm Fm7 B♭ E♭ Cm Fm7 A♭ G G7/F
this love너 무나 도여 린 사랑이 라하기 엔어 린 그추 억 도 기 억도 다 멀리멀 리날아 가 저 구름뒤로
C' 여러명이 정확히 파트를 나눠서 불러야 하며 박자와 리듬감에 신경씁니다.
53 Cm Fm7 B♭ E♭ Cm Fm7 B♭ E♭ E
this this this this this this this this this
로 love love love love love this love love love love love love this love
57 Cm Fm7 B♭ E♭ Cm Fm7 A♭ G G7/F
wo wo wo wo ye i ye i yeah wo wo wo wo yeah yeah
oh ooh oh ohh yeah yeah yeah yeah yeah oh oh oh oh this love um um
Outro
61 Cm Fm B♭ E♭ Cm Fm B♭ E♭
<나레이션> hey J look at me after you left it ain't the same
65 Cm Fm B♭ E♭ Cm Fm B♭ E♭
i'm not what i used to hurt so musch u know hur i need you girl
69 Cm Fm B♭ E♭
always all the time this love

This Love(Synth Score)

A.Levine/J.Carmichael 작곡, G-Dragon 작사, 빅뱅 노래

♩ = 95

드럼 카운트 후 시작합니다.

Intro [Piano]
8분비트 컴핑에서 강세 표현에 주의하여 연주합니다.

A Intro와 같은 연주입니다.

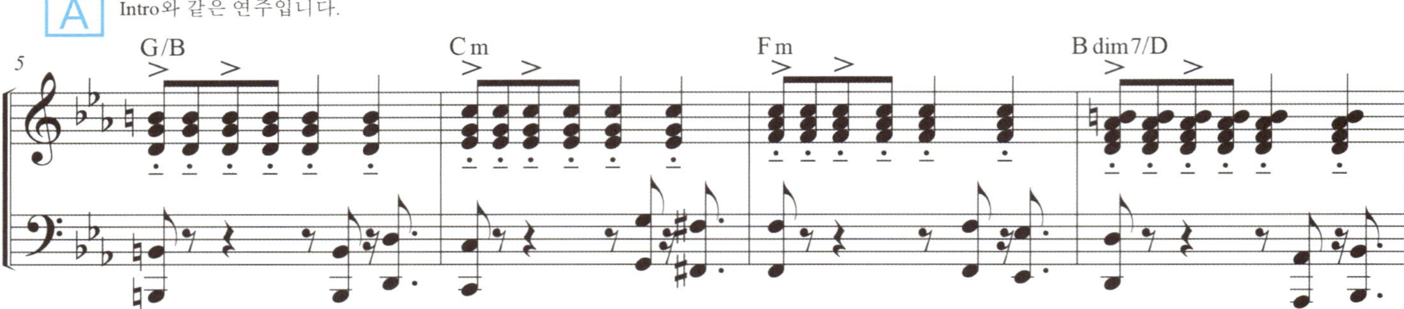

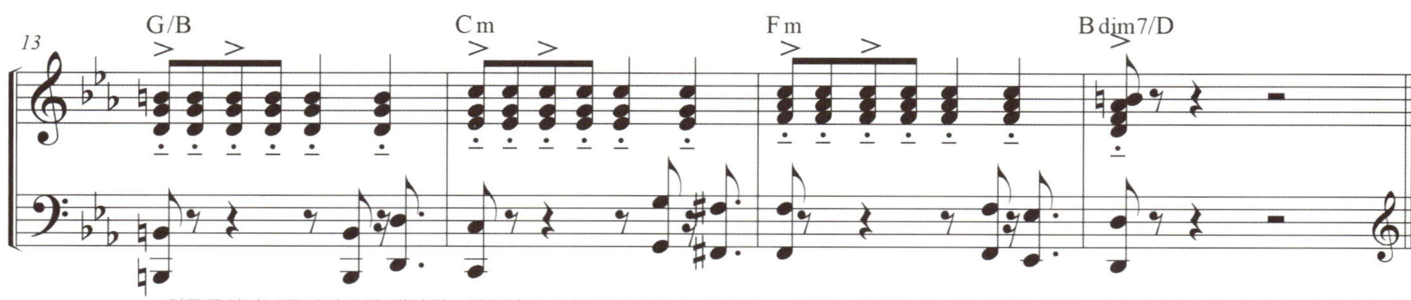

C [String] [Piano]
피아노 볼륨은 형식 A보다 작게 세팅하며 기타와 베이스의 음 길이와 맞춰 연주합니다.

A [Piano]

D [String]
느린 스트링 음색이므로 박자가 밀리 듯이 연주되도록 합니다.
2. Fm
E♭
B dim7
Cm
E♭
<String>
나 어떻게 해 —야돼 — 너를 사 랑 하 — 는게 — 죄진것만같 —은데 —지금 너 무많—이 힘—든 데—
Fm
E♭
G 7
너의그남자 —에게 — 찾아가말해 —줄래 —우리 이럼안되잖—아 now I'm cra zy with out you for me—

C [String] [Piano]
3단 악보로 구성되어 있습니다. 일반적으로는 위에 두단 만으로 연주하면 되지만 사운드가 부족하다면 1, 3번째 단으로 연주합니다.
Cm Fm7 B♭ E♭ Cm Fm7 B♭ E♭ E
<String>
<Piano>
<Piano>
this love 이젠 잊혀 버—릴 시간속 에묻혀 벼버—릴 기억 속 에흔적조 —차 왜 이 리가슴아—픈 지
Cm Fm7 B♭ E♭ Cm F A♭ G G 7/F
this love 너무나도여—친 사랑이 라하기 엔어—린 그추억도기억도— 다— 멀리멀 —리날아가저구름뒤

C' 형식 C와 같이 연주하면 됩니다.
Cm Fm7 B♭ E♭ Cm Fm7 B♭ E♭ E
로 this love this love this love this love this love this love — — — this love this love this love this love this love this love — — —

신디가 한대만 있다면 색션을
포기하고 음색을 미리 바꿉니다.

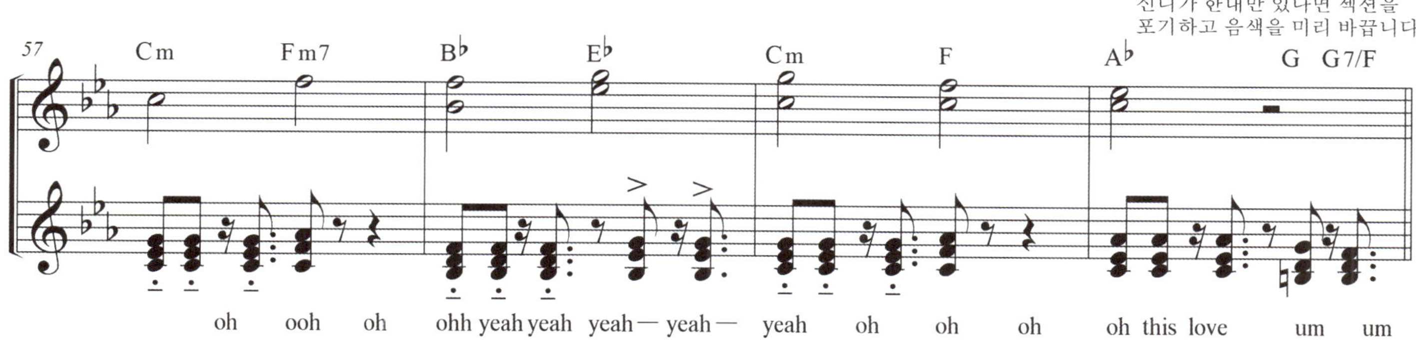

Outro [E.Piano]

볼륨 값을 적당히 줄이며 박자를 세는 것 보다는 보컬의 분위기에 맞춰 타이밍을 조절하면서 연주합니다.

This Love(1st Guitar Score)

A.Levine/J.Carmichael 작곡, G-Dragon 작사, 빅뱅 노래

1.Overdrive : Drive의 양은 40% 정도로 세팅하여 연주합니다.
2.Reverb & Delay : 약간의 공간감이 있어야 합니다.

Play Tip

16비트를 주축으로 진행되는 리듬기타 연주가 대부분을 차지하므로 속도, 음과 쉼표, 강과약을 기반으로 한 리드미컬한 연주를 합니다.

♩ = 95

드럼 카운트 후 시작합니다.

Intro 4마디동안 연주하지 않지만 그루브를 타며 때를 기다립니다.

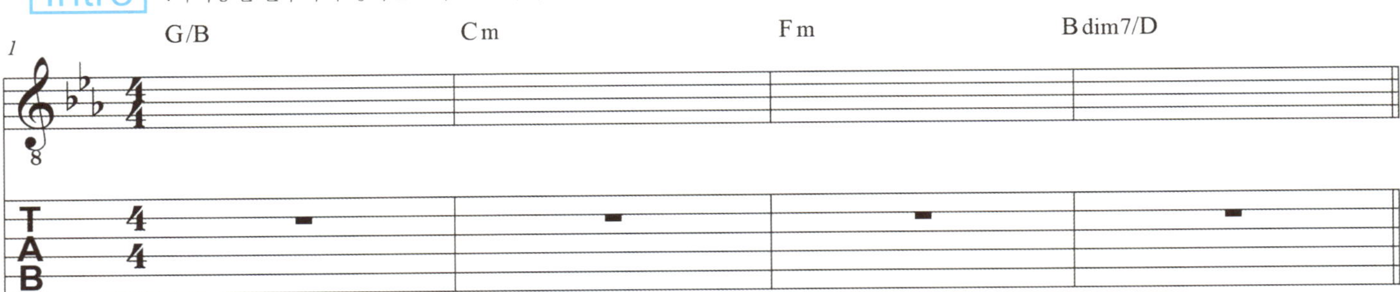

[Overdrive]

A 하프 스타카토에 주의하며 최대한 일정한 스트로크와 비트를 유지합니다.
(A파트는 크런치와 함께 Phazer(페이져) 이펙트를 약하게 주어도 좋습니다.)

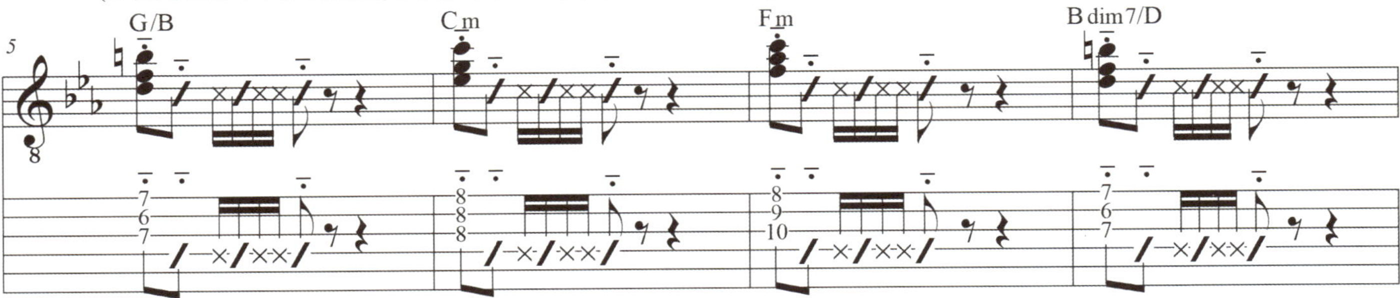

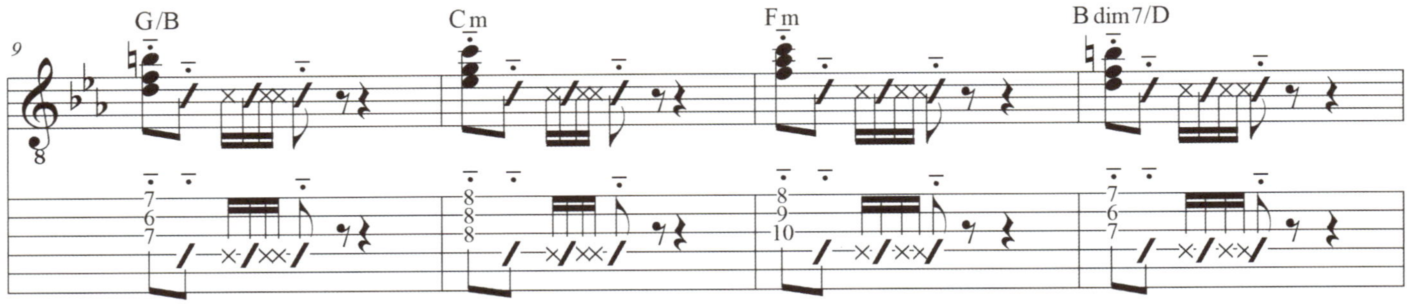

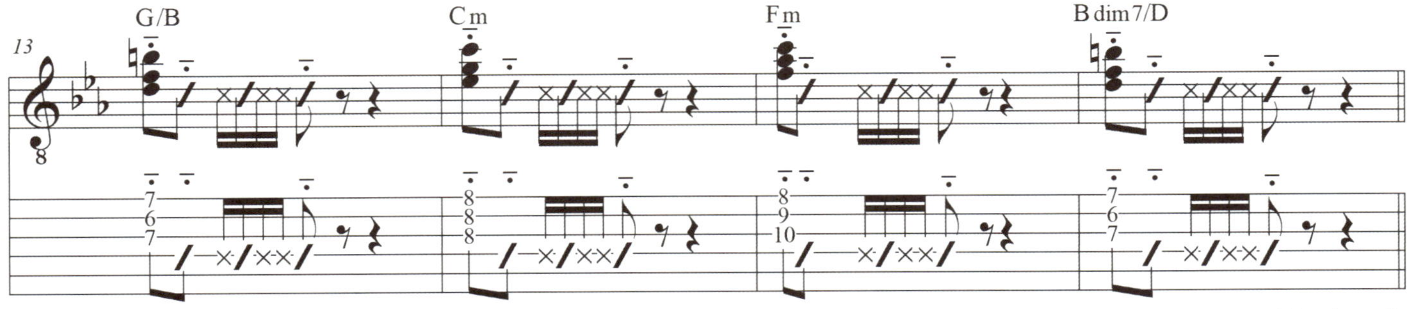

this love 다 신 사 랑 따 ─ 원   하 지 않 아 너 무 나 야 ─ 원   내 모 습 을 바 라 보 ─ 니 왜 이 리 바 보 같 ─ 은 지
this love 이 미 떠 나 버 ─ 린   잡 기 에 는 사 라 져 버 ─ 린   돌 아 오 지 도 않 을 사 ─ 람 아 멀 리 멀 ─ 리 날 아 가 저 구 름 뒤 로
마 음 에 도 없 는 네 얘 ─ 기 이   것 은 마 치 like 하 나 빼 기 일   September nineteenth 너 의 생 일 홀   로 남 아 a lone i'm a fallin' love shady
기 억 은 나 니 니 집 앞 에 서 밤 이 다   가 도 록 널 기 다 린 내 맘 이 닳 도 록 장 미   한 다 발 들 고 서 맘 은 이 미 들 떳 어 기   대 완 달 린 녀 안 나 오 고 비 가 내 렸 어
그 제 서 야 나 는 맘 을 정 리 해 네 안 에   누 군 가 있 겠 지 나 를 위 로 해 미 안 해   그 것 도 모 르 고 널 당 황 케 했 으 니 (yes 니)   니 또 다 시 나 는 혼 자 가 됐 으 니

[Overdrive + Reverb]

D 톤은 클린이나 크런치 둘 다 가능하며 볼륨 값과 공간감이 중요합니다.또 픽업 셀렉터를
넥쪽으로 이동한 후 분위기에 맞춰 천천히 스트로크를 합니다.

Cm   Fm7   B♭   E♭   Cm   F   A♭   G   G7/F
oh   ooh   oh   ohh yeah yeah   yeah— yeah—   yeah oh   oh   oh   oh this love   um   um
Outro   비록 기타의 연주는 없지만 다른 맴버의 연주에 방해 되지 않도록 합니다.
Cm   Fm   B♭   E♭   Cm   Fm   B♭   E♭
<나레이션>   hey J   look at me   after you left   it ain't the same
Cm   Fm   B♭   E♭   Cm   Fm   B♭   E♭
i'm not what i used to   hurt so musch u know   hur   i need you girl
Cm   Fm   B♭   E♭
always all the time   this love

This Love(2nd Guitar Score)

A.Levine/J.Carmichael 작곡, G-Dragon 작사, 빅뱅 노래

Sound Tip

1.Distortion : Dist양은 50~60% 정도 주며 앰프의 EQ에서 중/저음을 조금 높여 힘있는 소리를 만들어 줍니다.

Play Tip

16분음표로 연주되어지는 이 곡은 전체적인 리듬 타이밍에 주의하여야 합니다.

♩=95

드럼 카운트 후 시작합니다.

Intro [**Distortion**] 정확한 음 길이를 지켜 리듬감 있게 연주합니다.

A Intro는 약하게 연주하고 형식 A부터는 강하게 연주합니다.

형식 C의 연주가 섹션 연주이므로 다른 악기와의 타이밍에 주의합니다.

D
기타 연주의 리듬감이 살아지는 부분입니다.
공간계 이펙트를 이용하면 분위기를 연출하는데 효과적입니다.
37
2. Fm
E♭
Bdim7
Cm
색션
Gliss
나 어떻게 해 —야 돼 — 너를 사랑 하 — 는게 — 죄진것만같 —은데 —지금 너 무 많 —이힘—든 데—
41
Fm
E♭
G7
Gliss
너의그남자 —에 게 — 찾 아가 말해 —줄래 —우리 이럼안되잖 —아 now I'm crazy with out you for me—
C
45
Cm
Fm7
B♭
E♭
Cm
Fm7
B♭
E♭ E
this love 이 젠잊혀 버 —릴 시간속 에묻혀 져 버 —릴 기억속에흔적조 —차 왜 이 리가슴아 —픈 지
49
Cm
Fm7
B♭
E♭
Cm
F
A♭
G G7/F
this love 너 무나도 여 —친 사 랑 이라하기 엔어 —린 그추억도기억도— 다 — 멀리멀 —리날아 가저구름뒤
C'
53
Cm
Fm7
B♭
E♭
Cm
Fm7
B♭
E♭ E
로 this love this love this love this love this love this love — — — this love this love this love this love this love this love— —

57
Cm   Fm7   B♭   E♭   Cm   F   A♭   G   G7/F
oh   ooh   oh   ohh yeah yeah yeah — yeah — yeah   oh   oh   oh   oh this love   um   um
Outro   비록 기타의 연주는 없지만 다른 맴버의 연주에 방해 되지 않도록 합니다.
61
Cm   Fm   B♭   E♭   Cm   Fm   B♭   E♭
<나레이션> hey J   look at me   after you left   it ain't the same
65
Cm   Fm   B♭   E♭   Cm   Fm   B♭   E♭
i'm not what i used to   hurt so musch u know   hur   i need you girl
69
Cm   Fm   B♭   E♭
always all the time   this love

This Love(Bass Score)

A.Levine/J.Carmichael 작곡, G–Dragon 작사, 빅뱅 노래

Sound Tip
중/저음이 강조된 베이스 사운드입니다. EQ에서 중저음을 약간 올려주면 됩니다. 이 때 베이스 소리가 너무 퍼지지 않도록 주의합니다.

Play Tip
원곡 Maroon5의 연주와는 많이 틀리지 않으며 악기들의 섹션과 하프 스타카토 연주에 주의합니다. 그리고 D파트의 글리산도로 부드럽게 코드가 바뀔 수 있도록 합니다.

♩=95 드럼 카운트 후 시작합니다

Intro 연주가 없지만 다른 악기를 들으며 리듬을 탑니다.
4마디에 베이스가 들어 갈때 부드럽게 들어갈 수 있도록 합니다.

정확한 박자에 들어가야 하며 쉼표가 없어야 합니다.

A 마디 첫 박의 반박의 음 길이를 잘 지켜서 음을 끊어주며 3,4박의 섹션이 정확할 수 있도록 16비트를 마음으로 계속 세면서 연주합니다.

후렴으로 넘어가는 글리산도이므로 피킹에 힘을 실어봅니다.

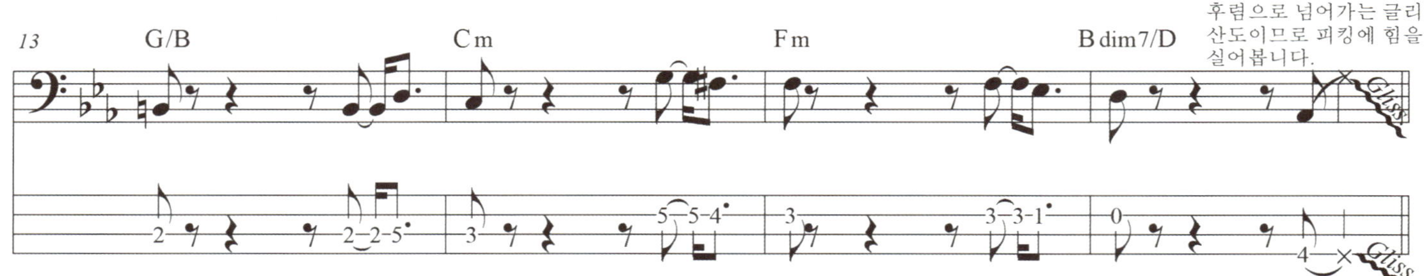

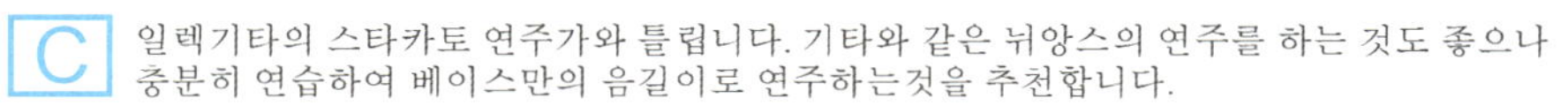

C 일렉기타의 스타카토 연주가와 틀립니다. 기타와 같은 뉘앙스의 연주를 하는 것도 좋으나 충분히 연습하여 베이스만의 음길이로 연주하는것을 추천합니다.

21
Cm Fm7 B♭ E♭ Cm Fm7 A♭ G G7/F
18마디와 다르게 글리산도가 있습니다.
this love 이미떠나버―린 잡기에는사라져버―린 돌아오지도않을사―람아 멀리멀―리날아가저구름뒤로
A
25
G/B Cm Fm Bdim7/D
마음에도없는네얘―기이것은마치like하나빼기일 September nineteenth 너의생일홀로남아 alone i'm a fallin'love shady
<2x>
1.
29
G/B Cm Fm Bdim7/D
기억은나니니집앞에서밤이다가도록널기다린내맘이닳도록장미한다발들고서맘은이미들떳어기대완달리넌안나오고비가내렸어
33
G/B Cm Fm Bdim7/D
그제서야나는맘을정리해네안에누군가있겠지나를위로해미안해그것도모르고널당황케했으니yeah니또다시나는혼자가됐으니

D
37
2. Fm
E♭
B dim7
Cm
섹션
Gliss.
Gliss.
나 어 떻 게 해 — 야 돼 — 너 를 사랑 하 — 는 게 — 죄 진 것 만 같 — 은 데 — 지금 너 무 많 — 이 힘 — 든 데 —
41
Fm
E♭
G 7
2박에 맞춰 글리산도를 시작합니다.
크레센도를 연주 하면서 스타카토 연주가 가능하다면 같이 하세요.
Gliss.
Gliss.
너 의 그 남 자 — 에 게 — 찾 아 가 말 해 — 줄 래 — 우리 이럼 안 되잖 — 아 now I'm crazy with out you for me —
C
45
Cm
Fm7
B♭
E♭
Cm
Fm7
B♭
E♭ E
this love 다 신 사 랑 따 — 원 하 지 않 아 너 무 나 야 — 원 내 모 습 을 바 라 보 — 니 왜 이 리 바 보 같 — 은 지
49
Cm
Fm7
B♭
E♭
Cm
Fm7
A♭
섹션
G G 7/F
this love 이 미 떠 나 버 — 린 잡 기 에 는 사 라 져 버 — 린 돌 아 오 지 도 않 을 사 — 람 아 멀 리 멀 — 리 날 아 가 저 구 름 뒤
C'
53
Cm
Fm7
B♭
E♭
Cm
Fm7
B♭
E♭ E
로 this love this love this love this love this love this love — — — this love this love this love this love this love this love — — —

Outro 비록 기타의 연주는 없지만 다른 맴버의 연주에 방해 되지 않도록 합니다.

This Love(Drum Score)

A.Levine/J.Carmichael 작곡, G-Dragon 작사, 빅뱅 노래

♩=95 드럼 카운트 후에 합주가 시작되므로 전 파트의 준비가 잘 되었는지 확인한 다음 카운트를 줍니다.

Intro 속도와 세기에 주의하여 연주하며 건반과의 리듬조율에 신경습니다.

원곡에는 롤 주법이 있지만 생략합니다.

A 기타1, 베이스와의 연주호흡이 중요합니다.

플램연주에 주의합니다.

C 다이나믹을 키워서 힘 있게 연주합니다.
하이햇을 완전히 닫지 않고 아주 조금 열어연주하며 킥의 타임키핑에 주의합니다.

다른 악기의 섹션에 따라가지 않도록 주의 합니다.

섹션

A 절부분입니다. 전체적인 다이나믹을 줄여서 연주하며 템포가 처지지 않도록 주의합니다.
25
마음 에 도 없 는 네 얘 ― 기 이 것은마 치 like 하나빼기일 September nine teenth너 의 생일 홀 로남아 a lone i'm a fallin'love shady
1.
오픈한 하이햇은 2박에 스네어의 타격과 동시에 닫아줍니다.
29
기억 은 나 니니 집 앞 에 서밤 이 다 가 도록널기다린내맘이닳도록 장미 한다발들고서맘은이미들떳 어기 대완달리년안나오고비가내렸 어
33
그 제 서 야 나 는 맘을정리해 네안에 누군가있겠지나를위로해 미안해 그것도모르고널당황케했으니(yes니) 니또다시나는혼자가됐으니
D 라이드 심벌을 약하게 연주합니다. 그리고 8비트의 리듬 효과음이 들어가 있으며 드럼 같은 경우는 하이햇에 템버린을 달아 풋 하이햇으로 소리를 냅니다. 다른 경우는 보컬/코러스가 노래하면서 템버린을 소리냅니다.
2.
섹션
37
나 어 떻 게 해 ― 야 돼 ― 너 를 사 랑 하 ― 는 게 ― 죄진것만같 ― 은데 ― 지금 너 무많 ― 이 힘 ― 든 데―
41
너 의 그 남 자 ― 에 게 ― 찾 아 가 말 해 ― 줄 래 ― 우리 이럼 안되잖 ― 아 now I'm crazy with out you for me―
C 다이나믹을 키워서 힘 있게 연주합니다. 킥의 타임키핑에 주의합니다.
45
this love 이 젠 잊 혀 버 ― 릴 시 간 속 에 묻혀 벼버 ― 릴 기 억 속 에 혼적조 ― 차 왜 이 리 가 슴 아―픈 지

마지막 스네어의 연주가
어려우면 빼도 됩니다.
49
this love 너 무나 도 여 — 친 사랑이 라하기 엔 어 — 린 그추억 도기억도 — 다 — 멀리멀 — 리날아가저구름뒤
C'
C파트의 하이햇이 C'에서는 라이드 심벌로 바뀝니다.
D의 라이드 연주보다 세게 연주합니다.
섹션
53
로 this love this love this love this love this love this love — — — this love this love this love this love this love this love — — —
섹션
57
oh ooh oh ohh yeahyeah yeah — yeah — yeah oh oh oh oh this love um um
Outro
원곡은 드럼 연주가 없습니다. 만약 보컬과 건반의 연주 중에
박자나 리듬이 불안하다면 하이햇으로 박자를 세겨주면 좋습니다.
61
<나레이션> hey J look at me after you left it ain't thesame
65
i'm not what i used to hurt so musch u know hur i need you girl
69
always all the time this love

있잖아(Rock Ver.) - 아이유

아이유(IU)의 2009년도 "Growing Up"앨범에 수록된 곡으로 사랑하는 사람에 대한 고백을 노래한 곡입니다.
빠른 8비트 록 스타일이며 화려한 연주와 현란한 리듬 세션, 많은 코러스가 나오므로 합주 때 많은 연습이 필요
한 곡입니다.

파트 구성

보컬(여), 코러스(여)3명, 건반, 기타1.2, 베이스, 드럼의 9인조로 구성된 곡입니다. 여자 코러스의 경우는 참여
가능한 인원이 부르면 됩니다.

PLAY POINT!

빠르면서 각 파트별 화려한 연주, 정확한 섹션이 돋보이는 곡입니다.

①8비트 리듬 읽기와 연주하기.
②유니즌 연주하기.
③정확한 섹션 연주하기.

파트 설명

보컬(Vocal)

이 곡은 글자를 던지듯 소리 내어 노래의 분위기를 살릴 수 있도록 하여야 하며 끝 음정을 두음으로 나누어
소리 내거나 벤딩으로 한 가사의 음을 떨어뜨려 소리 내는 연습을 하도록 합니다.

자연스러운 연결이지만 다음 음정을 정확히 내도록 합니다.

◀ 12마디에서 13마디로 넘어가는 부분

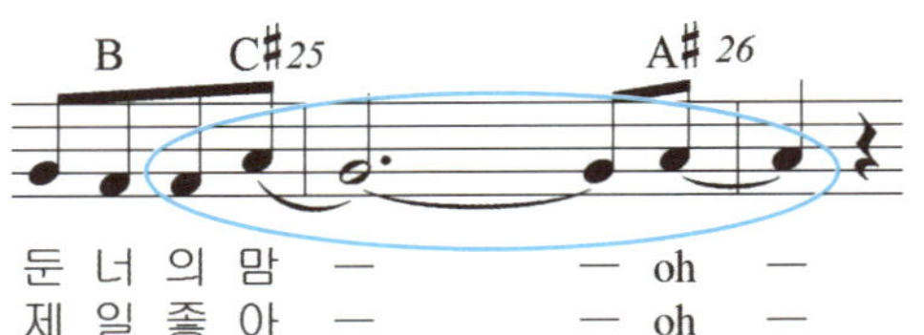

두음으로 낸 후 "– oh –"까지 벤딩 처리합니다.

◀ 25,26마디로 넘어가는 부분

코러스(Chorus)

코러스는 보컬에 비해 음을 끌지 않고 힘 있고 정확하게 내도록 하며 보컬보다 예쁜 목소리 톤을 사용하도록
합니다.
그리고 후렴구에 "Hey"라는 추임새를 넣어 곡의 분위기를 살리도록 합니다.

짧고 간결하면서도 음을 먹지 않도록 시원하게 내뱉으며 음의 정확성 보다는 느낌에 중점을 둡니다.

◀ 형식 ⓒ 후렴구

건반

원곡은 부분적으로 피아노 연주가 나오지만 본 교재는 스트링을 사운드로 편곡하였습니다. 이 곡의 브릿지 부분에는 속도가 바뀌면서 발라드 곡의 피아노인 것처럼 연주하므로 Sustain Pedal(서스테인 페달)을 잘 활용하여 연주합니다.

1.Sustain Pedal(서스테인 페달)

서스테인 페달은 연주 중에 음(소리)이 끊어지지 않고 일정하게 유지 시켜주는 역할을 하는 페달로 피아노의 Demper(뎀퍼)페달과 같은 역할입니다.

ⓐ일반적인 서스테인 페달   ⓑ작지만 기본 기능에 충실한 페달

①서스테인 페달의 연결 확인

신디사이저 뒷면에 보면 'Sustain' 또는 'Demper' 라고 적혀있는 곳에 연결합니다. 이 때 페달은 신디사이저와 같은 회사면 연주하는 데는 지장이 없지만 다른 회사일 경우에는 On/Off가 반대일 경우가 있는데 주의합니다. 만약 반대일 경우에는 페달의 극성 전환 스위치(사진ⓑ)를 조작하여 바꾸면 됩니다.

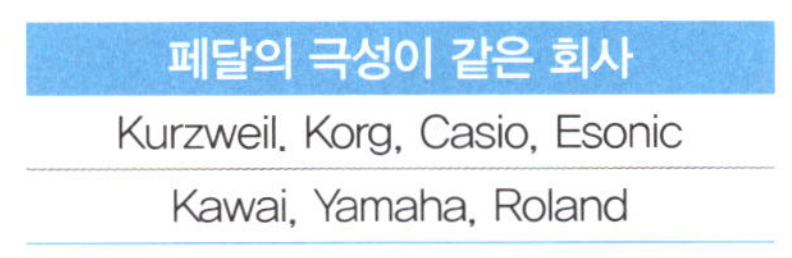

페달의 극성이 같은 회사
Kurzweil, Korg, Casio, Esonic
Kawai, Yamaha, Roland

ⓐ같은 극성의 회사페달은 호환이 가능함   ⓑ극성 변환 스위치

반대 극성의 페달을 단자에 연결한다면 On/Off가 반대가 되어 연주가 안 되므로 연결을 해제하고 사용합니다.

②서스테인 페달의 세팅

바닥에 있는 페달은 단순히 발로 조작이 가능하지만 바닥의 상태에 따라 밀려나가는 경우가 많습니다.

있잖아(Rock Ver.) - 아이유

이럴 때에는 꼭 접착테이프나 무거운 물체를 이용하여 고정하지만 만약 이것도 안 될 경우에는 사진ⓒ 처럼 반대편 발을 이용하여 고정하고 연주합니다.

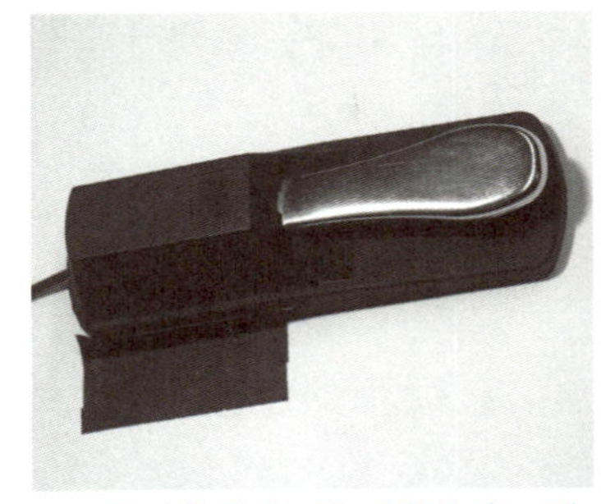
ⓐ접착테이프를 이용하여 고정

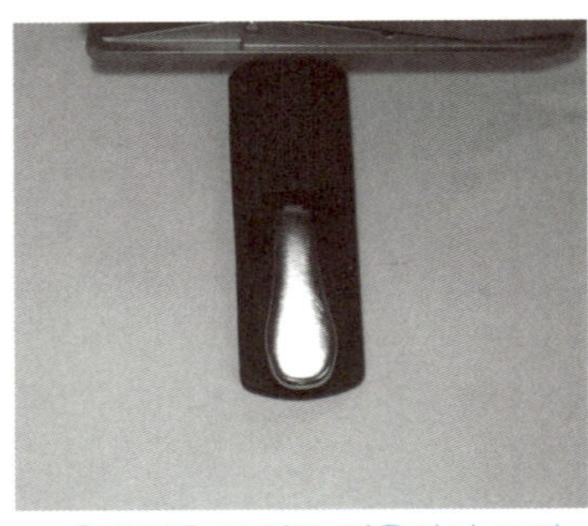
ⓑ무거운 물체를 이용하여 고정

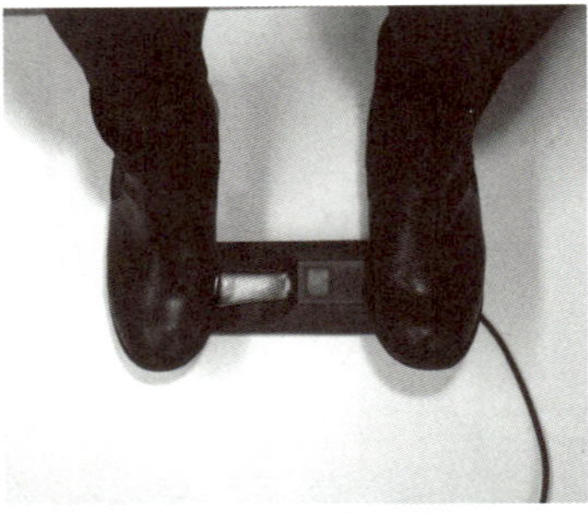
ⓒ반대편 발을 이용하여 고정

③연주하면서 페달의 On/Off 하기

신디사이저에서의 서스테인 페달은 일반 피아노 연주에 뎀퍼와 같은 방법으로 사용됩니다. 즉, 소리를 계속 울리게 만들어주는데 페달을 밟은 상태에서는 소리가 한번 나면 없어지지 않는다는 얘기입니다. 그렇기에 계속 밟는다는 것은 음의 중첩으로 인하여 소리가 상당히 지저분해지므로 주의합니다.

POINT!

서스테인 페달은 코드가 바뀌어 첫 음을 연주한 다음 떼고 다시 밟아 줍니다.

페달의 On/Off 신호는 다양한 표기를 보입니다. 오선줄 바로 밑에 영어로 "Ped."하는 경우도 있고 수기 악보에서 간단하게 "√"나 "X"로 나타내는 경우도 많습니다. 본 교재는 악보에 "*"로 표기를 하였습니다.

▲ 있잖아(Rock Ver.) Synth Score 39마디~47마디

위의 악보에서 보듯이 "*"를 이용하여 악보에 표기하였습니다. 코드가 바뀌어 음을 연주한 뒤에 바로 페달을 떼엇다가 다시 밟아주면 됩니다.

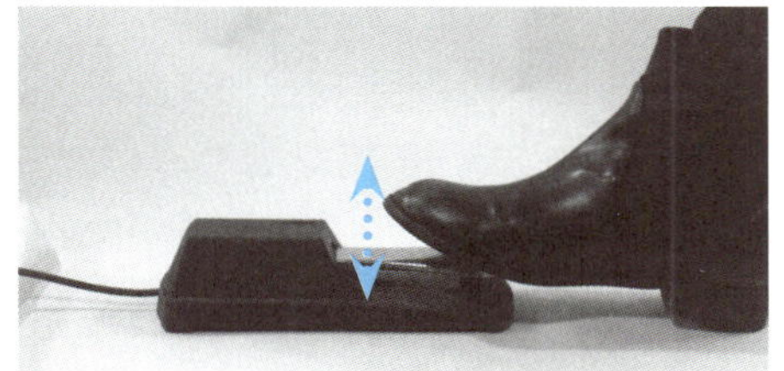

기타

제목의 (Rock Ver.)처럼 리프, 디스토션 사운드, 싱코페이션, 멜로디 화음 솔로 등의 전형적인 기타 연주가 담겨져 있어 록을 좋아하는 일렉기타 연주자에게 많은 배움을 가져다 줄 수 있는 곡입니다.

이 곡의 Backing(벡킹)은 "나는 나비", "비밀번호 486"을 참고하여 연주하면 되므로 생략하고 곡 중간에 가끔 나오는 Picking Harmonics(피킹 하모닉스)와 Pick Scratch(피크 스크레치)에 대하여 배워봅니다.

1.Picking Harmonics(피킹 하모닉스)

단음에서만 가능한 주법으로 피크로 줄을 튕기는 순간에 엄지손가락의 안쪽을 줄에 살짝대어 주어 왼손가락으로 누른 프렛의 음을 "팅", "핑"하는 소리로 주법입니다. 이 때 나는 음은 운지 음에서 한 옥타브 높은 음이 납니다.

악보에서는 "P.H"로 표기합니다.

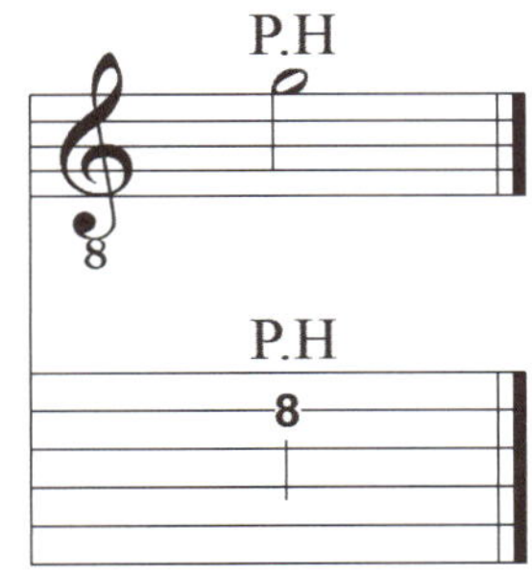

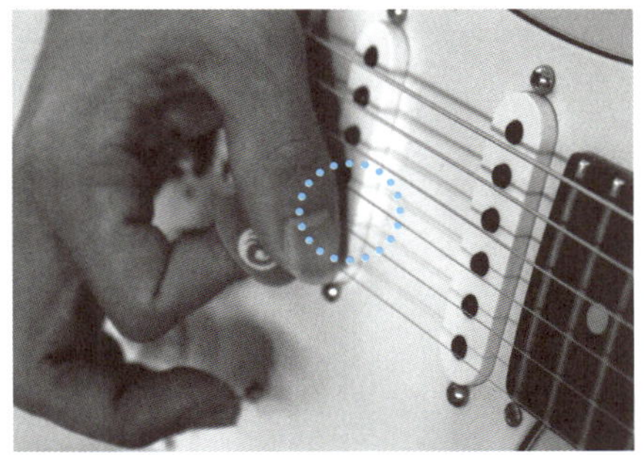

ⓐ"피킹 하모닉스"의 악보 표기   ⓑ"피킹 하모닉스"의 오른손 피킹 모양

2.Pick Scratch(피크 스크레치)

피크를 밑의 사진ⓐ처럼 세워서 줄에 대고 끌고 가는 주법으로 듣기 싫은 쇳소리를 만들어 내지만 합주 중에 적절한 위치에 사용한다면 상당히 좋은 효과를 얻을 수 있습니다.

주로 음량이 작은 형식에서 음량이 큰 형식(절부분에서 후렴구로)으로 바뀔 때 사용하면 좋습니다.

악보에서는 "Pick Scratch"로 표기합니다.

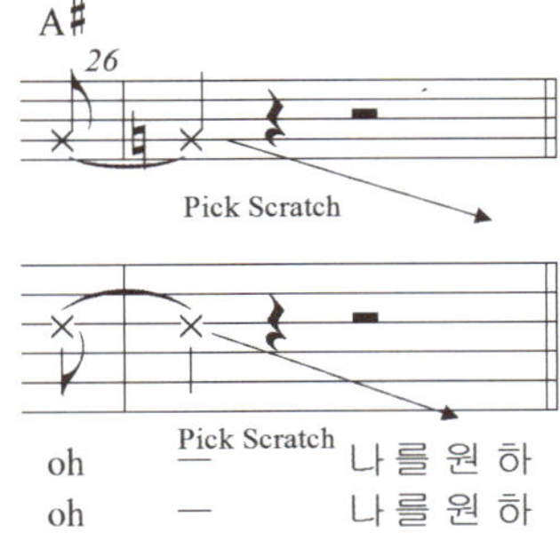

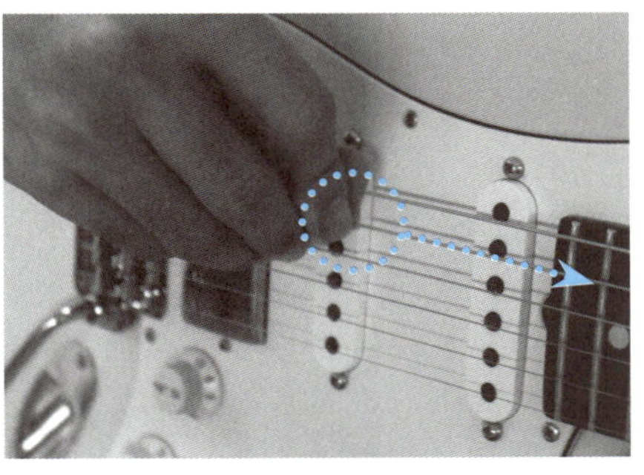

ⓐ"피크 스크레치"의 악보 표기   ⓑ"피크 스크레치"의 오른손 피킹 모양

있잖아(Rock Ver.) - 아이유

이 곡은 빠른 8비트와 쉬지 않은 음계 연주로 인해 기본기가 바탕이 되어야 좋은 연주를 할 수 있는 곡입니다. 본 교재의 앞부분에 있는 기본 음계연습과 크로마틱 연습을 지속적으로 해야만 좋은 연주가 가능하며 슬라이드(Slide)과 헤머링(Hammering)등의 다양한 주법이 많이 나오므로 많은 연습이 필요한 곡입니다.

1.Ornament Slide(올라먼트,꾸밈음 슬라이드)

밑의 악보처럼 원래 연주되어야 할 음보다 낮은 음(또는 높은음)을 조금 빨리 소리를 내어 원래 음으로 슬라이드 하는 주법입니다.(악보에서 ○의 숫자는 왼손가락의 번호입니다)

①2프렛의 F#음을 1번 손가락으로 운지하며 3번(또는4번) 손가락으로 4프렛에서 6프렛까지 슬라이드 하면 됩니다.

▲ 2마디의 꾸밈음 슬라이드

②1프렛의 A#음을 1번 손가락으로 운지하며 2번 손가락으로 2프렛에서 4프렛까지 슬라이드하면 됩니다. 바로 3번,4번 손가락으로 5,6프렛을 순서대로 운지합니다.

▲ 18마디의 꾸밈음 슬라이드

③1프렛의 F음을 1번 손가락으로 운지하며 3번 손가락으로 4프렛에서 6프렛까지 슬라이드하면 됩니다. 그 후 4번 손가락으로 밑에 줄 6프렛의 D#음을 누릅니다.

▲ 33마디의 꾸밈음 슬라이드

2.Ornament Hammering(꾸밈음 헤머링)

①1)③처럼 6프렛의 D#음을 4번 손가락으로만 운지되므로 1번 손가락을 4프렛 운지 후 4번 손가락으로 헤머링합니다.

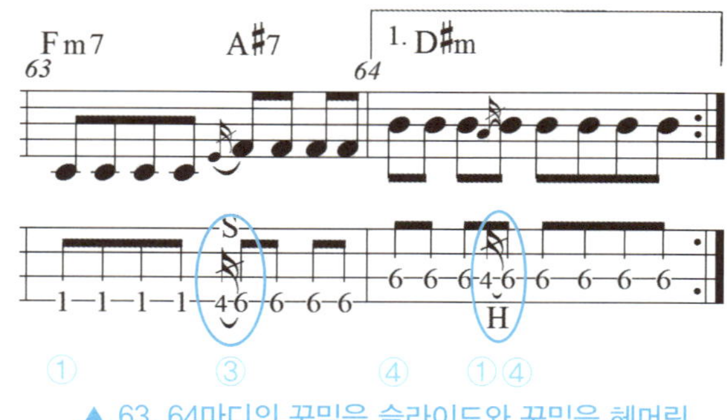

▲ 63, 64마디의 꾸밈음 슬라이드와 꾸밈음 헤머링

이 곡은 템포 150정도에 빠른 rock스타일 곡입니다. 일반적으로 많이 사용되며 쉬운 리듬과 주법도 속도가 빠르면 어렵게 느껴지기 때문에 이번 예제 곡은 많은 연습을 필요로 합니다. 그러나 기본기가 중요하므로 연습하는 과정에서 메트로놈 연습은 필수인 것을 기억하여야 연습합니다.

1.Hi-Hat Accent(하이햇 악센트)

전체적으로 하이햇이 조금 열어둔 상태로 4비트 같은 8비트를 연주됩니다. 이것은 정박에 악센트를 주어 하이햇이 연주되어 그런 느낌이 들게 하였습니다.

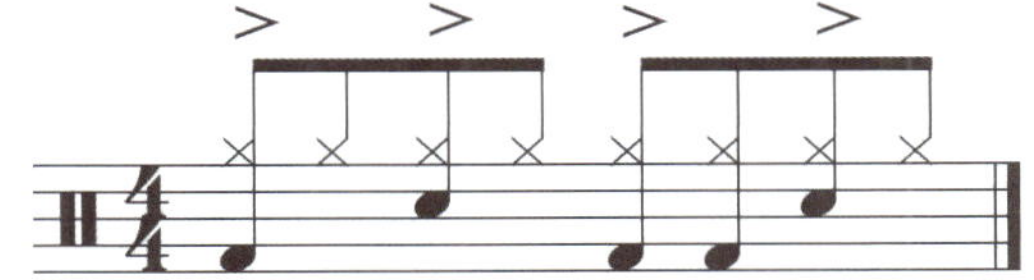

2.Open Rimshot(오픈 림샷)

빠른 템포의 센 드럼 사운드를 위해서는 스네어에 오픈 림샷을 구사하는 경우가 많습니다.

①Rim(림)과 Snare(스네어)의 피를 같이 타격

드럼을 연주 시 손목의 움직임만을 가지고 오픈 림샷을 한다면 자세의 불안정성으로 실수가 가끔 나오는데 실수를 없애기 위해서는 살짝 아래로 밀어주듯이 스네어를 때립니다. 이 때 어깨도 조금 떨어뜨려 줍니다.

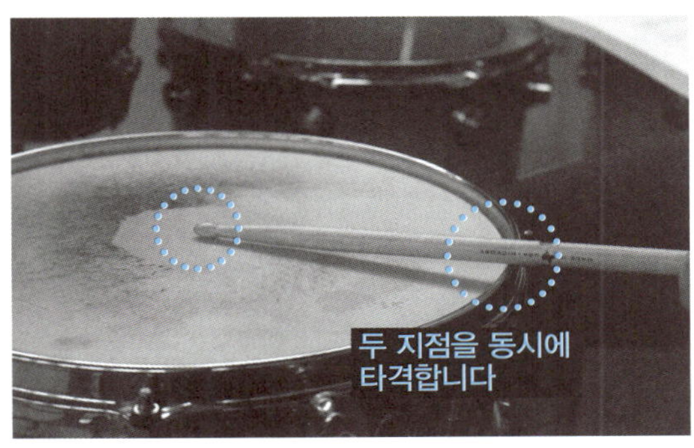

②Snare Stand(스네어 스텐드)의 조절

오픈 림샷을 정확하게 소리 내려면 높이와 기울기의 조절도 중요합니다. 자신의 체형에 맞는 세팅해야 하는데 그러기 위해서는 스네어 스탠드의 조작을 알아야 합니다.

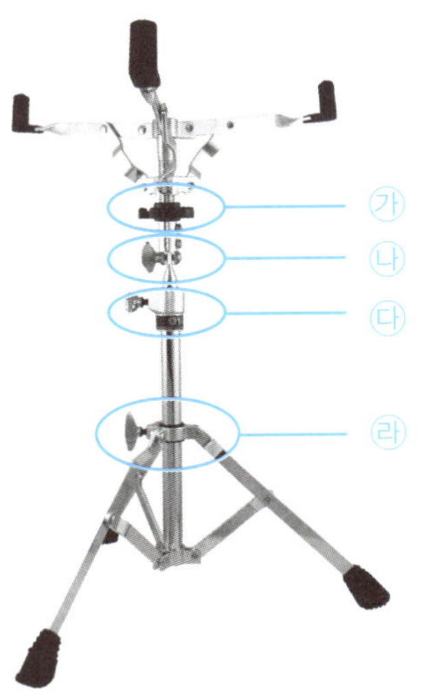

㉮스네어 조임 장치 스네어를 잡아주는 세 발을 조이는 역할을 합니다.

㉯스네어 각도 조절 장치 오픈 림샷을 위해서는 각도 조절이 중요합니다.

㉰스네어 높이 조절 장치 연주자에 맞는 높이로 스네어의 높이를 조절합니다.

㉱스네어 스탠드 다리 넓이 조절 장치 킥 드럼과 하이햇 페달의 위치에 따라 방향과 넓이를 다르게 합니다.

있잖아(Rock Ver.)(Guide Score)

김세진 작사, 서정진 작곡, IU(아이유) 노래

Sound Tip
신나고 경쾌한 곡이기에 그에 맞게 각 악기들도 힘 있고 선명한 톤이 필요합니다. 특히 기타와 베이스의 톤은 전체 무게감의 큰 틀이므로 저음역대가 나오면서 선명한 톤이 잡혀졌는지 확인합니다.

Play Tip
빠른 곡이며 각 파트의 화려한 연주와 정확한 섹션이 요구됩니다. 특히 드럼의 안정된 연주가 우선되어야하며 각 파트의 정확한 음 연주가 필요합니다. 합주시 각 파트(형식) 별 반복 연습을 많이 하여야 합니다.

D
[드럼, 기타2 out] 하프 템포(Half Tempo) = 하프 타임(Half Time) : 속도와 박자가 반으로 줄어듦.
피아노와 베이스의 연주가 주가 되는 부분이며 속도가 반으로 줄기 때문에 두 악기와 보컬의 타이밍에 주의합니다.
40
BM9   A#m7   G#m7   A#7   D#m(add 9)
I   be   lieve   you — cause   I'm   in   love   with   you —
44
BM7   A#m7   D#m   G#m7   C#   A#7
악기들의 크레셴도   악기들의 Fill-in
이   런   느   낌   은 —   처   음   이   니   까
In Tempo 싱코페이션   보컬의 크레셴도
섹션으로 시작합니다.
[All Part in]
I.L 2
기타1의 솔로이므로 볼륨을 키워 소리가 잘 나올 수 있도록 하며
다른 파트는 후렴구의 연주를 합니다.
49
G#m7   A#7   D#m   D#m   A#7   D#m
53
G#m7   C#   F#M7   B   Fm7   A#7   D#m
보컬이 박자를 적확히
찾아 들어와야 합니다.
나 를 원 하
C
C와 C'파트는 보컬의 숨이 부족한 부분이 많으므로
보컬 악보의 숨표를 잘 살려 부를 수 있도록 합니다.
57
G#m7   A#7   D#m   G#m7   A#7   D#m
니 (hey) 가 지 고 싶 니 (hey) 나 의 모 든 게 전 부 네 것 이 길 바 라 니   사
61
G#m   C#   F#M7   B   Fm7   A#7   1. D#m   2. D#m   D#
랑 한 단 한 마 디 만 솔 직 히 말 해 봐 나 를 원 하 봐 — — 부
C'
후렴구 8마디중 뒤에 4마디를 반복하여 부릅니다.
66
G#m7   C#   F#M7   B   Fm   A#7   D#m   D#
드 러 운 내 입 술 이 네 볼 에 닿 을 때   나
70
G#m   C#   F#M7   B   Fm   A#7   D#m
만 사 랑 한 단 말 만 속 삭 여 줘 dar ling
Outro
이 곡의 마지막 부분이므로 사운드에 힘을 실어봅니다.
특히 82마디부터는 정확한 섹션을 연주하하여야 합니다.
74
F#   C#   D#m   BM9
78
F#   C#   D#m   BM9   B
쉼표에 주의합니다.
엔딩음 한 박의 길이를
지켜서 음을 없애줍니다.
82
B   F#
드럼의 Fill-in 이 엔딩을 맞추기에
적절한지 판단하여야 합니다.

있잖아(Rock Ver.)(Vocal Score)

김세진 작사, 서정진 작곡, IU(아이유) 노래

Play Tip
속도가 빠르므로 박자와 리듬에 주의하며 신나고 경쾌하게 부릅니다. 숨표를 잘 활용하여 호흡이 힘들지 않도록 주의하여 후렴 파트에 코러스의 추임새에 의한 타이밍이 중요합니다.

D
호흡을 썩어 여리게 부릅니다.
I be lieve you — cause I'm in love with you —
I.L 2
이 런 느 낌은 — 처 음 이 니 까 — —
숨 연결
내지르듯이 과감히 벤딩처합니다.
나 를 원 하
C
니 가 지고 싶 니 나의모든 게 전부네것이길 바라 니 사
랑 한 단 한 마 디 만 솔 직 히 말 해 봐 나 를 위 한 봐 — — 부
C'
빠른 숨표를 이용하여 노래가 끊어지지 않도록 주의합니다.
드 러 운 내 입 술 이 네 볼 에 닿 을 때 나
만 사 랑 한 단 말 만 속 삭 여 줘 dar ling
Outro

있잖아(Rock Ver.)(Chorus Score)

김세진 작사, 서정진 작곡, IU(아이유) 노래

속도가 빠르기 때문에 보컬과의 타이밍에 주의해서 노래합니다. 코러스 음의 기본인 3도 위의 음으로만 코러스가 구성되어 있고 후렴구에만 나오므로 코러스의 기본 곡이라 할 수 있습니다. 리드 보컬은 음정을 밴딩 처리하는 부분이 많았다면 코러스는 음정을 끌거나 힘없이 내지않고 정확히 음정을 채워주도록 합니다.

D
40 BM9 A#m7 G#m7 A#7 D#m(add9)
I be lieve you — cause I'm in love with you —
44 BM7 A#m7 D#m G#m7 C# A#7
이 런 느 낌은 — 처 음 이 니 까 — —
I.L 2
49 G#m7 A#7 D#m D#m A#7 D#m
53 G#m7 C# F#M7 B Fm7 A#7 D#m
나 를 원 하
"hey" 라고 발음을 추임새로 넣어주도록 합니다.
더욱 더 후렴을 흥겹게 만들어 줄 수 있습니다.
C
57 G#m7 A#7 D#m G#m7 A#7 D#m
니 Hey 가 지 고 싶 니 Hey 나 의 모 든 게 전 부 네 것 이 길 바 라 니 사
61 G#m C# F#M7 B Fm7 A#7 1. D#m 2. D#m D#
랑 한 단 한 마 디 만 솔 직 히 말 해 봐 나 를 원 하 봐 — — 부
C'
66 G#m7 C# F#M7 B Fm A#7 D#m D#
드 러 운 내 입 술 이 네 볼 에 닿 을 때 나
70 G#m C# F#M7 B Fm A#7 D#m
만 사 랑 한 단 말 만 속 삭 여 줘 dar ling
Outro
74 F# C# D#m BM9
78 F# C# D#m BM9
82 B F#

있잖아(Rock Ver.)(Synth Score)

김세진 작사, 서정진 작곡, IU(아이유) 노래

Sound Tip
1.Piano : 일반적인 피아노 음색
2.String : 부드러운 소리중에 음이 빨리 끊어지는 음색
Play Tip
전/간/후주의 연주는 건반만 싱코페이션으로 들어가지만 여기서는 다른 악기와 같이 정박에 들어가도록 편곡 되었습니다. 그리고 절과 후렴부에 스트링연주도 만들어져 있으며 볼륨 조절과 연주의 세기에 주의합니다.

C 형식C의 연주 때문에 음이 빨리 끊어지는 음색을 선택해야 합니다.
2,4박의 섹션
에 주의합니다.
임시표 X(더블샵)이 붙으면 조표의 도#은 무시됩니다.
"도 더블샵"이며 A#의 3도 음인 "레"가 됩니다.
I.L 1
[Piano]
Intro와 같은 연주이므로 시작은 정박으로 합니다.
2x Time
String =>
D [Piano]
템포가 반으로 늘어지는 부분입니다. 최대한 발라드의 피아노 곡인 듯 연주합니다.
a to z 알 ─ 고 싶 어 난 숨 겨 둔 너 의 맘 ─ ─ oh ─ 나 를 원 하
a to z 그 ─ 누 구 보 다 네 가 제 일 좋 아 ─ ─ oh ─ 나 를 원 하
니 가 지 고 싶 니 나 의 모 든 게 전 부 네 것 이 길 바 라 니 사
랑 한 단 한 마 디 만 솔 직 히 말 해 봐
이 별 에 봐
I be lieve you ─ cause I'm in love with you ─

서스테인 페달을 이용하여
음을 유지한 후 음색을 바꿀
준비를 합니다.
String =>
볼륨 페이더를 이용하여 다른 악기와
같이 크레센도를 표현합니다.
이 런 느 낌은 — 처 음 이 니 까 — —
[String]
I.L 2
기타 솔로 부분이지만 건반의 연주는 형식C에서 2,4박의 섹션 없이 연주하며
기타 솔로를 살리기 위해 볼륨 값을 작게 잡아야 합니다.
나 를 원 하
C
니 가 지 고 싶 니 나 의 모 든 게 전 부 네 것 이 길 바 라 니 사
랑 한 단 한 마 디 만 솔 직 히 말 해 봐 나 를 위 한 봐 — — 부

C'
형식C의 연주 중에 뒷 4마디만 반복해서 연주합니다.
66
G#m7   C#   F#M7   B   Fm7   A#7   D#m   D#
드 러 운 내 입 술 이 네 볼 에 닿 을 때   나
70
G#m7   C#   F#M7   B   Fm7   A#7   D#m   Piano =>
만 사 랑 한 단 말 만 속 삭 여 줘 dar ling
Outro
연주하는 음은 많이 없지만 싱코페이션에 주의하며 경쾌한 분위기와 함께 즐겁게 연주합니다.
74
F#   C#   D#m   BM9
쉼표를 정확히
표현합니다.
78
F#   C#   D#m   BM9   B
82
B   F#
드럼의 Fill-in을 듣고
엔딩을 맞춥니다.

있잖아(Rock Ver.)(1st Guitar Score)

김세진 작사, 서정진 작곡, IU(아이유) 노래

Sound Tip
1. Distortion : Dist 양은 60% 정도 주고 EQ는 하이를 높여주어 시원하면서 힘있는 소리를 냅니다.
2. Wah : On/Off에 주의하며 만약 없다면 리벌브의 값을 많이 주어 공간감을 표현합니다.

Play Tip
여러가지 주법이 표현된 곡으로 각 주법이 익숙하지 않다면 연주가 쉽지 않으므로 철저한 개인 연습을 필요로 합니다. I.L.1.2 의 솔로 연주는 힘있게 연주합니다.

드럼 카운트 후 보컬 이 시작합니다.

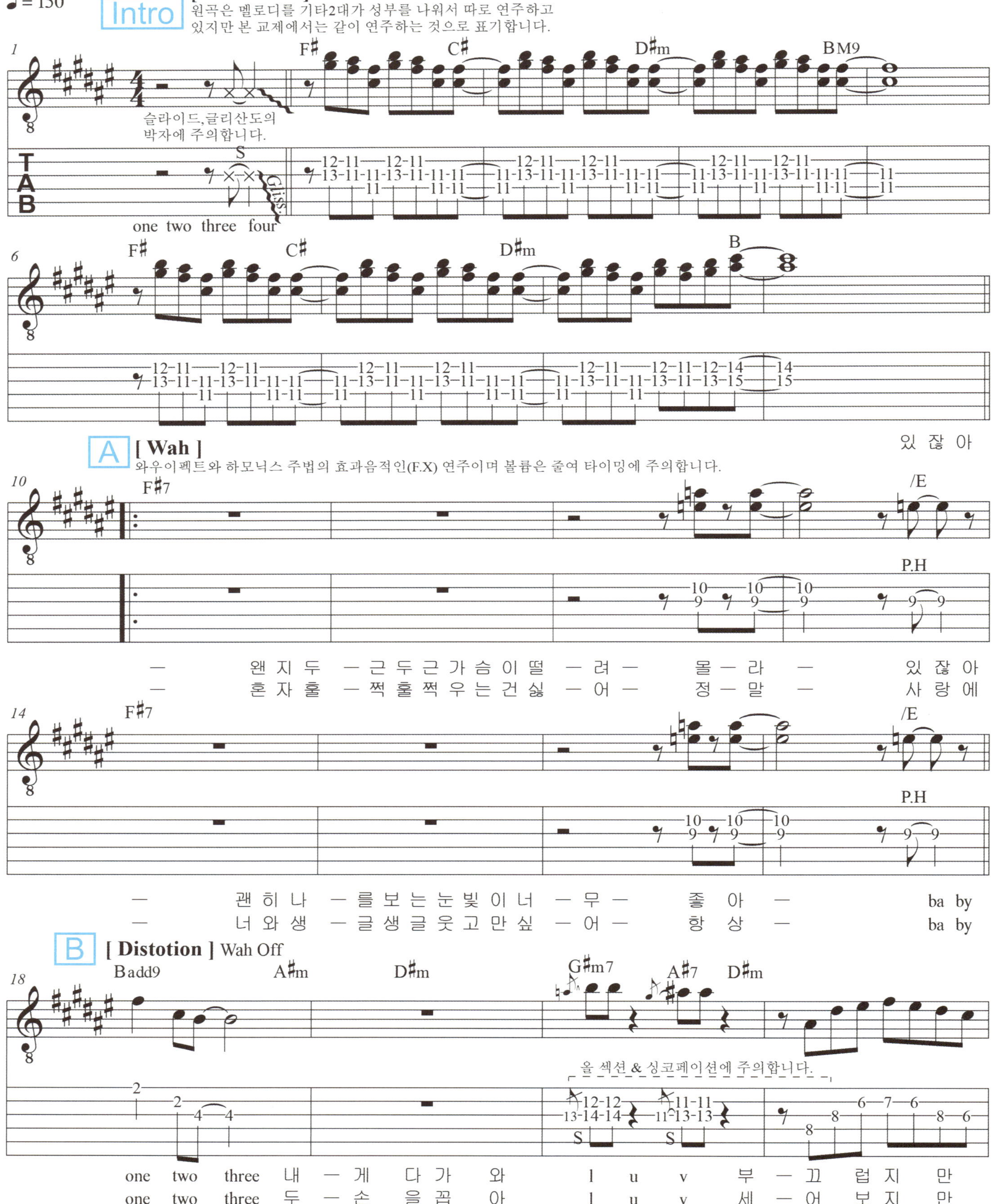

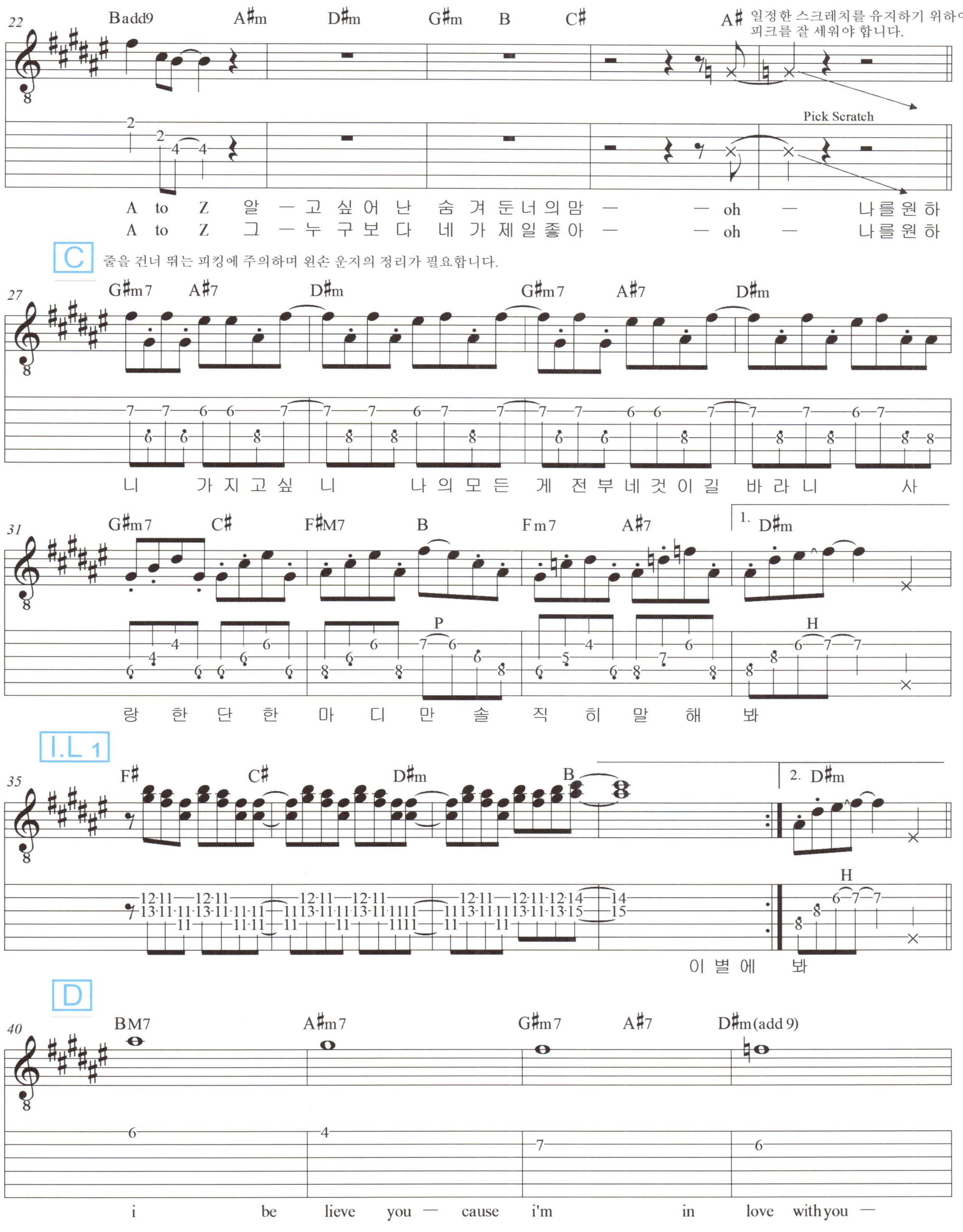
일정한 스크래치를 유지하기 위하여
피크를 잘 세워야 합니다.
Pick Scratch
A to Z 알 — 고 싶어 난 숨 겨 둔너의맘 — — oh — 나를 원 하
A to Z 그 — 누 구보다 네 가제일좋아 — — oh — 나를 원 하
줄을 건너 뛰는 피킹에 주의하며 왼손 운지의 정리가 필요합니다.
니 가 지 고 싶 니 나 의 모 든 게 전 부 네 것 이 길 바 라 니 사
랑 한 단 한 마 디 만 솔 직 히 말 해 봐
이 별 에 봐
i be lieve you — cause i'm in love with you —

BM7
A#m7
D#m
G#m7
C#
A#7
이 런 느 낌은— 처 음 이니 까—
I.L 2
꾸밈음 슬라이드와 싱코페이션이 많이 나오므로 박자에 주의하며
박진감 넘치는 연주를 합니다.
G#m7
D#m
G#m7
A#7
D#m
G#m7
C#
F#M7
B
Fm7
A#7
D#m
나 를 원 하
C
G#m7
A#7
D#m
G#m7
A#7
D#m
니 가 지 고 싶 니 나의모든 게 전부네것이길 바라니 사
G#m7
C#
F#M7
B
Fm7
A#7
1. D#m
2. D#m
D#
랑 한 단 한 마 디 만 솔 직 히 말 해 봐 나을원하 봐 — — — 부

전,간주와 마찬가지로 기타 2대의 하모니 연주를 2nd Guitar 혼자 연주하여야 합니다.
드 러 운 내 입 술 이 네 볼 에 닿 을 때 나
만 사 랑 한 단 말 만 속 삭 여 줘 dar — ling
Intro와 같은 연주이지만 마지막 연주이므로 피킹에 힘을 실어 경쾌하게 연주해 봅니다.
다른 악기와의 섹션을 틀리지 않도록
박자를 잘 세고 있어야 합니다.
드럼의 Fill-in을 듣고
엔딩을 맞춥니다.

있잖아(Rock Ver.)(2nd Guitar Score)

김세진 작사, 서정진 작곡, IU(아이유) 노래

Sound Tip
1.Distortion : Dist 양은 50% 정도 높여줍니다. 기타1과는 다른 톤이 필요하므로 EQ에서 중저음을 높여주어 백킹사운드에 집중합니다.

Play Tip
싱코페이션과 유니즌 연주가 많습니다. 이런 곡은 악기들과의 정확한 타임키핑이 중요하므로 합주 전 박자연습을 충분히 합니다. 그리고 기타톤의 연구도 필요합니다.

드럼 카운트 후 보컬 이 시작합니다.

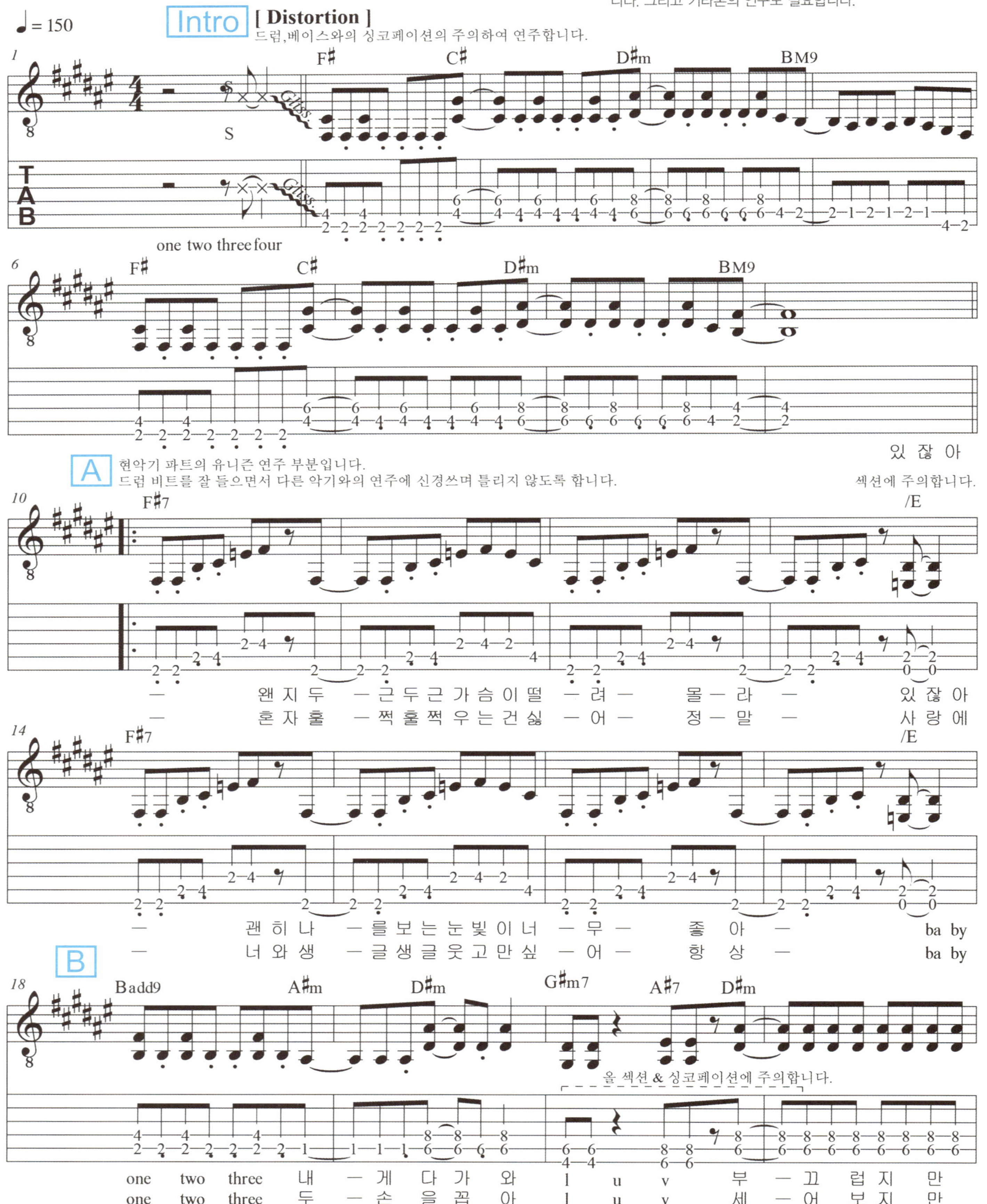

22
Badd9   A#m   D#m   G#m   B   C#   A#
Gliss
A to Z 알 —고 싶어 난 숨 겨 둔너의맘 — — oh — 나를원하
A to Z 그 —누 구보 다 네 가 제일좋아 — — oh — 나를원하
C
27
G#m7   A#7   D#m   G#m7   A#7   D#m
니 가 지 고 싶 니 나의모든 게 전부네것이길 바라니 사
31
G#m7   C#   F#M7   B   Fm7   A#7   D#m
1.
Gliss
랑 한 단 한 마 디 만 솔 직 히 말 해 봐
I.L 1
35
F#   C#   D#m   BM9   2. D#m
Gliss
이별에 봐
D
46마디 섹션 & 싱코페이션을 위해 계속 박자를 세고 있습니다.
글리산도가 마디를 넘어
가지 않도록 합니다.
40
BM7   A#m7   G#m7   A#7   D#m(add 9)
i   be lieve you — cause i'm   in   love withyou —

I.L 2
형식 C와 같은 연주입니다.
C
이 런 느 낌은— 처 음 이니 까 —
나 를 원 하
니 가 지 고 싶 니 나 의 모든 게 전 부 네 것 이길 바라니 사
1.
2.
랑 한 단 한 마 디 만 솔 직 히 말 해 봐 나 을 원 하 봐 — — 부

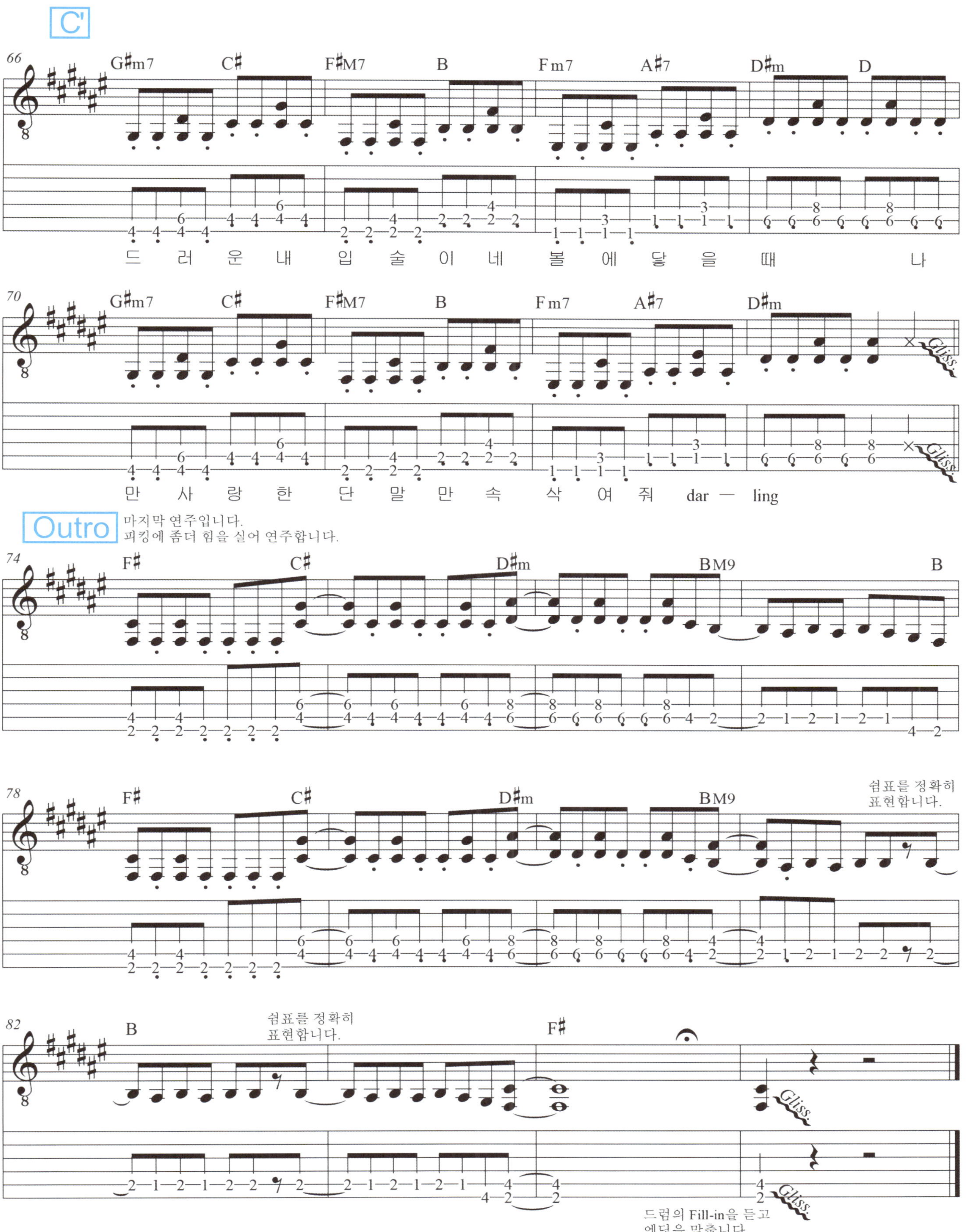
C'
G#m7 C# F#M7 B Fm7 A#7 D#m D
드 러 운 내 입 술 이 네 볼 에 닿 을 때 나
G#m7 C# F#M7 B Fm7 A#7 D#m
만 사 랑 한 단 말 만 속 삭 여 줘 dar — ling
Gliss
Outro
마지막 연주입니다.
피킹에 좀더 힘을 실어 연주합니다.
F# C# D#m BM9 B
F# C# D#m BM9
쉼표를 정확히
표현합니다.
B F#
쉼표를 정확히
표현합니다.
Gliss
드럼의 Fill-in을 듣고
엔딩을 맞춥니다.

있잖아(Rock Ver.)(Bass Score)

김세진 작사, 서정진 작곡, IU(아이유) 노래

합주 중에 베이스의 연주 라인(음)이 잘나와야 하므로 베이스의
EQ나 앰프의 EQ에서 하이를 높여줍니다.

Play Tip
빠른 8비트에 싱코페이션과 꾸밈음 연주가 많이 나오며 왼손가
락의 운지도 빠릅니다. 또한 다른 악기와의 섹션도 많기 때문에
많은 연습이 필요한 곡입니다. 빠른 연주일수록 기본기 연습이
잘되어 있어야하며 프렛을 이동할 때 왼손의 폼이 흐트러지지
않도록 합니다.

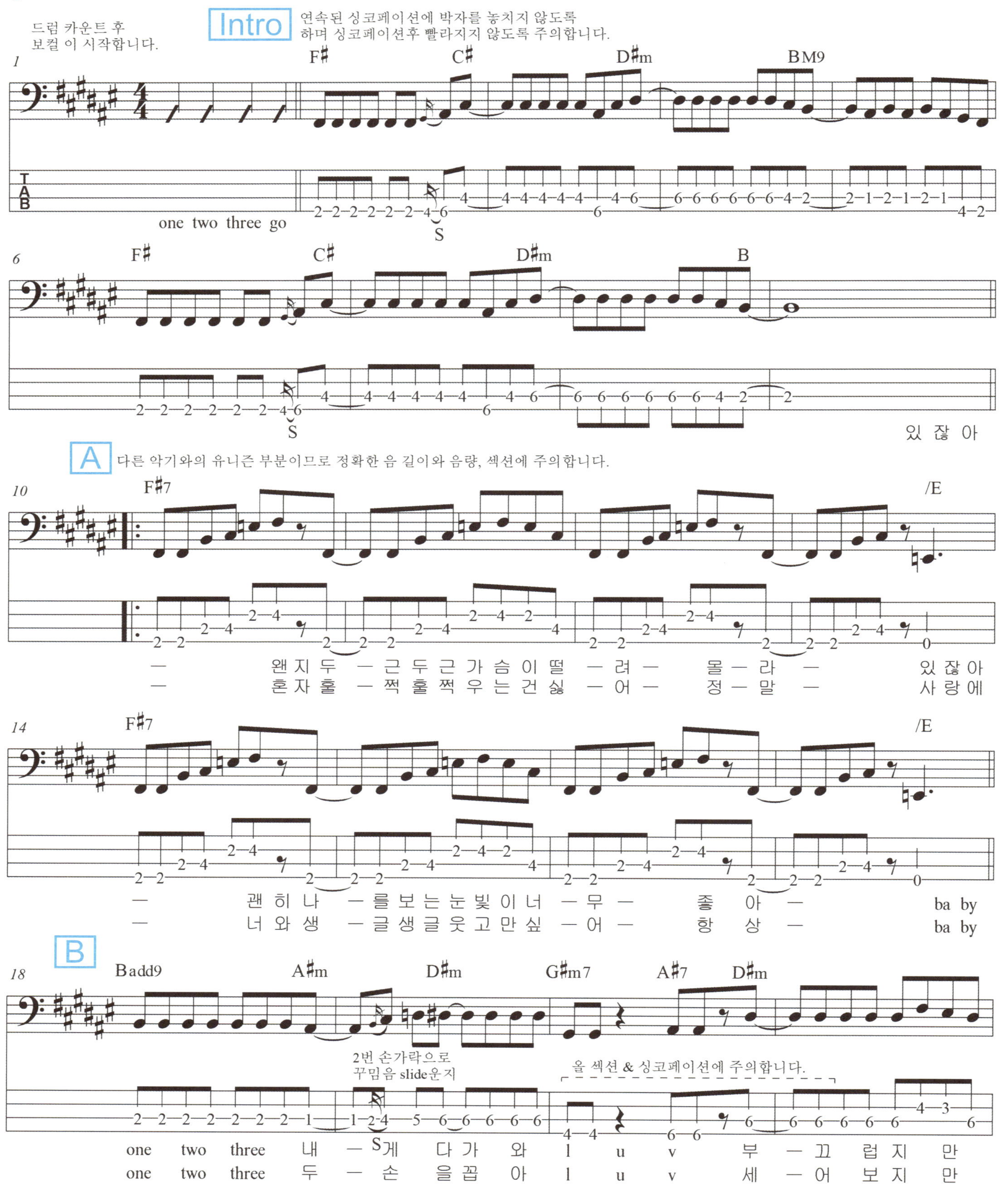

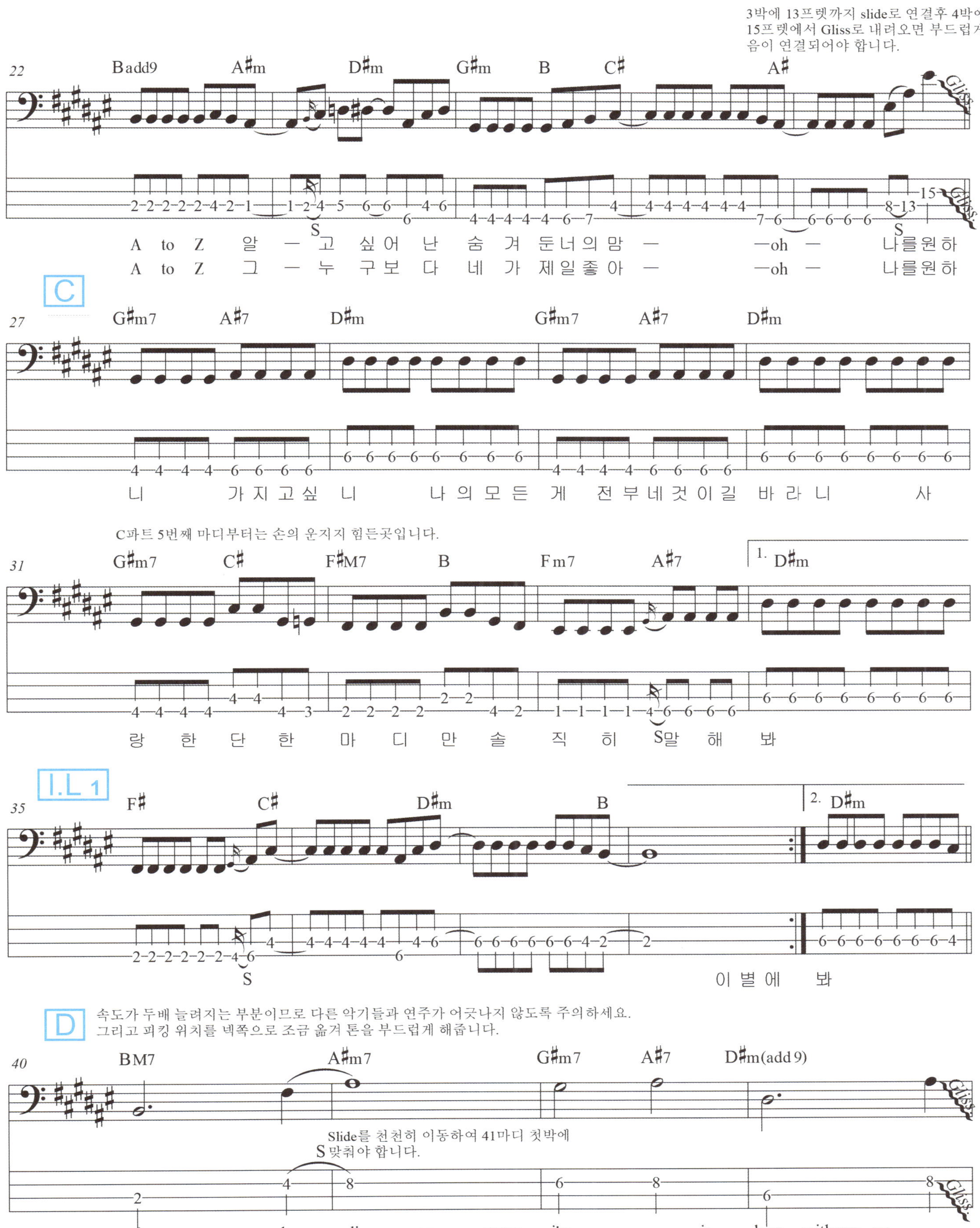
3박에 13프렛까지 slide로 연결후 4박에
15프렛에서 Gliss로 내려오면 부드럽게
음이 연결되어야 합니다.
22
Badd9   A#m   D#m   G#m   B   C#   A#
A to Z 알 — 고 싶어 난 숨 겨 둔 너의 맘 — — oh — 나를 원 하
A to Z 그 — 누 구 보 다 네 가 제일 좋아 — — oh — 나를 원 하
C
27
G#m7   A#7   D#m   G#m7   A#7   D#m
니 가 지 고 싶 니 나의 모 든 게 전부 네 것 이길 바 라 니 사
C파트 5번째 마디부터는 손의 운지지 힘든곳입니다.
31
G#m7   C#   F#M7   B   Fm7   A#7   1. D#m
랑 한 단 한 마 디 만 솔 직 히 말 해 봐
I.L 1
35
F#   C#   D#m   B   2. D#m
이 별 에 봐
D
속도가 두배 늘려지는 부분이므로 다른 악기들과 연주가 어긋나지 않도록 주의하세요.
그리고 피킹 위치를 넥쪽으로 조금 옮겨 톤을 부드럽게 해줍니다.
40
BM7   A#m7   G#m7   A#7   D#m(add 9)
Slide를 천천히 이동하여 41마디 첫박에
맞춰야 합니다.
i be lieve you — cause i'm in love with you —

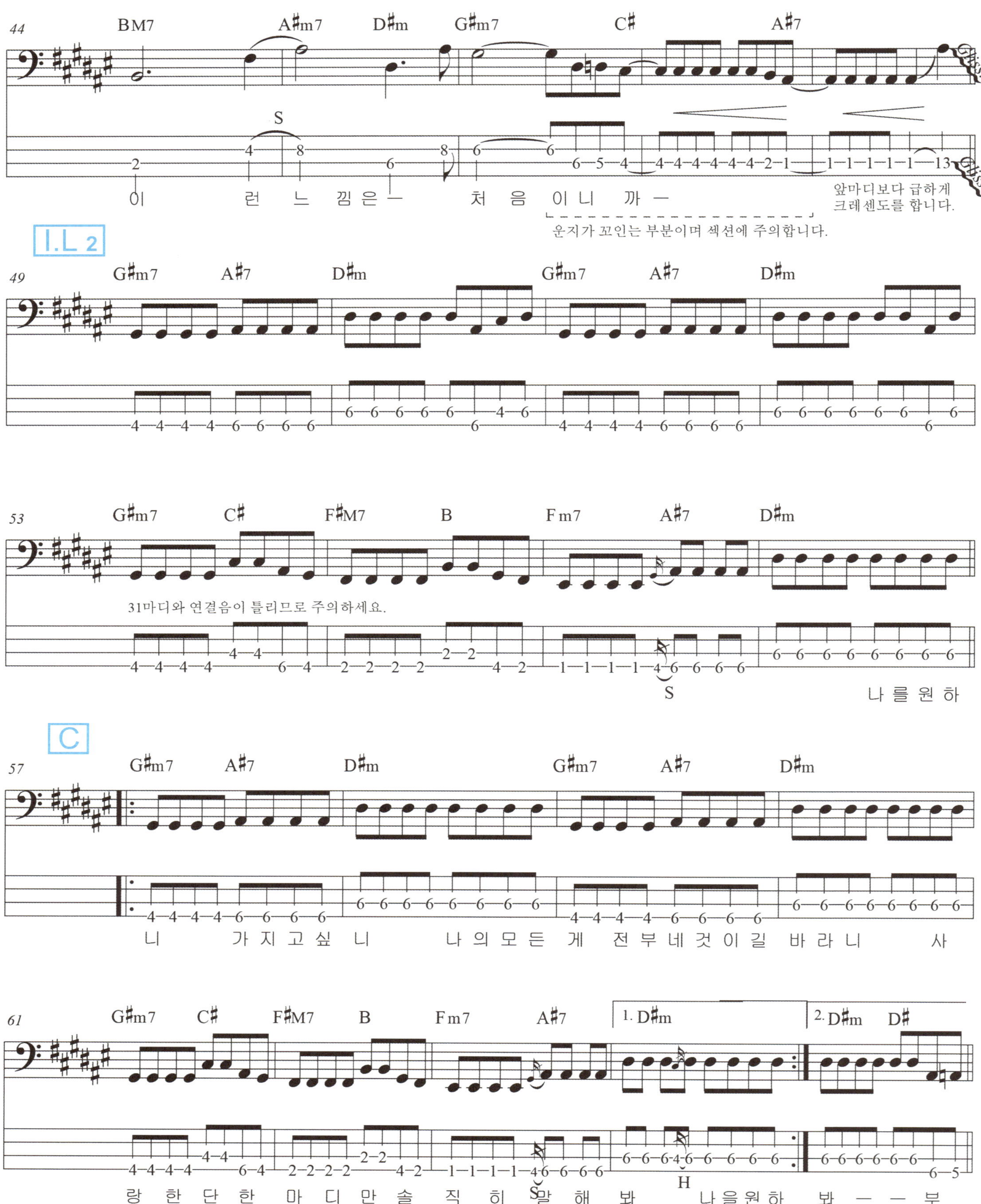
44
BM7
A#m7
D#m
G#m7
C#
A#7
Gliss.
S
Gliss.
이 런 느 낌은— 처 음 이 니 까—
앞마디보다 급하게
크레센도를 합니다.
운지가 꼬이는 부분이며 섹션에 주의합니다.
I.L 2
49
G#m7
A#7
D#m
G#m7
A#7
D#m
53
G#m7
C#
F#M7
B
Fm7
A#7
D#m
31마디와 연결음이 틀리므로 주의하세요.
S
나 를 원 하
C
57
G#m7
A#7
D#m
G#m7
A#7
D#m
니 가 지 고 싶 니 나 의 모든 게 전 부 네 것 이 길 바 라 니 사
61
G#m7
C#
F#M7
B
Fm7
A#7
1. D#m
2. D#m
D#
H
랑 한 단 한 마 디 만 솔 직 히 말 해 봐 나 을 원 하 봐——부

C'
Outro
드 러 운 내 입 술 이 네 볼 에 닿 을 때 나
만 사 랑 한 단 말 만 속 삭 여 줘 dar — ling
쉼표에 주의합니다.
쉼표에 주의합니다.
드럼의 Fill-in을 듣고
엔딩을 맞춥니다.

있잖아(Rock Ver.)(Drum Score)

김세진 작사, 서정진 작곡, IU(아이유) 노래

Set Tip
기본 드럼세트(5기통)에 크레쉬 심벌 2장, 라이드 심벌 1장으로
연주가 가능하며 만약 크레쉬가 한장이면 라이드를 조금 높게
세팅하여 사용하면 됩니다. 또 시작 전 하이햇 페달의 오픈 정
도를 잘맞춰 놓아야 합니다.

Play Tip
빠른 템포의 곡이므로 후반부에 연주가 늘어지지 않도록 힘의
분배가 중요하며 싱코페이션 후의 연주를 놓치지 않도록 항상
박자를 세는 습관을 가지도록 합니다.

♩=150 　드럼 카운트 후에 합주가 시작되므로
보컬의 준비를 확인한 다음 카운트를 줍니다.

C
후렴구이므로 하이햇을 형식 B부분보다 좀 더 열어주어 드럼 사운드를 높여줍니다.
27
니 가 지 고 싶 니 나 의 모 든 게 전 부 네 것 이 길 바 라 니 사
31
랑 한 단 한 마 디 만 솔 직 히 말 해 봐
1.
I.L 1
싱코페이션 후 박자를 잊어버리지
않게 주의하세요.
35
2.
이 별 에 봐
C
하프 템포(Half Tempo)부분이며 드럼의 연주가 없습니다.이럴때에는 원곡에 드럼이 없더라도
라이드나 하이햇을 이용하여 다른 맴버의 속도가 늘어지지 않도록 카운터하면 좋습니다.
38,39마디에 빠른 필인의 플램 주법이 있으
므로 박자가 안 밀리도록 주의합니다.
40
i be — lieve you — cause I'm in love with you —
싱코페이션과 크레센도를 동시에 표현하는 어려운
부분이므로 충분히 연습하여 합주합니다.
44
이 런 느 낌 은 — 처 음 이 니 깐 —
빠른 16비트 스트록은 크레센도가
급하게 될 수 있으니 주의합니다.
B
49
53
나 를 원 하
C
57
니 가 지 고 싶 니 나 의 모 든 게 전 부 네 것 이 길 바 라 니 사

Outro 이 곡의 마지막 연주입니다. 다이나믹을 크게 주어 엔딩의 기분을 내게 합니다.
하이햇의 오픈 정도를 너무 시끄럽지 않게 하며 **84**마디의 rit...의 연주에 주의합니다.

rit. – – – – – – – – – – – – – – – – –

rit (리타르난도) : 점점 느리게.
연주가 진행되면서 점점 늘어지게 연주하는게 중요합니다.
드럼에 맞춰서 다른 악기들도 엔딩을 맞추기 때문에 늘어지는
정도를 잘 연습하여야 합니다.

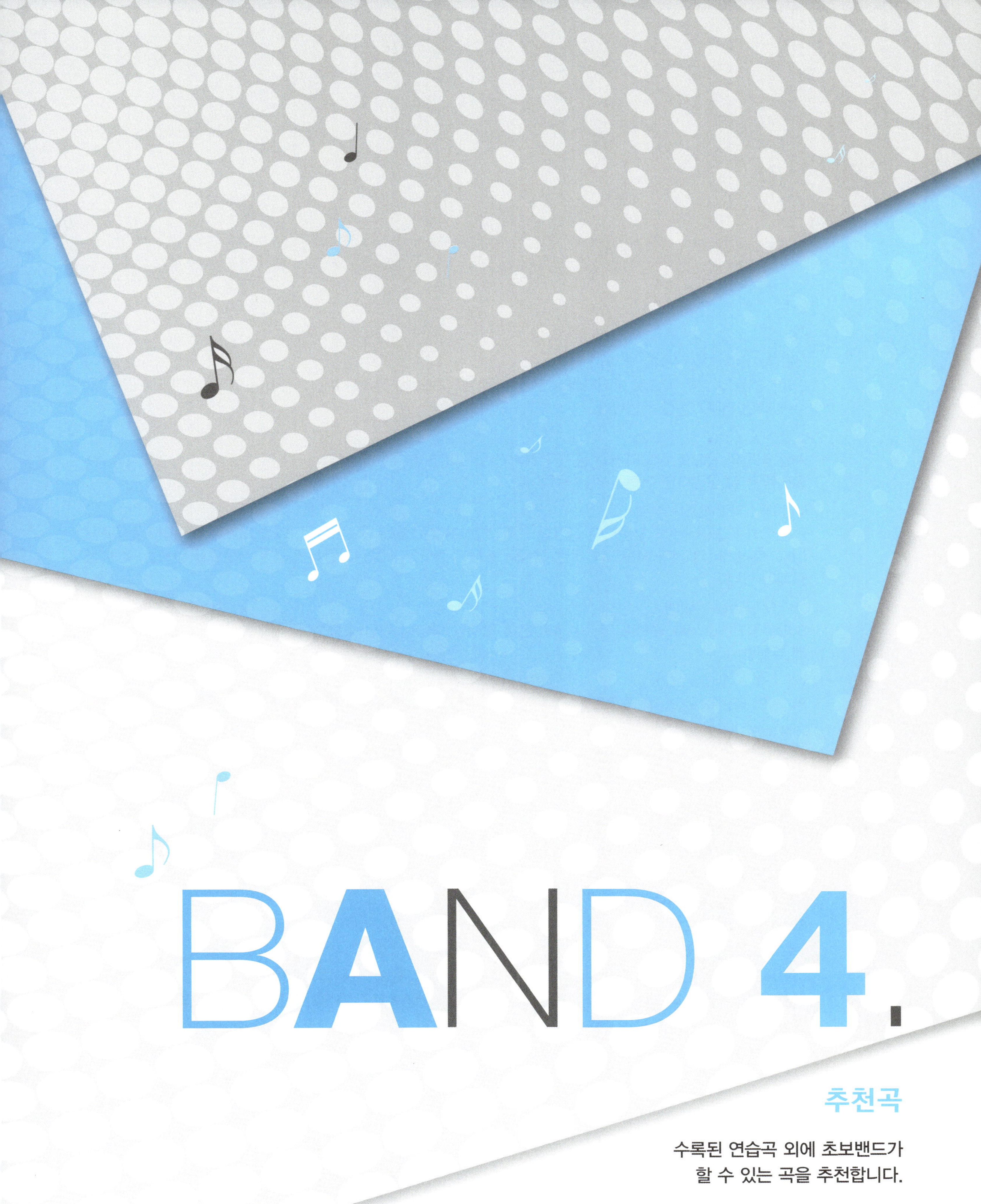
BAND 4.
추천곡
수록된 연습곡 외에 초보밴드가
할 수 있는 곡을 추천합니다.

추천곡

요즘은 실용음악학원이 대중화 되어 개인적으로 악기를 배우는 경우가 많으니 조금 어려운 곡이라도 충분한 연습시간과 밴드 멤버들의 노력으로 연주가 가능할 수 있습니다. 그러니 곡 선정 시 멤버들이 모여 충분히 들어보고 의논 후 판단하세요.

남자 추천곡

1. 정말로 사랑한다면 – 버스커 버스커
   8비트 리듬의 쉬운 곡으로 통기타와 낮은 음역의 남자 보컬이 필요하며 건반 멤버는 E.P음색의 코드만 누를 수 있다면 연주가능한 곡입니다.

2. 벚꽃엔딩 – 버스커 버스커
   셔플 리듬의 곡으로 하모니카와 통기타 멤버가 있어야 하며 약간 저음역대의 남자 보컬이면 가능합니다. 셔플리듬만 잘 살린다면 어렵진 않은 곡입니다.

3. 사랑해서 사랑해서 – 부활
   전통적이 하드(Hard)록 사운드에 깔끔한 연주가 돋보이는 8비트 곡으로 건반과 코러스의 비중이 있는 곡입니다. 트윈기타와 기타 사운드를 위한 이펙트 조작이 중요하며 웅장하면서 깔끔한 사운드를 만드는 것에 집중해야 합니다.

4. Oh My Friend – 빅뱅
   8비트 펑크(Punk)록 곡으로 연주는 어려움이 없지만 다양한 개성의 보컬이 나오니 남자 보컬이 많은 팀에게 추천합니다.

5. 차우차우 – 델리스파이스
   8비트의 모던(Modern)록 곡으로 약간 몽환적인 사운드이지만 중독성 있는 곡입니다.

6. 밤이 깊었네 — 크라잉 넛
   8비트 펑크(Punk)록 곡으로 크런치 톤의 기타가 매력적인 곡입니다.

7. 밥만 잘 먹더라 – Homme(이현,창민)
   도입부에 16비트 스트로크의 통기타와 보컬로 시작하여 모던록 분위기로 변하는 곡입니다. 남자 보컬 두 명과 어렵지 않은 연주력으로 합주를 원한다면 추천합니다. 하지만 많은 수의 건반소리를 잘 해결해야 합니다. 그리고 베이스는 스타카토 주법보다는 스트레이트로 연주하면 좋습니다. 또 남자보컬들은 코러스 연습도 많이 하여야 합니다.

8. 잊을게 – 윤도현밴드(YB)
   8비트 모던록 곡으로 "나는 나비"정도의 난이도 곡입니다.

9. 붉은 노을 – 윤도현밴드(YB)
   이문세의 "붉은 노을"을 리메이크한 곡으로 많은 섹션과 싱코페이션으로 인하여 조금은 합주 때 힘들 수도 있는 곡이지만 각 파트들은 힘든 주법이 없으므로 합주 연습시간만 충분하다면 추천하는 곡입니다.

10. 고백 – 뜨거운 감자
    도입부는 발라드로 시작하지만 셔플리듬으로 이어지는 곡입니다. 원곡의 스트링(현악기)연주를 건반 스트링으로 바꿔서 연주하면 쉽게 합주를 할 수 있습니다.

여자 추천곡

1. 나는 외로움 그댄 그리움 – 뷰렛
   8비트의 모던(Modern)록 곡으로 보컬 목소리와 창법이 특이하지만 보컬만 가능하다면 아주 쉽게 합주를 할 수 있는 곡입니다.

2.힘내 – 소녀시대

   하드(Hard)록 사운드의 빠른 8비트 곡입니다. 여자 보컬이 많이 있는 팀에 좋습니다. 연주는 스피드가 포인트인데 그 것만 된다면 사운드를 만드는 것은 쉽습니다. 건반도 원곡에 있으니 맴버가 많은 스쿨밴드에 추천합니다.

3.사랑의 병원으로 놀러오세요 – 자우림

   8비트 모던(Modern)록 곡으로 건반의 연주가 돋보이는 곡입니다.

4.1,2,3,4 – 이하이

   8비트 리듬의 모던(Modern)록 느낌의 가요곡입니다. 전체적인 통기타 사운드가 많은 비중이 필요하며 여자 코러스와 건반의 연주비중이 많습니다. 리듬파트에겐 쉬운 곡입니다.

5.피아니시모 – 체리필터

   체리필터 특유의 하드(Hard)한 사운드가 돋보이는 8비트곡이며 파워풀한 사운드를 위해서는 기타의 이펙팅과 리듬파트의 톤 세팅이 중요합니다. 보컬의 음역이 높으니 주의하세요.

6.내게 남은 사랑을 다 줄게 – 왁스

   원곡은 발라드 곡이지만 빠른 8비트 록 곡으로 편곡되었습니다. 리듬파트의 연주 속도에 트윈기타의 연주만 잘 만들어진다면 좋은 밴드사운드를 만들 수 있을 것입니다.

7.Dreams Come True – 포미닛

   공부의 신의 OST로 나왔던 빠른 8비트 록 곡으로 어려운 연주는 없으니 여자 보컬이 많다면 추천합니다.

8.2NE1 – I Don't Care

   Synth건반의 비중이 큰 가요 곡입니다. 전체적으로 건반을 제외한 악기는 어렵지 않으며 여자 보컬이 많다면 추천합니다.

9.으라차차 – 럼블피쉬

   원곡의 브라스연주를 건반으로 가능하며 기타는 통기타를 포함하여 3명의 연주자가 필요합니다. 이 곡은 초보 추천 곡으로는 조금 어려울 듯 하지만 합주 연습시간이 많고 실력 향상을 원한다면 추천합니다.

10.Maria – 김아중

   "미녀는 괴로워"의 OST로 나왔던 리메이크 곡으로 각 파트의 연주가 어렵지 않지만 전체적으로 정확한 8비트 연주 필요한 곡입니다.

듀엣

1.Head Up – 체리필터

   메탈같이 강한 사운드에 여자메인보컬과 남자 랩퍼가 있는 듀엣곡입니다. 하드(Hard)한 사운드를 희망하면서 남, 여 보컬이 있다면 추천합니다. 강한 액션도 어우러진다면 멋진 곡이 될듯합니다.

2.라면인건가 – 악동뮤지션 (악동뮤지션은 전부 듀엣곡이 많습니다.)

   도입부부터 통기타의 스트로크의 연주가 돋보이는 곡으로 16비트 리듬의 펑키 곡입니다. 초보 곡으로는 어렵지만 연주 실력 향상을 원하면서 남녀 듀엣곡을 원한다면 좋은 곡입니다.

맴버의 구성이 밴드에서 원하는 음악에 없다고 포기하지 마세요. 항상 음악은 자기밴드에서 새로 만든다고 생각하면 됩니다. 통기타는 일렉기타로, 브라스 악기(관악기)나 스트링(현악기)는 건반, 콘트라 베이스나 저음 악기는 베이스로, 타악기는 드럼으로 표현한다면 충분히 악기 편성에 제약을 안 받고 연주 가능합니다.

저자소개

(보컬) Aura (정승운)
중앙대학교 예술대학원 문화컨텐츠학 석사(기획 전공)
1996년 MBC강변가요제 동상 수상
피노키오 객원 보컬 출신
예명 "AURA"로 음반 및 공연 활동
현)청운대학교 실용음악과 외래교수 출강
현)국제대학교 엔터테인먼트 계열 겸임교수 재직 외 다수의 방송음악, 로고송
제작, 공연기획 및 연출 활동 중

(보컬) 달두리 (문두리)
단국대 실용음악과 졸업
뮤지컬 틱틱붐, 렌트 코러스 및 앙상블
하버드 아카펠라 그룹 din & tonics 합동 공연
예명 "달두리"로 "이별준비" Single발매 및 공연 활동
현)기획사 보컬 트레이너 및 실용음악학원 강사 외 다수의 가이드, 클럽공연 및
코러스 세션 활동 중

(기타) 문승찬
서울예술대학 실용음악과 졸업
명지대학원 실용음악 작곡 수료
문승찬 디지털 싱글 "달로망스" 발매
문승찬 First EP "APOLLO 83" 발매
현)백석예술대학, 원광보건대학교 출강
KBS 차칸남자ost Blue Moon 외 다수의 OST 작곡
장범준, 미스틱89(윤종신), 델리스파이스 세션 외 다수의 뮤지컬, 방송, 공연 등
에서 활동 중

(베이스) 박해민

부산예술대학 졸업, 실용음악학 학사
민스뮤직 / 민스뮤직 출판 대표
뮤지컬 "렌트"외 다수 세션
가수 앨범 녹음 및 라이브 참여
"통기타 폼나게 쳐봐" 저자
현)실용음악학원 통기타, 베이스 기타 강사
현)"Real Acoustic"의 리더 외 다수의 영화 음악 작곡과 연주 활동 중

(드럼) 백승범

백석대학교 실용음악과 졸업
군악대 전역
밴드 "Stylo"의 드러머,
EP "Clockwork" 음반 발매 및 클럽 공연
현)실용음악학원 강사 외 다수의 찬양 사역과 CCM팀 세션 활동 중

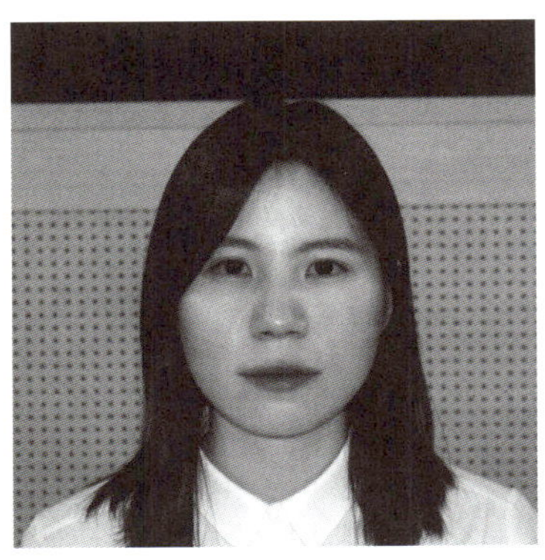

(건반) 기은주

추계예술대학교 실용음악과 졸업(학사)
뮤지컬 "클레멘타인"외 다수 건반 세션
진주세계소리축제 공연
21C한국음악프로젝트 경연 입상
현)Jy실용음악학원 강사
현)퓨전국악팀 "월천"의 키보디스트, 정규 1집 발매
그 외 다수의 라이브, 녹음 세션 활동 중

녹음 및 촬영 장소

양재동 "San(산) 리허설 스튜디오"
밴드 스쿨 작가들이 모여서 회의 하고 합주, 녹음 한 곳입니다. 합주실 중에서는 우리나라에서 제일 유명한 곳으로 가수 연습과 방송 리허설, 촬영 등이 진행되는 곳입니다.

잠원동 "엘레강스 스튜디오"
밴드 스쿨 작가들의 영상 촬영 장소이며 최고의 악기와 최상의 합주 환경을 갖춘 A급 합주실입니다.

밴드스쿨 초급
BAND SCHOOL

발행일   2021년 1월 18일 초판 2쇄
발행인   박해민
발행처   민스뮤직출판
         서울특별시 서초구 남부순환로350길 59-6 1층(양재동)
         등록 2014-000235   www.minsmusic.kr
저자   정승운, 문승찬, 백승범, 문두리, 기은주, 박해민
편집자   박해민
디자인   (도)생각과 사람들